樋口一清
井内正敏 ［編著］

日本の消費者政策

―公正で健全な市場をめざして―

創 成 社

はじめに

　本書は，我が国経済社会のデジタル化，少子高齢化，グローバル化の進展の下で，ますます複雑化し多様化する消費者問題に対し，いかなる政策対応が図られ，また，いかなる課題が残されているかについて論じたものである。

　行政の場で消費者政策の立案や推進に深く携わった経験のある実務家や研究者によって，消費者政策について総合的に論じられた基本書は，本書が消費者庁発足後，初のものと考えている。

　消費者政策については，他の政策と同様，どのような理念で，また，どのような分野を重点に推進すべきかについては，時代や立場によってさまざまである。

　しかしながら，現在の我が国の消費者政策については，消費者基本法が存在し，その理念およびその枠組みの下において策定される基本計画に基づいて，具体的な施策が消費者庁を中心に展開されている。

　本書では，まず，消費者政策がどのような考え方に基づいて策定され，どのような形で具体的施策が実施されているかについて詳しく解説するとともに，今後の重要課題についての指摘を行っている。さらには，今後の消費者政策のより一層の深化のためには，消費者の視点に立った実践的な経済学のアプローチとして「新しい消費経済学」を据えることが必要であることを指摘し，その内容について詳しく論じている。

　本書の構成は，まず第 1 章で，消費者問題の捉え方とともに，消費者政策はどのような基本的考え方で実施されているかについて分析し，第 2 章において，我が国の現在の消費者政策の推進体制について詳しく論じている。第 3 章では，消費者政策の監視と提言を行う機関として消費者庁発足と同時に創設された消費者委員会について論じている。

　第 4 章では，消費者庁所管の法制度の体系や消費者団体訴訟制度を中心に，消費者政策の基本的法制度について体系的に論じている。第 5 章では，消費者庁と消費者委員会とともに，消費者政策の重要な実施機関として位置付けられ

ている独立行政法人国民生活センターの業務を中心に，消費者トラブルの苦情・相談や裁判外紛争処理などの実務や課題について詳しく論じている。

　第6章から第9章は，消費者政策の分野別に現状と課題について論じており，とりわけ第8章と第9章は，それぞれ消費者と事業者に着目した重要テーマについて詳述している。すなわち，第6章では消費者安全法の解説とともに，製品安全を中心に消費者安全の確保のための政策について論じている。第7章では，契約・取引や表示の分野を中心とした消費者取引の適正化について，法的な観点から詳細な検討を行っている。第8章では，コンシューマー・リテラシーをテーマとして，消費者の権利と役割，消費者教育の現状と課題などについて詳しく論じている。第9章では，消費者志向経営の内容や意義について解説するとともに，さらには消費者志向経営の基盤となる法令遵守（コンプライアンス）について詳しく論じている。

　第10章では，消費経済学の内容とその発展の方向性について検討を行うとともに，新しい「消費経済学」の視点に立って消費者政策を展開していくことの重要性について論じている。

　各章のテーマと構成については，我が国の高等教育の場で広くテキストとして活用されるよう，既存のコースのカリキュラムやシラバスに容易に対応できるように設定してある。このように，本書は，大学の学部や大学院の学生が，我が国の消費者政策についての全体像やその理論的基盤となる消費経済学の考え方を学ぶための基本的テキストとなることを念頭に編集しているが，同時に，消費者問題に携わる行政の担当者や研究者はもちろん，消費者志向の経営を目指すビジネス・パーソンや消費者問題に関心のある一般の方々にとっても，有用な内容を提供するものと考えている。

　本書は，茂木信太郎元亜細亜大学教授のご尽力によって出版の機会を与えられたものであり，改めて茂木先生と株式会社創成社の塚田尚寛社長および西田徹氏に深くお礼を申し上げたい。

　本書が，消費者政策の重要性が広く一般に認識され，より良い政策の展開に少しでも貢献することができれば幸いである。

2020年8月　　　　　　　　　　　　　　　　　　　　　　　　　　　編著者

目　次

はじめに

—— 第1章 ——

消費者政策の考え方

1 消費者問題の捉え方

1-1 市場と消費者

　市場経済は，限られた資源を効率的に配分するための有効に機能する有用な仕組みである。企業（事業者）間の競争を通じて，生産性の上昇や技術革新を促進し，資源の節約や費用の削減が図られ，消費者のニーズの充足といった目的が効果的に実現される。その結果として，消費者全体の生活水準の向上に結びつく。本章では，基本的にはこの立場に立ちながら，消費者問題について検討を行う。

　市場経済の対極にある計画経済では，中央の管理機構（政府）が各地に存在する生産現場の生産能力や消費者の需要を考えながら，生産計画を立て，それにしたがって生産現場へ生産の指令を行う。この場合，中央の管理機構が，生産能力や消費需要をどの程度正確に把握できるかが決定的に重要となる。中央の管理機構が多くの生産現場の状況や個々の消費者の情報を正確に把握することは困難であることから，経済運営の手法としては，計画経済（共同体の論理）は市場経済（市場の論理）に敗れてしまっている（神取，2014 年）。

　我が国の経済運営の手法としては，いうまでもなく市場経済を基本にしている。分権的で競争的な市場は，消費者の効用（満足度）の最大化や企業の利潤の最大化の下で，効率的な資源配分を達成し，同時に，経済発展の基盤となるシステムとなってきた。基本的には，所得分配の問題を除けば，市場は私たちの消費生活の向上に役立つシステムであると評価して良いであろう。

　一方で，消費者と企業が市場で取引を行う中で，さまざまな問題が生じるの

も事実である。経済学において，「市場の失敗」としてよく紹介される独占や公害などの問題が代表例である。これらは，一定の条件の下で市場メカニズムがうまく機能せず，効率的な資源配分に失敗するケースである。同時に，市場で取引する当事者の間で，直接的にトラブルが生じるのも日常的な出来事である。

ビジネス界における企業間でのトラブルや消費者と企業の間におけるトラブルが代表的なものである。ここでは，消費者と企業が市場において取引を行うことによって生じた両者間におけるトラブルを「消費者トラブル」と呼び，このようなトラブルが社会問題として認識され，公共的に解決すべき課題とされる場合に，「消費者問題」と呼ぶこととする。

独占や公害の問題などは，消費者の経済的厚生を減少させる点では同じであり，消費者問題の大きな分野として捉えることができる。しかしながら，すでに独占や寡占などの問題は，主として企業間の競争の欠如から生じる競争政策の問題として対応が確立している。また，公害や地球温暖化などへの政策対応も同様に，環境政策としてすでに確立した分野になっている。こうしたことから，これらの政策は，同じ公共政策の中でも，特に密接に関連し，時に協力して対応すべき分野として整理しておくのが適切であろう。

以下では，まず，新古典派経済学を基礎とする標準的な経済学による消費者行動や企業行動の捉え方を整理する。そのうえで，現実の消費者の行動や消費者をとりまく環境の実情を踏まえて，情報の経済学や取引費用の経済学の考え方に照らして，消費者問題をどのように捉えることができるか，検討していくこととする。

1-2 標準的な経済学の考え方

新古典派経済学が考えている経済モデルでは，企業は，消費者を獲得しようと他企業と競争するために，自らが生産・販売する財・サービスを自らが持つ所与の技術の下で，可能な限り低い価格で市場に提供すると仮定する。消費者も，自らが欲する財・サービスを購入しようとして互いに競争する。このように，企業の間だけでなく，消費者の間でも市場において競争が行われることから，基本的競争モデルと呼ばれる (Stiglitz, 2013)。

　基本的競争モデルは3つの重要な仮定から成り立っている。第一は，消費者は合理的（合理的経済人）である，第二は，企業は利潤最大化を行う，第三は，消費者と企業が相互に影響しあう市場が極めて競争的であるという仮定である。

　資源は希少であるため，企業と消費者は選択を強いられる。例えば，消費者は，消費をするときに，限られた所得や資産の下で，あらゆる選択肢を考慮し，費用と便益とを比較検討し，合理的な選択を行う必要がある。消費者は合理的であるという仮定は，消費者は自己の効用の最大化を追求するために，選択と決定を行うことを意味している。

　それぞれの消費者が持つ目的と欲望は異なっているが，標準的な経済学では，なぜ異なるかを問うことはなく，関心は，消費者の異なった選好がもたらす結果に向けられる。一方，企業の合理性とは，企業は利潤を最大化するよう生産や販売などの活動を行うことを意味する。市場については，売り手である多数の企業と買い手である多数の消費者が存在し，すべての売り手と買い手が，同じ財・サービスを売買する市場を想定している。

　例えば，ある企業が現在の価格よりもわずかでも高い価格をつけると，市場での財の販売量はゼロとなる。また，消費者も，現在の価格よりもわずかでも低い価格では購入することはできないことになる。このような市場は完全競争であると呼ばれる。完全競争市場においては，企業も消費者も，市場で成立している現在の価格に影響を及ぼすことができないため，プライス・テイカーとなる。市場価格が均衡価格水準でない時には，完全競争市場においては，需要と供給が均衡するまで価格が変化することになる（需要と供給の法則）。

　消費者，企業，市場についてのこのような仮定の下で，資源の浪費が生じないという意味で資源配分は効率的なものとなり，他の企業や消費者の状態を悪化させることなしには，どの企業や消費者の状態も改善することはできない状況となる。現実の市場経済においては政府の介入もあり，必ずしもこのモデル通りに市場が機能していないものの，多くの市場の動きを適切にとらえられており，現実の経済の分析にとって有用なモデルと考えられている。

　市場経済が効率的に機能するためには，企業や消費者が十分な情報を持ち，また，それに基づいて合理的に行動するというインセンティブを持つ必要があ

る。例えば，財・サービス市場においては，企業に対して，良質の製品を低廉な価格で生産するインセンティブを与える必要がある。そのような情報とインセンティブは，価格，利潤，所有権（財産権）を通じてもたらされる。このようなインセンティブを企業や消費者に適切に与える方策としては，①市場による解決，②契約（ルール，制度）による解決，③評判（ブランド，信頼）による解決の3つがあるとされる。

　一方，基本的競争モデルの前提が満たされない場合には，「市場の失敗」が生じるとして，政府の市場への介入が正当化される。市場の失敗が生じる要因として，外部性，不完全競争，公共財の存在が挙げられる。広く知られている例としては，すでに述べた独占の問題や公害の問題がある。

　市場の失敗が存在する場合には，市場は効率的な資源配分をもたらさない。外部性とは，企業や個人が市場取引を介することなく，他の企業や消費者に影響を及ぼすことである。負の外部性と正の外部性が存在し，前者の例としては公害の問題が，後者としては養蜂家と果樹園の例がよく知られている。このような外部性に基づく市場の失敗に関しては，理論的には，交渉や裁判などにかかる取引費用が不要の下では，所有権の設定や明確化によって解決可能であることが示されている（コースの定理）。

　また，市場の失敗をもたらす他の要因の1つとして，規模の経済（費用逓減産業）による不完全競争の存在が挙げられる。この場合には，自然独占の問題が生じ，その解決策として，政府による規制が必要とされる。不完全競争の問題は，企業に対して超過利潤をもたらす一方で，消費者や経済全体に対しては経済的厚生の減少をもたらし，効率的な資源配分が達成されない状態となる。このため，その是正策として，政府の介入が正当化されている。さらに，消費の非排除性と消費の非競合性の両方の性質を持つ公共財については，政府が市場に代わって供給することが必要とされる。

　市場メカニズムの持つ利点を認めた上で，その限界を直視し，市場経済が有している欠陥がどのような要因で生じ，また，政府の政策や市場のルールをどのようにしたらその欠陥を修正できるかを考えていくことが必要である。以下でみていく，情報格差や取引費用の存在によって発生する消費者トラブルや消

費者問題に対しても，同様のアプローチが求められる。

1-3　情報の不完全性と消費者

　基本的競争モデルの重要な前提として，企業や消費者は，市場で取引する財・サービスについては，価格や品質も含めてすべての情報を持っていると仮定していることが挙げられる（完全情報の仮定）。

　現実の市場においては，消費者にとって情報収集コストがほとんどかからない近接する複数の店舗やインターネット・ショッピングのサイトにおいて，同じメーカーの同じ商品が異なる価格で販売されていることがある。消費者が価格のみに注目して購入するのであれば，最も安い価格を提示する販売店に注文が集中し，それより高い価格を提示している販売者には注文が入らないはずである。

　しかしながら，多くの場合，価格の分散が生じており，消費者は商品自体のみに着目するだけではなく，付加的なサービスや売り手の信用度なども，選択の要素として考慮していることが理由として考えられる。初期不良への返品対応，保証サービスの有無，発送が早いか，梱包が適切かなど，これらの要素が価格の違いを生み出しており，同じ商品の購入であっても，消費者には違いがあると認識されていると考えられる。同じ品質ないし同じ商品を販売する場合であって，価格以外の条件も同一であったとしても，他の競合企業より消費者から高い評価が得られ，その結果，高い価格で販売できる状態が定着した場合には，当該企業は一種の「ブランド」を確立した状態にあると言える。

　また，一方で，商品について，価格以外には差異がない同一の商品が，ブランド力などでも差異のない複数の店で販売され，それぞれ異なる価格で継続して販売されていることも頻繁に目にする。基本的競争モデルでは，このような場合には，消費者は正確な情報を持っているため，価格の分散は生じないとされているが，現実にはそうでないことがしばしば起きている。この要因としては，商品の情報を収集するためには時間や金銭など一定のコスト（取引費用）がかかるため，消費者がすべての情報をもとにして，商品の購入をしているわけではないことが挙げられる。

　現実の消費者は，商品を消費する以前に，仮に商品の品質が異なっていても，その違いについて正しく認識できるとは限らない。また，同一メーカーが供給する同じ商品を継続して購入する場合でも，当該商品については品質を正しく認識できたとしても，他の企業が供給する競合商品について，同一の品質か異なる品質のものであるかを正しく認識することはかなり困難であろう。さらに，実際の消費者の行動は，標準的な経済学が仮定する合理的経済人とは異なり，さまざまな偏りを持っていることが行動経済学や実験経済学によって明らかにされている（限定合理性）。このような不完全な情報の下での商品の選択は，しばしば商品購入後に消費者の不満を生み出し，消費者トラブルに至らせる要因の1つになっていると考えられる。

　消費者の効用についても，商品の選択・決定時の「決定効用」（しばしば経験により得た「記憶効用」に基づいて評価される）と実際にその商品を消費して得られる効用が異なることもよくあることである。このため，標準的な経済学が前提とする，消費者が市場で実際に消費行動として示す「顕示選好」が，消費者の真の選好を表すという保証はなく，その場合には，消費者の効用の最大化も達成されない。

　標準的な経済学が想定するような一物一価が現実に成り立たない大きな要因の1つは，価格や品質などに関する情報収集にはさまざまなコスト，すなわち「取引費用」がかかることにある。このような取引費用としての情報収集コストは，情報化の進展によって今後一層低下するとの見方がある一方，急速な技術革新によって既存の商品に代わって新たな商品が短期間で市場に投入されるような現在の経済においては，むしろ過去の消費体験からの情報がすぐに陳腐化し，取引費用はむしろ大きくなっていくとの見方もある。

　消費者の情報収集コストについては，既存商品についての価格の情報収集コストについては低下するとしても，売り手と買い手の間に情報の非対称性が存在する限り，商品選択のための正確な情報の収集のための取引費用は無視できないという状況はこのまま不変と考えるのが妥当であろう。

1-4　情報格差と消費者トラブル

　消費者トラブルが発生する主な要因としては，消費者が企業と取引する際に，財・サービスの内容やその取引に必要となる種々の情報に関して，一般的には不完全な情報しか持ち合わせていないことが挙げられる。また多くの場合，消費者にとっての情報の不完全性の問題は，財・サービスを購入する消費者とそれを供給する企業との間における情報の非対称性の問題としても捉えることができる。

　一般に，企業は，自ら生産したものを販売する際には，どのような原材料や技術を用いてどのような品質のものを市場に供給しているかをよく知っている。一方，購入する側の消費者は，企業と同じ内容の情報を知ることは難しい。

　生産者から仕入れて販売のみを行う小売業であっても，一般的には，どのような企業からどのような品質の商品を仕入れたかについては，消費者より多くの情報量を有しているのが通例である。また，契約内容についても，企業側は契約条項の規定が意味する詳細な内容を熟知しているなど，法律上の知識や規定の仕方などの面で優位にあると考えられる。さらには，企業は，自らの財・サービスの品質・性能や契約・取引に関する知識にとどまらず，同じ業種に属する競争相手である同業者の情報についても，よく知っている。

　このような情報の非対称性の問題，すなわち企業と消費者の間における商品に関する情報格差（情報力の格差）は，商品の生産において高度な技術が次々に導入されるような現在の経済においては，より大きなものになっていると考えられる。

　情報の非対称性の問題に対して，市場はさまざまな対応策を用意してきた。商標，ブランド，品質保証書などにより，買い手が劣悪な品質の財を購入することを避ける手立てになっている。また，そのような対応策がうまく機能しない，あるいは十分ではない場合には，法令によって，情報の提供を売り手に義務づけることもある。例えば，アレルギー物質の含有についての表示や栄養成分の表示などの食品分野での表示が典型であり，それによって，消費者の安全の確保や自由で適切な選択を可能としている。

　現実の消費者と企業の間の経済取引については，消費者が可能な限り完全な

情報を（少なくとも企業と対等の情報を）入手しようとするならば，多大な時間や費用（取引費用）を要することも珍しくない。

　生命や身体への不可逆的な被害をもたらす安全分野の消費者トラブルについては，供給した企業にとっても，事前に予測不可能なリスクが存在する場合がある。しかしながら，企業自らも予期しない欠陥商品等の場合を除けば，生産・供給する財・サービスの内容について最も情報を持っているのが企業である。また，多くの場合，企業が約款の形で取引条件等を設定している。情報を豊富に持っている企業が，消費者に十分かつ適切な情報を提供していくことが，消費者トラブルの発生を防ぐ最善の手段になる。

　また，資源の効率的配分の観点からみても，消費者への情報提供は重要である。市場における価格というシグナルが同時に，企業に対しても良質な財・サービスを生産・販売するインセンティブとなるからである。このインセンティブ問題は情報問題でもあり，もし消費者が購入しようとしている財・サービスの品質を常に判断可能であるならば，高い品質の財・サービスを生産・販売している企業は高い価格を消費者に受け入れてもらえる。低い品質の場合は低い価格になるはずである。また，そもそも本来あるべき財・サービスの品質を有しないものは，消費者に購入してもらうことはできないであろう。

　企業側からの情報提供の代表的なものは，表示や広告である。一般的に，企業は不完全情報の下で表示や広告を行うと考えられる。仮に純粋な完全競争の状態にあれば，消費者はすでに必要な情報をすべて持っていることになり，表示や広告を行っても無駄になるはずだからである。仮に効果があるとすれば，表示や広告によって，消費者の選好が変わることによると考えることになる。この場合には，表示や広告を実施した企業のみに限定されず，同一商品を供給する他の企業全体の消費も増加させることになる。

　表示や広告は，消費者に対して財・サービスの価格や品質などについて有用な情報を提供する有力な手段である。これは情報提供的広告と呼ばれることがある。情報が不完全な場合には，市場の効率性の改善に大きな役割を果たしうる。

　一方，広告や一部の表示は，財・サービスの潜在的な消費者に対して，その財・サービスの情報を与えるのではなく，共感するようなイメージを演出し，

購入をするように説得をするために使われる。これは説得的広告と呼ばれることがある。

情報の経済学は，低いコストで品質の説明を詳しく行うのではなく，高額な金額をかけてイメージ広告を大々的に企業が行う理由についてもうまく説明する。すなわち，消費者は，「この企業は商品の品質に十分な自信を持っていて，高額な広告費をかけても十分に利益があがるのだ」と認識するのに役立つからであると説明する。当該企業しか知らない商品の品質という情報を，高額な広告費というシグナルによって，消費者に伝えていることになる（シグナリングの理論）。この中には，実際には財・サービスの間に差異がないにもかかわらず，消費者に間違った認識を引き起こすことを目的とするものもある。説得的広告は，しばしば商品の差別化を生み出す原因となって，不完全競争を生み出し，消費者の経済的厚生を低下させることになる。

1-5　リスク・不確実性と消費者安全

情報の非対称性や不完全性は，消費者にリスクや不確実性をもたらし，しばしば消費者の安全が脅かされることになる[1]。

不確実性によって生じる「消費者安全」の問題としては，大きく2つに分類することができる。「安全」というと，生命や身体に関することに限定する場合が一般的だが，消費者問題として論じる際には，2つの意味を持たせるようになってきている（消費者安全法第2条第3項参照）。1つは，生命や身体の安全であり，もう1つは財産の安全である。前者と後者の本質的な違いは，生命が失われたり健康が損なわれた場合には，その被害は不可逆であるが，財産については，それが現実に回復されるか否かは別として，金銭的補償がなされれば被害回復が可能な点にある。

前者については，安全学の枠組みで考えることが有用である。安全とは，国際安全規格では，「許容不可能なリスクがないこと」と定義される。ここでいうリスクとは，「危害の発生確率と危害のひどさの組合せ」を指している。世の中には，多くの人々が考えているような「リスクがゼロという絶対安全」は存在せず，利便性と危険性を考慮して，許容可能としたならばリスクを受け入

れて「安全」とみなすのが通常の考え方とする。すなわち，安全といっても，常にリスクは残存しており，また，安全の判定基準やリスクの低減目標は，時代や社会によって異なることになる。工業製品や食品などの安全を確保するには，技術，人間，組織の3つの側面から適切に対応することが必要であり，装置や設備，教育や訓練，企業経営や政府規制など，さまざまなレベルでの取組みがなされるべきとされている（向殿, 2016）。

　例えば，医薬品については，有効性とともに副作用が大なり小なり伴うことが知られており，安全性の確保のために，厳格な仕組みが設けられた上で市場に供給され，使用されている。また，製品についても，絶対安全ということはなく，事前の規制として安全基準が設定されたり，また，仮に製品の欠陥によって生命や身体に被害が生じた場合には，法律（例えば民法や製造物責任法）によって損害が賠償される仕組みが設けられる。

　このようなリスクを消費者が十分認識せずに購入して使用した結果，被害を被った場合には，不十分な説明で情報不足であった，あるいは虚偽の説明で判断を誤ったなどの理由で，しばしば企業との間で大きなトラブルになる。

　また，後者の財産の安全については，元本保証のない金融・投資商品の購入が代表的な例となる。元本，利子，配当については，製品安全などとは異なって，損得の両面が生じうるが，リスクが損失という形で顕在化した場合は，大きな消費者トラブルになりやすい。このため，消費者保護のためのさまざまな法律が整備されてきている[2]。

1-6　市場における契約の締結と履行

　基本的競争モデルでは，企業も消費者も市場取引が契約に則って確実に行われることを前提としており，現実の市場が適切に機能するために契約の履行を担保する制度の確立が重要となっている。すなわち，契約通りに市場での取引が行われるというルールが確立していなければ，企業や消費者の合理的選択が実現せず，それぞれの目的である利潤や効用の最大化は達成されないことになる。このことから，契約の内容が企業からも消費者からも明確であって，かつ，それが契約締結時の通りに，確実に履行されるようなルール・制度，例えば適

切な契約法や裁判制度が確立していることが重要であることが示される。

標準的な経済学への批判の1つに，現実の経済では，所有権が明確に規定されていない場合や，市場での取引ルールが確立していない場合がさまざまな場面で存在しているとの指摘がある。標準的な経済学が想定する経済制度では，財・サービスの取引が契約通り実施され，消費者は市場において購入した財・サービスを私有し，そこからは自らのためだけに便益を享受できる制度が確立していることが前提とされる。しかしながら，このような前提は，先進国においてさえも一般的には十分確立しているとは言えないとの指摘がある（藪下, 2013）。

現実には，契約が約束通り履行されないケースはしばしば生じる。消費者との間での契約が企業によって履行されなかったり，契約内容の不明確さによって消費者が不満を持ったり被害を被ったりすれば，消費者トラブルとなる。このようなトラブルが発生したとしても，消費者が企業に対して苦情を申し出た際に企業側が消費者の納得・満足する形で対応を図れば，多くの場合，企業の信用やブランドに傷がつくこともなく，また，社会的な問題ともならない。しかしながら，そのような解決が図られず，消費者トラブルが多数発生し続ける場合には，消費者問題として取り上げられることになる。

1-7 交渉力の格差と消費者

企業は，資本と人（労働）で組織化し，自らの事業に関しては専門性を有している。一方，消費者は個人であり，多くの場合，相談相手もまずは身近な家族や友人などになる。このため，消費者は企業に対して，交渉の際に必要な法律などの専門知識や商品自体に関する知識など，情報力の面で劣るとともに，交渉にかかる金銭や時間といった取引費用の負担力の面でも劣っている。

このような情報力と費用負担力における格差の存在が，消費者と企業の間における交渉力の格差を生み出し，消費者トラブルが発生した場合には，消費者に不利な形での決着が図られがちとなる。

このような交渉力の格差については，契約の締結過程における格差と，契約が実行された後に発生するトラブルの処理過程における格差に大きく分けることができる。

　契約締結過程では，標準化された約款が使用されるような場合に，契約内容の交渉の余地がないものも存在する。供給者が限られたり，必需品や代替のききにくい商品である場合には，しばしば消費者は購入するかしないかの二者択一しかない状況におかれる。

　また，トラブルの処理過程では，例えば契約の取消しの交渉について考えると，消費者は素人の個人であり，専門家で組織された企業と対峙することになり，企業と対等の立場での交渉にはなかなかなりにくい。このような交渉の状況においても，企業側の理解や譲歩があれば消費者にとってトラブルは解消可能である。しかしながら，企業側が交渉の舞台にそもそも応じない場合や，仮に苦情は受け付けたとしても，消費者が到底納得できない回答内容の場合もしばしばある。仮に，裁判に訴えようとしても，個々の消費者と企業では，費用負担能力は企業の方が一般的に高いと考えられ，この面に限っても，企業側が優位に立つことになる。

　トラブルとなった個々の取引額が少額である場合には，仮に同種のトラブルが他の多くの消費者に生じていたとしても，最終的な決着を求める裁判まで消費者が持ち込む段階まで行かずに，消費者が納得しない形での事実上の決着（消費者の泣き寝入り）が図られることになる。

　例えば，企業側の責任で生じた5千円の損害を取り戻すため，5千円以上の費用をかけるのは，時間などの他の取引費用を仮に無視したとしても，消費者にとっては割にあわない。このため，結果として泣き寝入りになりやすい。このような状況を放置することは，消費者全体としてみれば大きな損害が出ている状況を続けることになり，社会的に望ましくないことは明らかである。

　実際，いざトラブルが発生すると，少なくとも消費者にとっては，かなりの取引費用をかけないと，満足のいく解決が図られないのが一般的である。また，消費者トラブルの内容は多種多様である。したがって，トラブル処理の最終決着手段である裁判に仮に訴えた場合にもたらされる帰結を，裁判なしで自明になるような完璧なルール整備を図ることも，現実には困難であろう。

2　消費者政策推進における基本的考え方

2-1　政策運営の基本的考え方

　消費者政策の役割としては，市場におけるルールや紛争を解決する制度を整備するとともに，消費者トラブルや消費者問題の原因となる消費者と企業（事業者）の間の情報格差や交渉力格差を埋めることが柱となる。その実現にむけて，経済主体や取引される財・サービスの特質などに応じた適切な政策手段を採用していくことになる。

　消費者政策は，公共政策の一分野であると同時に，企業や消費者の行動に一定の手段を用いて影響を与えることから，ミクロの経済政策と位置づけることが可能である。このため，実際の政策の実施にあたっては，政府はどの程度市場に介入すべきか，また，介入するとした場合にはどのような手段を用いるべきかについて，見解が分かれる。一般に，市場への政府の介入については，その是非について，対極的な 2 つの立場が存在する。

　1 つは，リバタリアニズム（厳格な自由主義）の立場である。規制は非効率を生み出し，仮に理論的に政府の介入が正当化される場合であっても，政府の能力に限界があり，政府の失敗が生じる。このため，できる限り政府の介入を減らすことが必要との立場である。このことは，個々の経済主体の自由な意思決定に，政府が介入すべきではないとの考え方である。市場メカニズムと効率性を重視することから，市場原理主義（効率化原則）とも呼ばれる。

　もう一方は，パターナリズム（父権主義，父親的温情主義）の立場である。介入主義またはエリート主義とも言い換えられることがある。経済的弱者の保護のために，政府が各種の規制手段を用いて，積極的に市場に介入すること推進する立場である。市場メカニズムの限界，すなわち，市場の失敗を重視し，政府は情報や能力面で個人よりも優位にあると考えて，政府が市場に介入することを肯定する考え方である。

　どのような立場から政策を実施するかに加え，どのような分野を消費者政策の主な対象として具体的に取り上げていくかについても，さまざまな立場が存

在する。例えば，個別の消費者トラブルやそれに起因する消費者問題を中心に
政策を展開すべきという立場がある一方で，消費者政策の射程を広げて，地球
規模での持続可能な経済社会の発展（サステイナビリティ）の観点から政策展開
を図るべきとの立場がある。この例において，両者は必ずしも対立する立場で
はないが，限られた政策資源（人的・財源的制約）の下では，個々の具体的政策
展開には違いが生じてくると言えよう。

　我が国には消費者基本法が存在し，その下で消費者基本計画が策定されてい
るため，消費者政策の基本理念とともに，どのような問題を政策実施の対象と
するかが明らかとなっている。

　我が国の消費者政策の理念は，2004 年に消費者保護基本法が消費者基本法
へと改正された結果，消費者の権利を具体的に明示し，その権利実現のために
消費者政策は実施されることとされ，それまでの消費者の「保護」から「自立支援」
へと転換が図られた。政策の手法としては，市場メカニズムの活用を重視して，
消費者・企業間の市場ルールの整備と事後チェックを重点にすえることとなっ
た。消費者保護基本法に規定されていた消費者政策の理念は，パターナリズム
に極めて近い考え方であったが，現在の消費者基本法の理念は，両極の間に位
置するいわゆる「リバタリアン・パターナリズム」の立場といって良いであろう。

2-2　消費者トラブルの防止と消費者被害の救済

　消費者は，本章の前半でみてきたように，消費生活を営む中で，事業者との
間でさまざまなトラブルを抱える可能性がある。すなわち，生命・身体の安全
に関するトラブル，契約・取引に関するトラブル，表示・広告に関するトラブ
ル，さらには苦情の申し出や被害救済を求めた際の紛争解決に関するトラブル
など，さまざまな場面や状況の中で生じる。このような消費者トラブルの防止
や消費者被害の救済のため，法律や制度に基づいて多様な手段が用いられるこ
とになる。

　ここでは，消費者や企業の行動に影響を与えることによって，消費者問題を
解決するための主な手段について，整理することにする。
（1）生命・身体の安全の分野では，まず，財・サービスの流通を強制的手段に

よって直接規制するものがある。すなわち，深刻な消費者トラブルを引き起こす蓋然性が高いものや，公序良俗に反する負の価値財[3)]について，法律によって流通や使用を禁止し，違反した場合には罰則を設けるものである。麻薬や有害な物質を含むものを食品として流通させることを禁じているのが代表例である。また，一定の条件を課すことで，市場での取引を認めるものがある。例えば，表示の義務づけや製造物についての安全基準の設定などである。また，安全基準が満たされていることを保証し，消費者が安心して購入することができるよう，公的機関が認証制度を直接または間接に運用することがある。医薬品や食品の一部などがその代表例である。

(2) 契約・取引の分野では，消費者と企業の間での合意に基づいて，自由に取引が行われるのが基本であるが，安全分野と同様の理由から直接規制するものとして，無限連鎖講（ねずみ講）や賭博の禁止などがある。また，財・サービスの性質や販売形態などに応じて，一定の条件が課されたうえで契約や取引が行われるものがある。訪問販売や通信販売など，取引形態に応じて，販売時の書面交付義務を企業に課したり，消費者にクーリング・オフを認めるなどのルールがこれに該当する（特定商取引法や割賦販売法など）。さらに，消費者と企業の間の情報格差や交渉力の格差を埋める観点から，消費者と企業との間の契約全般について，一定の要件のもとで消費者側からの申し出により，契約の取消しや契約条項の無効が容易に可能となるようなルールの存在がある（消費者契約法）。

(3) 表示や広告の分野では，消費者安全のために表示義務を課すもののほかにも，消費者の合理的で自由な選択を確保する観点から，虚偽表示や誇大広告を規制するルールが存在する（景品表示法，特定商取引法，健康増進法など）。情報の不足とともに，誤った情報に基づいて消費者が財・サービスの選択をした場合には，消費者トラブルの被害にあう蓋然性が高いからである。

(4) 紛争解決に関する分野では，一般に交渉力に劣る消費者の被害救済のため，消費者にとって利用しやすい紛争解決の仕組みの導入が行われている。少額訴訟制度や団体訴訟制度など裁判手続きそのものの工夫，裁判に比べてそれほど費用をかけずにすむ裁判外紛争処理機関の設置，さらには自治体に設けられている消費生活センターなどによる苦情相談やあっせんなどがこれに該当する。

　また，トラブルが生じた時に解決を容易にする観点からのルールの整備も重要な政策手段となっている。前述の契約・取引の分野に限らず，安全の分野でも同様のルールが存在する。例えば，製品の欠陥によって，生命，身体および財産に損害（拡大損害）が生じた場合，民法に基づいて損害賠償責任を問うことが1つの手段であるが，故意や過失の立証など消費者にとってはハードルが高い。その結果，解決までに費用が嵩んだり，泣き寝入りに追い込まれることがある。このため，欠陥および損害との因果関係さえ証明すればよいこととし，立証負担を軽減することで，救済を容易にするルールが存在している（製造物責任法）[4]。

（5）情報の提供や消費者教育の機会の提供に関する分野では，まず，情報格差を埋めるため，企業から取引相手である消費者への情報提供を，義務ないし努力義務として法律で規定する手法が存在する。また，行政が直接，消費者に情報を提供し，消費者の情報収集のための取引費用を削減したり，あるいは，消費者のコンシューマー・リテラシーを高めることにより，消費者トラブルの防止を図る手法が存在する。提供する具体的な情報としては，悪質商法の手口に関する注意喚起情報，財・サービスの使用による危害情報，安全・優良な商品の選択へと誘導するための情報，消費者トラブルの未然防止や解決に役立つ法律・制度などに関する情報，が主なものになる。また，消費者が情報を有効に活用できるよう，消費者教育の機会を提供することも重要な手法となっている。さらには，「ナッジ[5]」と呼ばれる緩やかな誘導手法を用いることで，消費者の行動の変更や改善を促す方法などが存在する。ナッジについては，すでに欧米において公共政策に積極的に導入されるようになってきており，我が国においても本格的な導入への検討が進み始めたところである。今後，適切な活用分野の検討や効果的な具体的手法の開発が期待されている（第10章2-3（3）参照）。

2-3　消費者政策の深化にむけて

　我が国の消費者政策は，公害問題への対応を端緒として徐々に充実が図られてきた環境政策などとほぼ同様に，消費者と企業との間の同種のトラブルが一定の広がりをもって社会問題化するたびに，その問題を政策の対象範囲として取り込んできたという経緯がある（樋口・井内，2007）。

　第二次大戦後からの国レベルでの消費者政策の担い手をみると，ある業種で消費者問題が発生し，社会的に問題になると，その業種を担当している縦割り省庁がその問題の対応に当たってきたという特徴がある。多くの場合，縦割り省庁はその業種の保護・育成を主たる任務としており，その業種の健全な発展を図るための1つの手段・環境整備としての消費者保護策がとられてきた。消費者保護を具体的に担う業種ごとの縦割り省庁が，自らが所管する業種の保護・育成を主たる業務としていることから，消費者の側に立った消費者政策が十分に展開されないとの批判が根強く存在していた。同時に，複数の縦割り省庁が共管する業種で発生した消費者問題については，省庁間での責任の押付け合いや政策の調整に手間取るなどの弊害が存在すると，長らく指摘されてきた。

　同種の要因でトラブルが発生しており，同種の手段で対応することが合理的であり，かつ消費者や企業などにとってもわかりやすい場合であっても，省庁ごとに縦割りで一貫性がない政策に陥りがちであった。戦後，長期間たっても，このような状況が政策立案や実施の過程に色濃く残っていた。

　このような弊害を除去する観点から，2009年に消費者庁が発足し，消費者利益の増進を一義的な組織目標とし，縦割り省庁の間に落ちる，いわゆる「すき間事案」にも迅速に対応可能となる政府内の組織体制と制度が一定程度整備されることとなった。

　消費者庁発足後の消費者政策の展開については次章以下に譲り，ここでは，政策の深化にむけて不断の努力が求められる課題について触れることにしたい。

　まず，消費者政策については，後追いの政策になりがちとの批判が根強く存在してきた。政策の実行にあたっては，①認知のラグ，②実施のラグ，③波及のラグという3つの遅れが存在するが，とりわけ認知と実施のラグを短縮し，消費者の被害を可能な限り回避するための工夫が重要である。例えば，安全の分野では，消費者事故の情報の一元化を徹底することで，同種の事故の発生や被害の拡大を防止することが可能となる。また，契約・取引の分野では，苦情・相談情報から悪質商法の新たな手口や新しい形での消費者トラブルの発生を早期に政策当局が認知できれば，消費者への迅速な情報提供や新たなルールや制度の策定が可能となる。

　また，経済社会はデジタル化をはじめ急速に変化しており，将来を見越した新たな政策手法の開発や従来の規制の見直しも重要である。

　例えば，デジタル化の進展やシェアリング・エコノミーの普及を背景とした消費者取引の性質の急速な変化への対応である。さまざまな個人対個人のビジネスが生まれ，また，デジタル化を背景に必ずしも消費者が交渉力で不利な立場といえない状況も生まれてくる。一方では，財・サービスの直接の供給者とは必ずしもならない形であるものの，インターネット上において大きな存在となっているデジタル・プラットフォーマーへの対応の問題もある。さらには，金銭の授受を伴う従来型の有償取引とは異なる，無償の契約・取引をどのように取り扱うかといった問題も存在する。

　規制の見直しについては，2つの視点での検討が必要である。高齢者，若年層，障がい者などいわゆる脆弱な消費者への対応や，悪質企業（多くの場合，犯罪者が企業の形をとったり，名を騙っている）への対応については，規制の強化を含めた有効な手法の開発が必要な分野である。脆弱な消費者への対応を手厚くし，次から次へと被害を生み出す悪質企業への対応を強化することについては，どのような立場からも異論のないところであろう。一方で，従来の規制が，消費者トラブルを起こさない健全な事業者にとっては過大な負担となり，悪質企業への対策や消費者の利益の増進に役立っていないものについては，その改廃や新たな手法の開発が求められる。

　消費者政策の対象については，従来から存在する食品表示の偽装や悪質商法への対応といった個別分野から，今日では，地球規模での持続可能な経済社会の発展（サステイナビリティ）に資するための施策も含めたものへと，その射程は広がっている。政策目的に応じて，経済主体の特性や財・サービスの特性に応じた適切で有効な政策手法を見いだし，整合性や一貫性をもって消費者政策を展開していくことが一層重要になっていると言えよう。

　次章からは，現在の我が国の消費者政策が，どのような体制の下で，どのような具体的課題に対し，どのような形で取り組まれているかについて，詳しくみていくことにする。

【注】

1 ）リスクと不確実性については，確率分布がわかるのがリスクであり，将来についてそれさえもわからないのが不確実性と区別して定義されることがある。行動経済学によれば，さらに，不確実性には「あいまいさ」という3つめの類型も存在するとされる。

2 ）元本も利回りも保証している金融商品（例えば普通預金や定期預金）であっても，金融機関が倒産するという不確実性（金融機関の倒産確率がわかれば本章でいうリスクであるが）による損害も顧客に発生しうるため，一定金額までは損害を回避できるという顧客保護の仕組み（ペイオフ制度）が導入されている。

3 ）パターナリスティックな立場から政府が強制的に消費させる財・サービスを価値財（義務教育や公的年金など），消費を規制する財・サービスを負の価値財と呼ぶ。

4 ）製造物責任法の導入により，企業は過失がなくても損害賠償責任が問われるため，製品の設計や警告表示の改善等，欠陥の改善に一段と取組みを強化するインセンティブを与えることになったとされる。このような法律の導入とそれに伴う企業側の努力は，情報の非対称性から生じる問題を解決する動きと評価できる。

5 ）リバタリアン・パターナリズムの立場に基づいて，インセンティブの付与よりもより緩やかな手法で人々を一定の方向に誘導する手法を指す。

参考文献

秋吉貴雄・伊藤修一郎・北山俊哉（2015）『公共政策学の基礎　新版』有斐閣

秋吉貴雄（2017）『入門　公共政策学』中公新書

依田高典（2016）『「ココロ」の経済学』ちくま新書

伊藤隆敏（2017）『公共政策入門』日本評論社

伊藤元重（2015）『入門　経済学　第4版』日本評論社

井堀利宏（2004）『入門　ミクロ経済学　第2版』新世社

畝山智香子（2016）『「健康食品」のことがよくわかる本』日本評論社

大垣昌夫・田中沙織（2014）『行動経済学』有斐閣

大村敦志（2011）『消費者法　第4版』有斐閣

神取道宏（2014）『ミクロ経済学の力』日本評論社

小林秀之・神田秀樹（1986）『「法と経済学」入門』弘文堂

坂井豊貴（2013）『マーケットデザイン：最先端の実用的な経済学』ちくま新書

正田彬（2010）『消費者の権利　新版』岩波新書

竹田正興（2016）『新版　安全と良心』晶文社

多田洋介（2003）『行動経済学入門』日本経済新聞社

友野典男（2006）『行動経済学』光文社新書

中田邦博・鹿野菜穂子編（2018）『基本講義　消費者法　第3版』日本評論社.

八田達夫（2008）『ミクロ経済学I』東洋経済新報社

八田達夫（2009）『ミクロ経済学II』東洋経済新報社

樋口一清・井内正敏編著（2007）『日本の消費者問題』建帛社

樋口一清（2019）『消費経済学入門』中央経済社

福井秀夫（2007）『ケースからはじめよう　法と経済学』日本評論社

水野貴之・渡辺努（2008）『オンライン市場における価格変動の統計的分析』「RIETI Discussion Paper Series 08-J-052」独立行政法人経済産業研究所

御船美智子編著（2006）『消費者科学入門』光生館

向殿政男（2016）『入門テキスト　安全学』東洋経済新報社

村上陽一郎（1998）『安全学』青土社

矢野誠編著（2007）『法と経済学』東京大学出版会

藪下史郎（2002）『非対称情報の経済学　スティグリッツと新しい経済学』光文社新書

藪下史郎（2013）『スティグリッツの経済学「見えざる手」など存在しない』東洋経済新報社

Aaker, D. A.（2014）, *Aaker on Branding*, Morgan James Publishing.（阿久津聡訳『ブランド論』ダイヤモンド社，2015）

Akerlof, G. A., & Shiller, R. J.（2015）, *Phishing for Phools*, Princeton University Press.（山形浩生訳『不道徳な見えざる手－自由市場は人間の弱みにつけ込む』東洋経済新報社，2017）

Boush, D. M., Friestad, M., & Wright, P.（2009）, Deception in the Marketplace, Psychology Press.（安藤清志・今井芳昭監訳『市場における欺瞞的説得』誠信書房，2011）

Coase, R. H.（1988）, *The Firm, The Market, and the Law*, University of Chicago Press.（宮沢健一・後藤晃・藤垣芳文訳『企業・市場・法』東洋経済新報社，1992）

Shavell, S.（2004）, *Foundations of Economic Analysis of Law*, Harvard University Press.（田中亘・飯田高訳『法と経済学』日本経済新聞出版社，2010）

Stiglitz, J. E., & Walsh C. E.（2005）, *Principles of Microeconomics*, 4th Edition, W W Norton & Co Inc.（藪下史郎・秋山太郎・蟻川靖浩・大阿久博・木立力・宮田亮・清野一治訳『スティグリッツ　ミクロ経済学　第4版』東洋経済新報社，2013）

Thaler, R. H. & Sunstein, C. R.（2008）, *Improving Decisions about Health, Wealth, and Happiness*, Yale University Press.（遠藤真美訳『実践　行動経済学』日経BP社，2009）

—— 第2章 ——

消費者政策の推進体制

1 消費者行政の枠組み

1-1 消費者庁の設置

　2000年代半ば以降，いわゆる食品偽装問題や中国産毒入り冷凍餃子事件，悪質商法による被害の増加等，消費者の身近なところで大きな不安をもたらす消費者問題が多数発生した一方，行政の縦割り・不作為が問題となり，国民の安全・安心を確保するために消費者行政の在り方を大きく転換することが求められた。

　そこで，2008年1月，第169回国会で福田康夫内閣総理大臣は，施政方針演説（参考）において，各省庁縦割りになっている消費者行政を統一的・一元的に推進するための，強い権限を持つ新組織を発足させ，併せて消費者行政担当大臣を常設すると表明した。

　その後，2008年秋の臨時国会に消費者庁の設置等を目的とするいわゆる「消費者庁関連三法案」[1]が提出され，国会でのさまざまな議論を経て，2009年の通常国会において，「消費者庁および消費者委員会設置法」が成立し，その年の9月1日に発足した。

（参考）第169回国会における福田内閣総理大臣施政方針演説（抜粋：2008年1月18日）

　今年を「生活者や消費者が主役となる社会」へ向けたスタートの年と位置付け，あらゆる制度を見直していきます。現在進めている法律や制度の「国民目線の総点検」に加えて，食品表示の偽装問題への対応など，各省庁縦割りになっている消費者行政を統一的・一元的に推進するための，強い権限を持つ新組織を発足させます。併せて消費者行政担当大臣を常設します。新組織は，国民の意見や苦情の窓口となり，政策に直結させ，消

費者を主役とする政府の舵取り役になるものです。すでに検討を開始しており，なるべく早期に具体像を固める予定です。

1-2 従来の消費者政策の位置づけとその弊害

　従来の消費者行政は産業振興行政に対する付加的な存在だったと言われる。事務は各省庁に業種ないし物資所管ごとに配分されており，各省庁設置法の所掌事務に，「所掌事務に係る一般消費者の保護に関すること」といった規定を追加して対応していた。その結果，法規制の横断的な体系化に遅れが生じたほか，権限に「すき間」が生じることとなった（第1章2-3参照）。

　また，日本の内閣は，分担管理原則をとっているため，内閣の職権に属する行政事務を，府省に分けて，それぞれの大臣が「主任の大臣」として処理または執行するという仕組みとなっている。ある大臣が所掌する権限が行使されない場合に，その行使が求められるときにも，調整を行う余地が制度的に存在しなかった。そこに「縦割り」の弊害が生じ，司令塔としての消費者庁の設置が求められた。

1-3 日本の消費者行政の枠組み

　現在，日本の消費者行政を担う機関は，国では，消費者行政の司令塔役として設置された消費者庁，中核的実施機関としての独立行政法人国民生活センター，第三者機関としての内閣府消費者委員会のほか，経済産業省，農林水産省，金融庁などの関係省庁である。地方においては，都道府県や市町村が担っている。日本の全自治体に消費生活センターあるいは消費生活相談窓口が設置されており，消費者からトラブルに遭ったという相談が日々寄せられている。

　日本の消費者行政の枠組みを大まかに示したのが**図表2-1**「消費者行政の基本的な枠組み」である。図表中の，消費者，消費者庁・国民生活センター，事業者との間の矢印の番号にそって，各々の関係を簡潔に説明する。

(1) 消費生活センターや相談窓口においては，消費者からの相談を受け，解決のための助言やあっせんを行うほか，注意喚起等の啓発を行っている。センター等の連絡先がわからない人のために，消費者ホットライン188が設

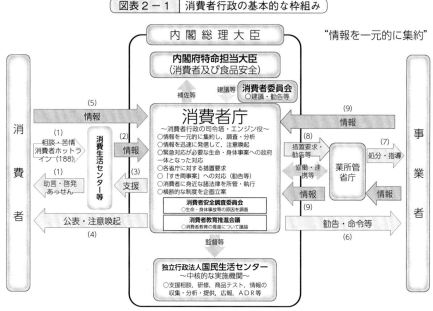

図表2-1　消費者行政の基本的な枠組み

（出典）消費者庁資料を基に筆者作成。

けられており，188をダイヤルすれば，原則，最寄りのセンターにつなが
ることになっている[2]。

(2)　消費生活センター等に寄せられた相談は，消費者庁をはじめとした関係省
　　庁にとって，消費者政策を企画する際の基礎的な情報となる。

(3)　消費者庁は，地方自治体に，補助金等による金銭面の支援や情報提供をは
　　じめ各種サポートをしているほか，国民生活センターは相談解決の支援（経
　　由相談や商品テスト等）や相談員研修といった支援をしている。

(4)　消費者庁や国民生活センターは，はやりの消費者トラブルへの注意喚起と
　　いった，各種情報提供をしている。

(5)　国民生活センターは消費者から直接相談を受けているほか，事故情報デー
　　タバンクでは，消費者庁と国民生活センターが連携してセンター等の関係
　　機関から生命・身体にかかわる事故情報を集約している。また，消費者庁
　　と国民生活センターは共同で，提携医療機関から事故情報の提供を受けて

いる。

(6) 事業者に対しては，消費者庁は所管する法律（特定商取引法，景品表示法，食品表示法等）に基づき，違反があった場合は勧告や命令等をしている。

(7) 各府省が所管する業において問題があった場合は，各府省が所管する法律に基づいて処分や指導をすることになる。

(8) 各府省が所管する業にもかかわらず，特段の対応をしない場合，消費者庁は各府省への措置要求や勧告をすることができる。

(9) 生命・身体にかかわる事故情報は，事業者は消費生活用製品安全法に基づき，情報の一元化を担う消費者庁に報告しなければいけないほか，各府省も，消費者安全法に基づき消費者庁に通知しなければいけない。

1-4　消費者庁の機能

　消費者庁は，消費者行政の司令塔，エンジン役として，①情報を一元的に集約し，調査分析，②情報を迅速に発信して，注意喚起，③緊急対応が必要な生命・身体事案への政府一体となった対応，④各省庁に対する措置要求，⑤すき間事案への対応，⑥消費者に身近な諸法律を所管・執行，⑦横断的な制度を企画立案している。

①　情報の一元的な集約，調査分析

　情報の一元化は消費者庁設立の大きな目的の１つである。各地の消費生活センター等から寄せられる相談情報や，消費者安全法等に基づき寄せられる危険情報等は，政策の企画立案や政府としての対応策を検討する際の基礎となる。また，毎夏発行している消費者白書は，国会に提出することが義務づけられている法定白書であり，消費者基本法の規定に基づき，政府が講じた消費者政策の実施の状況について報告するとともに，消費者安全法に基づき各行政機関の長，都道府県知事，市町村長および国民生活センターの長から消費者庁に対し消費者事故等の発生に関する情報の通知があったもの等について，同法の規定に基づき集約および分析を行い取りまとめた結果を報告するものである。

②　情報の迅速な発信と注意喚起

　消費者庁に寄せられた情報をもとに，さまざまな注意喚起をしている。財産被害への注意喚起もあれば，危害面への注意喚起もある。例えば，架空請求やデジタルプラットフォーム取引に注意といった財産分野の注意喚起，高齢者の誤飲事故や電気ストーブの火災に注意といった安全面の注意喚起などである。国民生活センターや関係省庁と連携して注意喚起をすることもある。また，消費者安全法に基づき[3]，ある事業者（実態がない場合もありえる）による消費者の利益を不当に害するおそれのある行為を確認したため，消費者被害の発生および拡大の防止に資する情報を公表し，消費者に注意を呼びかけている。

③　緊急対応が必要な生命・身体事案への政府一体となった対応

　消費者庁設立の１つのきっかけとなった中国産毒入り冷凍餃子事件[4]のように，食品の安全・安心を脅かす重大事故等が発生した際には，関係省庁も多岐にわたることから，関係省庁の司令塔として，消費者の生命・身体への被害の発生・拡大を防止し，その安全を確保するという役割が必要不可欠である。

　そこで，食品の安全・安心を脅かす重大事故等が発生した場合等には，消費者庁は，関係省庁の司令塔として，緊急対策本部（閣僚級）や消費者安全情報総括官会議（局長級）を開催し，①国民に対する情報の提供，②消費者の安全の確保を図るための対策の決定等を行う（総合調整事務）。

④　各省庁に対する措置要求

　各省庁が所管している業等において，消費者トラブルが生じているにもかかわらず，十分な対応を担当省庁が取らない場合，消費者庁はしかるべく対応をとるよう措置要求をすることができる。実際には，発動しようとすれば，その前に対処されるので，実際に措置要求に至ったことはこれまではない。

⑤　すき間事案への対応

　こんにゃく入りゼリーによる窒息死亡事案のように，どこの省庁も所管する法律上は特段問題がないものの，のどに詰まらせて死亡事故が生じる以上対処

が必要な場合，消費者庁設置以前は，すき間事案として政府として対処することが難しかった。その反省を生かし，どの個別法の適用の対象ともならないすき間事案があれば，当該事案の状況に応じ，消費者庁が対応することも可能となっている。

⑥　消費者に身近な諸法律を所管・執行（図表2-2参照）

　消費者庁設立の際に，内閣府，公正取引委員会，経済産業省，厚生労働省，農林水産省等から，消費者に身近な諸法律は消費者庁に移管，あるいは共管となった（個人情報保護法はその後，新たに設置された個人情報保護委員会に移管された）。

　現在，表示関係では，景品表示法，食品表示法等を，取引関係では，特定商取引法，預託法等，安全関係では，消費生活用製品安全法，食品衛生法，製造物責任法等，基本法関係等では，消費者基本法，消費者安全法，消費者教育推進法，食品ロス削減推進法，物価安定関係で物価統制令，買占め防止法，国民生活安定緊急措置法，そのほか公益通報者保護法を所管している。

図表2-2 消費者庁発足時に各府省から移管された主な法律

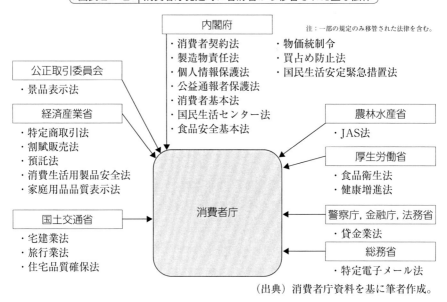

（出典）消費者庁資料を基に筆者作成。

法律に基づいて，行政処分等の執行をしていくことは重要な業務であり，特定商取引法に基づく行政処分や，景品表示法に基づく措置命令や課徴金納付命令は，マスコミにも取り上げられることが多い。また，必要に応じて所管法律の改正に取り組んでいる。

⑦　横断的な制度を企画立案

各府省庁の所管業種，所管物資ごとに分断され，各府省庁の法律で錯そうした規制を行ってきたものなどを一元化し，わかりやすいものに変更といった横断的な制度の企画立案ができる。例えば，食品の表示については，一般的なルールを定めている法律には，食品衛生法，JAS法，および健康増進法があったが，目的の異なる三法それぞれに表示のルールが定められていたため，制度が複雑でわかりにくかったが，食品表示に関する規定を統合して包括的かつ一元的な食品表示制度とするため，食品表示法を創設した（2015 年施行）。

⑧　消費者安全調査委員会（消費者事故調）（詳しくは第 6 章参照）

消費者安全調査委員会は，消費生活上の生命・身体被害に係る事故の原因を究明するための調査を行い，被害の発生または拡大の防止を図る審議会で，消費者事故調として知られている。調査や評価の結果に基づいて内閣総理大臣に対し勧告をし，あるいは適時に，消費者被害の発生または拡大の防止のために講ずべき施策および措置について，内閣総理大臣および関係行政機関の長に意見具申を行うことができる。

⑨　消費者教育推進会議

消費者教育推進会議は，消費者教育を総合的かつ一体的に推進することを目的として制定された消費者教育推進法により設置された審議会である。消費者教育の総合的，体系的かつ効果的な推進に関して，委員相互の情報の交換および調整を行うことや，内閣総理大臣と文部科学大臣が「案」を作成し，閣議により決定する「消費者教育の推進に関する基本的な方針（基本方針）」に対して意見を述べることができる。

1-5　内閣府消費者委員会（詳しくは第3章参照）

　消費者委員会は，2009年に消費者庁設立と同時に内閣府に設置された独立した第三者機関であり，各種の消費者問題について，自ら調査・審議を行い，消費者庁を含む関係省庁の消費者行政全般に対しての意見表明（建議等）を行っているほか，内閣総理大臣，関係各大臣または消費者庁長官の諮問に応じて調査・審議をしている。

1-6　国民生活センターの機能（詳しくは第5章参照）

　国民生活センターは，1970年に特殊法人として設立され，2003年に独立行政法人化された。都内に事務所があるほか，神奈川県相模原市に研修施設と商品テスト施設を有している。国民生活センターの役割については，消費者基本法第25条で，「独立行政法人国民生活センターは，国および地方公共団体の関係機関，消費者団体等と連携し，国民の消費生活に関する情報の収集および提供，事業者と消費者との間に生じた苦情の処理のあっせんおよび当該苦情に係る相談，事業者と消費者との間に生じた紛争の合意による解決，消費者からの苦情等に関する商品についての試験，検査等および役務についての調査研究等，消費者に対する啓発および教育等における中核的な機関として積極的な役割を果たすものとする。」とされている。

　国民生活センターは，相談[5]，相談情報の収集・分析・提供，商品テスト[6]，広報・啓発，教育研修[7]・資格制度，裁判外紛争手続き（ADR）[8]，適格消費者団体支援といった業務を通じて，①行政機関および事業者団体等への要望，情報提供等，②全国の消費生活センター等に対する支援，③消費者に対する注意喚起という機能を担っている。

1-7　PIO-NET

　消費生活センターや相談窓口で，消費生活相談員が，消費者（相談者）から苦情相談を受けた際の聞き取りから相談処理までの過程はすべて記録される。この苦情相談の記録を収集して，消費者行政に役立てることを目的として構築されたのが，「全国消費生活情報ネットワークシステム（PIO-NET）[9]」で，国

民生活センターが管理している。年間約 100 万件が登録されている（詳しくは第 5 章参照）。

　PIO-NET は，各消費生活センター等の自治体の消費者関係部局，消費者庁をはじめとした関係省庁にも設置されており，

・行政機関による消費者被害の未然防止・拡大防止のための法執行
・国・地方公共団体の消費者政策の企画・立案および国民・住民への情報提供
・地方公共団体（消費生活センター）の消費生活相談業務に対する支援

等に活用されている。また，日本で最大の消費生活相談情報を収集・蓄積したシステムであり，相談員が聞き取った内容ということで信頼性の高い相談情報データベースとなっている。国や地方公共団体の消費者行政の基礎情報となっており，国際的にも高く評価されている。

　なお，実際には，トラブルにあっても，センターに相談せずに，自分で事業者に連絡して解決を図る場合や，弁護士や消費者団体等に相談する場合，あるいは高い授業料だったと我慢する消費者も多いので，PIO-NET は，実際の消費者トラブルを反映しているものの，すべてが網羅されているわけではない[10]。

2　国と地方の役割分担と連携

2-1　地方自治体の機能

　都道府県や市町村においては，県庁や役場に消費者行政を担当する部署があるほか（専属の部署とは限らない），消費生活センターや消費生活相談窓口がおかれ消費者からの相談を受け付けている。2017 年には，自治体でのセンターまたは窓口の設置率は 100 ％となった[11]。消費生活センターは，消費生活相談員[12] を配置していること，PIO-NET 等を備えていること，週 4 日以上消費生活相談・あっせんを行っていることが設置要件となっている。また，都道府県や市町村では，互いに連携しながら，各地域の消費者トラブル対策を行っている。

2-2 地方消費者行政と国との関係 [13)

　地方消費者行政については，1968年に制定された消費者保護基本法（現在の消費者基本法）において地方公共団体の消費者行政に関する事務が明文化され，翌年の地方自治法の改正により「消費者の保護」が地方公共団体の事務（いわゆる「固有事務」）として規定された。その後，2000年の地方自治法の改正により，現在では，地方公共団体における消費者行政に関する事務は「自治事務」として位置付づけられている。

　地方公共団体の消費者行政については，消費者基本法第4条において，地方公共団体の責務として，「消費者の権利の尊重および自立の支援その他の基本理念にのっとり，国の施策に準じて施策を講ずるとともに，当該地域の社会的，経済的状況に応じた消費者政策を推進する責務を有する。」とされている。

　2009年の消費者庁設立と同時に施行された消費者安全法においては，地方公共団体が行うべき具体的な事務として，苦情相談・あっせん，消費者安全の確保のための情報収集および住民に対する情報提供等が規定されている。さらに，これらの地方消費者行政を行うための基盤として，都道府県には消費生活センターの必置義務規定が，市町村には設置の努力義務規定が定められているところである。また，2014年の改正消費者安全法においては，都道府県の消費生活相談の役割として，市町村に対する助言，協力，情報提供などの支援，関係機関との調整，市町村同士の共同処理の調整を行うことが追加された。

　2012年に制定された消費者教育推進法においては，消費者教育の推進に関する施策の策定や実施の責務が規定されているほか，特定商取引法や景品表示法等の個別の消費者関係法令において，主務大臣の権限に属する事務の一部について，地方公共団体の長が行うことができる規定が設けられており，法執行についても権限を有している。また，2014年の景品表示法改正により，都道府県の執行体制の強化のため，消費者庁長官の権限である措置命令権限および合理的根拠提出要求権限が都道府県知事に付与されるなど，地方公共団体における法執行事務は拡大している。

　地方消費者行政への国の支援については，消費者庁発足に合わせ，地方消費者行政が抜本的に強化されるよう，消費者行政に係る地方交付税措置が2009

年度に約 90 億円から約 180 億円に倍増し，2012 年度には約 270 億円まで拡充
された。その後はおおむね横ばいで推移している。

　消費者の安全・安心を確保するためには，「どこに住んでいても質の高い相談・
救済が受けられる」地域体制の整備が肝要であり，この考え方は地方消費者行
政における根幹となっている。消費者庁としては，発足以来，地方交付税措置
の拡充や地方消費者行政推進交付金等を通じ，地方における計画的・安定的な
取り組みを支援してきたところである。その結果，消費生活相談窓口がすべて
の地方公共団体に設置されたほか，消費生活センターの設置の促進，消費者教
育の推進など地方消費者行政の体制整備は相当程度進展したと言える。

　一方，消費者行政は地方の自治事務である以上，本来は国からの財政支援に
頼らない姿が求められるところであり，消費者庁発足以来，国からの交付金に
頼っている地方消費者行政の財政基盤については，常に大きな課題となっている。

3　消費者政策の課題

3-1　消費者基本計画

　消費者政策は，商品・サービスの種類を限定することなく，消費者の安全の
確保，消費者契約の適正化，表示の適正化，消費生活に関する教育・啓発，消
費者と事業者との間の苦情処理・紛争解決等，多岐にわたる施策を内容とする
ものであり，消費者庁だけでなく，多くの府省庁等が取り組む必要のある政策
である[14]。

　そのため，消費者基本法において，政府は，消費者政策の計画的な推進を図
るため，長期的に講ずべき消費者政策の大綱等を定めた消費者基本計画を定め
ることとされている。計画は消費者庁がとりまとめをし，閣議決定される。期
間は 5 年で，現在の第 4 期目の計画は 2020 年から始まる 5 か年計画である。
また，計画に添付されている消費者基本計画工程表は，消費者基本計画に基づ
いて関係府省庁等が講ずべき具体的施策について，本計画の対象期間中の取組
予定（経過した期間については，実施状況）を示している。なお，計画および工程
表とも，毎年改定される。

3-2　消費者政策の射程の広がり（図表2-3参照）

(1) 伝統的な消費者政策のターゲット

　配慮を要する消費者への対応や，悪質事業者への対応といった，消費者被害の防止は，これまでも消費者政策の主なターゲットであり，現在でも，さまざまな新たな手口が生み出されるなど，引き続き大きなターゲットとなっている。①高齢化の進展による高齢者被害の増加，②成年年齢引き下げによる若年の被害増加が見込まれること，③訪日外国人の増加による被害増加といった，配慮を要する消費者は増加している。また，悪質事業者も，架空請求一つとっても，葉書を送りつけるという手口だけでなく，メールの送り付けやインターネットサイトにアクセスさせるなど，パソコンやスマートフォンの普及にあわせて，手口も進化している。新たな手口に合わせた法改正等の制度整備が求められているほか，悪徳事業者を処分するといった法執行の強化も求められている。

図表2-3　消費者政策の射程の広がり

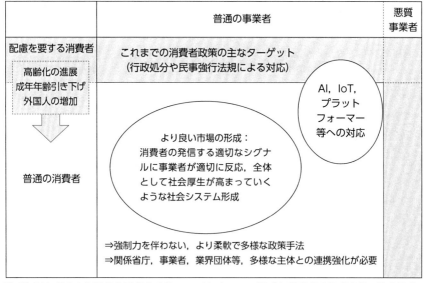

（備考）灰色部分が伝統的な消費者政策のターゲット　　　（出典）消費者庁資料を基に筆者作成。

(2)　新たな消費者政策のターゲット

　このところ，消費者・事業者との協働，連携による取り組みを通じて，持続可能な社会やよりよい市場を目指すことが，消費者政策の新たなターゲットとなってきている。行政措置や規制といった強制力を伴わず，消費者と事業者がwin-winとなるような関係の構築を目指すものである。消費者のことを考えた企業行動は，消費者利益に資する。他方，消費者が社会のことを考えた行動，いわば賢い消費をすれば，事業者も消費者のニーズに合わせて変わっていかざるをえない。結果として，よい市場の形成，持続可能な社会につながることになる。

　2020年に策定された第4期の消費者基本計画でも，「事業者の健全な発展は消費者の利益に資するとともに，消費者の利益の増進は事業者や産業の発展に資する。健全な市場を形成し，国民生活の中長期的な安定と向上を図るために，関係者が問題意識を共有し，長期的な視野で緊密に連携し，消費者と事業者の双方にメリットをもたらすような関係を築かなければならない」とされている。

3-3　消費者被害の防止：伝統的に重要な消費者政策の例

　消費者行政といえば，消費者被害の防止がまずもって基本的な政策と言えよう。具体的には，消費者と事業者との間の情報の質および量ならびに交渉力等の格差があることで，「消費者の生命・身体などの安全に関する問題」，「商品・サービスの価格や品質に関する問題」，「消費者が適正な商品やサービスを選択するための表示に関する問題」，「契約や取引，消費者の財産に関する問題」が生じており，これら問題に対応していくのが，消費者行政の基本である（図表2-4参照）。消費者基本法も，「消費者と事業者との間の情報の質および量並びに交渉力等の格差にかんがみ，消費者の利益の擁護および増進に関し，消費者の権利の尊重およびその自立の支援その他の基本理念を定め」ている。

　我が国における消費者被害の防止に関する代表的な政策を以下に紹介する。

(1)　高齢者や障がい者への対応：見守りネットワーク

　高齢化等を背景として，消費者被害に遭う可能性の高い「見守りを必要とす

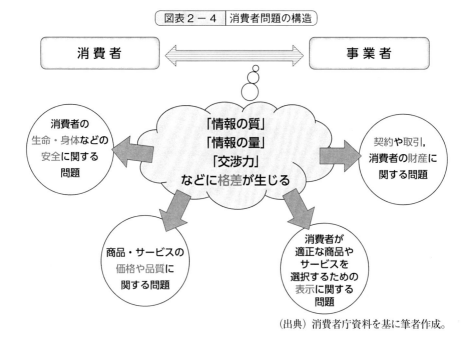

図表2−4 消費者問題の構造

消費者 ⟸⟹ 事業者

「情報の質」
「情報の量」
「交渉力」
などに格差が生じる

消費者の
生命・身体などの
安全に関する
問題

契約や取引，
消費者の財産に
関する問題

商品・サービスの
価格や品質に
関する問題

消費者が
適正な商品や
サービスを
選択するための
表示に関する
問題

(出典) 消費者庁資料を基に筆者作成。

る者」が増加している中，地域での見守り活動を通じて，消費者被害の未然防止，拡大防止を図ることが重要となっている。

　高齢者や障がい者は，自身で相談できる力がない場合もあれば，被害に遭った自分自身を責めるケースもあり，泣き寝入りしてしまうので本人からでは消費生活相談につながらないケースが多いと考えられる。そこで，高齢者等の消費者被害の未然防止・拡大防止においては，普段から地域の見守り活動を行う者（福祉関係者，医療・保健所関係者，警察・司法関係者，教育関係者，事業者等）が消費者被害を察知した際に，スムーズに解決につなげる必要がある。

　2014年の消費者安全法の改正により，高齢者，障がい者，認知症等により判断力が不十分となった者の消費者被害を防ぐため，地方公共団体および地域の関係者が連携して見守り活動を行う「消費者安全確保地域協議会（見守りネットワーク）」を設置できることが規定された。見守りネットワークにおいては，個人情報保護法の例外規定が置かれており，よりきめ細やかで実効性の高い見守

り活動を行うことが可能となっている。このため，消費者庁では，2015 年に策定した地方消費者行政強化作戦においては人口 5 万人以上の全市町で見守りネットワークを設置することを目標としたことなど，全国的な設置を目指している [15]。

　消費者安全法に基づく地域協議会を設置する独自の意義は，たとえ本人の同意が得られない場合であっても，「地域協議会内の構成員間で，見守りの対象者に関する個人情報を提供できる」，言い換えれば，「地域協議会内で被害に遭っていると考えられる高齢者・障がい者の個人情報の共有ができる」ことにある。

(2) 若年者への対応：消費者教育用教材「社会への扉」

　2018 年に民法が改正され，2022 年 4 月から成年年齢が 20 歳から 18 歳に引き下げられることで，これまで未成年者取消権で保護されていた 18 歳，19 歳が保護の対象から外れることになり，消費者被害が拡大するおそれが生じた。そこで，若年者の消費者被害の拡大を防止するため，特に，消費者教育の充実にしっかりと取り組み，自立した消費者を育てることが重要となっている。

　成年年齢引下げに向けた動きを踏まえ，消費者庁は，消費者教育推進法の目的，基本理念を考慮し，消費者庁は文部科学省の協力を得て主に高校生を対象とした消費者教育教材「社会への扉」を作成し，文部科学省，金融庁，法務省とも連携して，「社会への扉」がすべての都道府県で，すべての高校で活用されることを目指している。

　「社会への扉」は，近い将来，成人として消費生活を送る上で，最低限必要な「契約」，「お金」，「暮らしの安全」に関する知識を習得し，消費者トラブルに遭ったときは消費生活センターに相談できる等，適切な行動に結び付けられる実践的な能力を育むことを目的として作成している。また，主として高校生を対象とした教材ではあるが，若年者を中心により幅広い世代でも活用できる内容になっている。

　高校において現在，家庭科は必須科目であり，教科書にも消費者問題に関する記載は一定程度存在している。また，公民にも家庭科ほどではないが，記載はある。しかし，「社会への扉」の活用を求めることで，確実に消費者教育の

授業が行われることにつながり，最低限身に付けてほしい必要な知識を学ぶことができる。授業時間の確保のみならず教える人の育成・確保も重要であり，高校の先生が自ら消費者問題を学び授業を行うことも期待されるが，外部専門家に授業をしてもらうことも現実的である。

(3) 越境取引や訪日外国人への対応：CCJ と外国人相談窓口（詳くは第5章参照）

　経済のグローバル化，インターネットの普及・拡大に伴い，我が国の消費者が国境を越えて海外の事業者と取引を行うことが容易となっており，これに伴って越境消費者トラブルも増加している。越境消費者トラブルは，「言語の違い」，「法律・商慣習の違い」など，紛争解決を困難とする要因が多く，被害救済のプロセスも複雑になりやすい。

　「国民生活センター越境消費者センター（CCJ）」は，海外の消費者相談機関と連携し（2020 年 8 月現在 15 機関 26 カ国・地域と覚書を締結），海外に所在する相手方事業者に相談内容を伝達するなどして事業者の対応を促し，日本の消費者と海外の事業者との間のトラブルの解決を支援している。

　また，日本を訪れる外国人観光客数は 2017 年に 2,800 万人を超え，中長期的に増加することが予想されたことに伴い，日本国内での訪日観光客の消費者トラブルの増加も予想されたことから，国民生活センターでは，訪日観光客向けの電話による消費者相談窓口（名称：訪日観光客消費者ホットライン）を開設している。本窓口は，英語，中国語，韓国語，タイ語，ベトナム語，日本語の計 6 ヵ国語に対応しており，何度もやりとりをするのではなく，1 回の電話での解決を基本としている。

3-4　消費者政策の新たな方向性：消費者と事業者との連携政策の例

　消費者被害の防止は（悪質な）事業者対消費者という構造であるが，一方で，強制力を伴わない，消費者と事業者が win-win となる，消費者・事業者の共生・連携による経済社会構造の変革も，新たな消費者行政の重要なターゲットとなっている。

　例えば，①食品ロスの削減，②消費者志向経営，③エシカル消費の推進など

である。以下，代表的な政策を紹介する。

① 食品ロス削減

　日本国内の食品ロス量は年間 612 万トン（2017 年度推計）と推計されている。これは，国連世界食糧計画（WFP）による 2017 年の食料援助量約 390 万トンの 1.6 倍に相当する。そのうち，事業系食品ロス量が 328 万トン，家庭系食品ロス量が 284 万トンである。そこで，国，地方公共団体，事業者，消費者等の多様な主体が連携し，国民運動として食品ロスの削減を推進するため，2019 年に議員立法による「食品ロス削減推進法」が成立し，同年に施行された。

　2020 年 3 月に策定された食品ロス削減基本方針によれば，食品ロス削減のためには，国民各層がこの問題を「他人事」ではなく「我が事」として捉え，「理解」するだけにとどまらず「行動」に移すことが必要とされている。すなわち，食べ物を無駄にしない意識を持ち，食品ロス削減の必要性について認識した上で，生産，製造，販売の各段階および家庭での買物，保存，調理の各場面において，食品ロスが発生していることや，消費者や事業者等の各主体，それぞれに期待される役割と行動を理解し，可能なものから具体的な行動に移すことが求められる。

　こうした理解と行動の変革が広がるよう，国，地方公共団体，事業者，消費者等の多様な主体が連携し，国民運動として食品ロスの削減を推進していくこととなっている。

　世界は今，持続可能な地球と社会を引き継いでいく上で，極めて重要な時期を迎えており，食品ロスの削減はそのために誰もが取り組める身近な課題である。事業者一者一者，消費者一人一人をはじめ，あらゆる主体がこの時期をチャンスと捉え，食べ物を大事にする文化を再認識しながら，将来の世代に明るい未来を託せるよう，覚悟を持って行動を変革していくことが求められる。

② 消費者志向経営（詳しくは第 10 章参照）

　事業者は社会的に有用で安全な商品・サービスを開発・提供し，消費者・顧客の満足と信頼を獲得することなくしては，事業活動は継続できないと考えら

れる。他方，十分な消費者対応がなされることで，消費者・顧客の満足や信頼が高まれば，安心して消費活動が行われる。また，消費者の意見をいかした商品・サービスが提供されることなど，消費者を重視した事業活動がさらに行われることにより，相乗効果によって，消費者と事業者による健全な市場の実現が期待される。このような観点から消費者庁では，事業者団体，消費者団体と連携し，事業者が消費者を重視した事業活動，すなわち「消費者志向経営」の推進に取り組んでいる。

③　エシカル消費の推進

　「エシカル消費（倫理的消費）」とは，より良い社会に向けて，地域の活性化や雇用等を含む人や社会・環境に配慮した消費行動を指す。エシカル消費や持続可能なライフスタイルへの理解が促進されることは，日本の経済社会を物心両面から豊かにする大きな可能性を秘めており，そのためには，消費行動の進化と事業者サイドの取り組みとが相乗的に加速していくことが重要となっている。消費者庁「倫理的消費」調査研究会によれば，エシカル消費には，消費者の視点からみて，以下のような意義がある。

　・あらかじめ定められた課題ではなく，各自がそれぞれの考えに基づいて，消費という日常的な行動をすることで社会的課題の解決に資すること。
　・消費者が商品・サービスを選択する際に，安全・安心，品質，価格といった既存の尺度だけではなく，倫理的消費という第四の尺度が提供されること。
　・個々の消費者による具体的な行動が消費者市民社会の形成に寄与すると考えられること。

　事業者にとっては「企業市民」や「企業の社会的責任」といった，本業を通じて消費者の信頼を得るように行動することや，社会や環境に配慮した行動を取ることの重要性が高まっている。事業者にとって，消費者の倫理的消費に応えていくことの意義として，以下が挙げられる。

・原材料調達，生産，運搬，販売・宣伝など，流通の各段階において，社会や
　環境に配慮した行動を取ることによって，供給工程を包括的に管理しやすく
　なること。
・社会的課題や環境課題の解決に向けた行動が他の事業者との差別化となり，
　新たな競争力を生む可能性があるということ。
・こうした事業者は，社会的課題や環境問題に真摯に向き合う事業者として，
　消費者をはじめとする事業者を取り巻く利害関係者からの信頼感が高まると
　ともに，事業者のイメージの上昇につながること。

3-5　主な行政手法

　人的・財源的制約の中で，政策効果を最大限に高めていくためには，政策の
優先順位付け，政策手段の割当ての最適化や施策間の連携，他の関係機関・団
体等との連携・協力，関係団体等の積極的な協力を引き出すためのインセンティ
ブの活用等，消費者政策を実施する上での行政手法を工夫していくことが必要
である。行政手法別にみた消費者政策の主な類型としては，①規制的手法（行
政規制，各種ルールの整備等），②支援的手法（消費生活相談，注意喚起，消費者教育，
情報提供，消費者団体の活動支援等），③協働促進的手法（エシカル消費，消費者志
向経営の推進等）が挙げられる。これらを適切に組み合わせることにより，消費
者政策による効果を向上させていく必要がある。
　消費者政策としては，消費者行政の基盤（インフラ）となる制度整備（一元的
な消費者行政・消費生活相談窓口の整備，消費者関連法制の整備・執行等），消費者ト
ラブルに巻き込まれやすい消費者の保護，消費者の自立支援，家族や地域社会
による見守り・助け合いの促進，消費者団体や事業者団体等の活動支援等が重
要になると考える。

3-6　今後の新たな課題

　消費者被害の防止や，事業者と消費者との協働においても，地方の消費生活
センターや消費者行政部局の果たす役割は大きい。そのため，先に述べたよう

に，地方消費者行政の強化は，今後とも最大の課題の1つと言えよう。また，被害にあわないよう，また賢い消費者となるべく，若者をはじめ全世代に対する消費者教育も欠かせない。

　一方，消費者被害においては，悪徳事業者にいったん支払ってしまうと，なかなか取り戻すことは難しい。裁判手続き特例法[16]など整備されてきてはいるが，悪徳事業者から被害額を取り戻し，被害者に返還する仕組みの要望は大きく，今後の課題となっている。

　また，メルカリ，ヤフオクやアマゾンといったデジタルプラットフォーマーを通じた個人間取引は，最近急速に増加しているが，従来の情報の質・量や交渉力で優位に立つ事業者対弱い消費者（BtoC）の関係では捉えられない，消費者対消費者（CtoC）という新たな取引形態である。プラットフォーマーの役割も含めて，消費者問題の中でどのように捉えていくか，新たな課題となっている。また，AIやIoTといった新しい技術によって，取引形態や消費者問題も生まれてくると考えられるところ，今現在では予想もつかないような対応が求められるであろう。

【注】

1）消費者庁設置法案，消費者庁設置法の施行に伴う関係法律の整備に関する法律案，消費者安全法案。

2）市区町村の窓口が開所していない場合は，都道府県の消費生活センターなどが案内されるか，つなげなかった市区町村の相談窓口の名称，受付時間や電話番号が流れる。土日祝日に身近な相談窓口が開所していない場合は，国民生活センターで相談の補完をするなど，年末年始を除いて，原則，毎日利用可能。

3）内閣総理大臣は，消費者被害の発生または拡大の防止を図るため消費者の注意を喚起する必要があると認めるときは，当該消費者事故等の態様，当該消費者事故等による被害の状況その他の消費者被害の発生または拡大の防止に資する情報を都道府県および市町村に提供するとともに，これを公表するという規定（38条1項）。

4）2007年末から2008年にかけて毒物が混入した中国産冷凍餃子による食中毒が発生し，当時，食の安心・安全への信頼を大きく損なった事件。後日，中国で毒を入れたとして元従業員が拘束され，その後有罪となった。情報の集約・一元化や緊急時対応等の課題が浮かび上がった。

5 ）消費生活センター等では解決困難な相談の処理方法等を各センターにアドバイス（経由相談），消費者ホットラインで地元のセンターに電話したがつながらなかった相談の受付（平日バックアップ相談），土日祝日に相談窓口を開設していないセンター等の支援として相談受付（休日相談）等。

6 ）相談解決のためのテスト（消費生活センター等が行う商品に関する苦情相談処理を支援するため，依頼に基づいて商品テストを実施。依頼センターは，テスト結果をあっせん等に活用）や，注意喚起のためのテスト（商品群として問題が考えられる商品や，入手した商品の被害情報を分析し，事故の未然防止・拡大防止のためのテストを実施し，広く情報提供。取扱説明書や規格，基準だけにとらわれない，生活実態に即したテストを実施することで，商品の問題点を指摘）等。

7 ）地方公共団体の消費者行政職員や消費生活相談員，企業の消費者部門担当者，教員等を対象に消費者問題・消費者教育に関する研修を実施。

8 ）第 6 章参照。

9 ）Practical Living Information Online Network System の略称。「パイオネット」と呼ぶ。

10）令和元年度消費者白書によれば，被害・トラブルのあった商品・サービスについて，相談申し出する割合は約 5 割，消費者被害・トラブルについて相談・申出をした相手ではメーカー等事業者は約半数，消費生活センター等は 1 割弱となっている（図表Ⅱ -1-5-3）。

11）複数の自治体が広域連携して 1 つの消費生活センターを設置していることも含む。

12）国民生活センター等の登録試験機関が実施する消費生活相談員資格試験の合格者またはそれと同等以上の専門知識・技術を持った者。

13）詳しくは消費者庁「地方消費者行政の充実・強化に向けた今後の支援のあり方等に関する検討会」報告書（2017年7月）参照。

14）消費者基本計画（2015 年）。

15）2020 年に策定した地方消費者行政強化作戦 2020 では，設置市区町村の都道府県内人口カバー率 50％以上という目標を掲げている。

16）正式名称は「消費者の財産的被害の集団的な回復のための民事の裁判手続の特例に関する法律」。

参考文献

〈消費者庁の機能，意義，規制的手法（行政規制，各種ルールの整備等）〉

消費者庁（2019）『令和元年度消費者白書』

消費者庁編（2013）『逐条解説　消費者安全法第 2 版』商事法務

原早苗・木村茂樹編（2017）『消費者庁・消費者委員会創設に込めた想い』商事法務

民事法研究会（2011）『現代消費者法 No.13【特集】検証　消費者庁・消費者委員会』

〈消費者トラブル概論，支援的手法（消費生活相談，注意喚起，消費者教育，情報提供，消費者団体の活動支援等）〉

国民生活センター『消費生活年報』（毎年発行）

消費者庁『消費者白書』（毎年発行）

消費者庁（2017）『「地方消費者行政の充実・強化に向けた今後の支援のあり方等に関する検討会」報告書』

消費者庁（2017）「社会への扉」

『(第 4 期) 消費者基本計画』（2020 年 3 月 31 日閣議決定）

『消費者教育の推進に関する基本的な方針』（2013 年 6 月 28 日閣議決定（2018 年 3 月 20 日変更））

〈協働促進的手法（エシカル消費，消費者志向経営の推進等）〉

消費者庁（2016）『「消費者志向経営の取組促進に関する検討会」報告書』

消費者庁（2017）『「倫理的消費」調査研究会取りまとめ～あなたの消費が世界の未来を変える～』

『食品ロスの削減の推進に関する基本的な方針』（2020 年 3 月 31 日閣議決定）

―――――― 第3章 ――――――

消費者政策の監視と提言

1 消費者委員会創設の経緯

1-1 想定外の誕生

消費者委員会は，消費者庁および消費者委員会設置法（平成21年法律第48号，以下「設置法」という）の定めるところにより内閣府に置かれる審議会等である（内閣府設置法（平成11年法律第89号）§37Ⅲ）。

その消費者委員会の事務は，消費者の利益の擁護および増進に関する基本的な政策に関する重要事項を筆頭に，いずれも消費者庁の所掌事務の範囲内の重要事項に関する調査審議および消費者庁が所管（共管を含む）する個別の法律により消費者委員会の権限に属せられた事項の処理である（設置法§6）。

内閣府設置法によると，内閣府の外局である庁には，その所掌事務の範囲内で重要事項に関する調査審議等の事務をつかさどらせるための審議会等を置くことができるが（内閣府設置法§54），消費者委員会は，内閣府の外局である消費者庁の所掌事務の範囲内の重要事項に関する調査審議等をその事務としながら，消費者庁ではなく内閣府に直接設置されているのである。この特異な在り方こそが，消費者委員会が当初の想定を超えて，国会における議論によって特別な役割を果たすことを期待されて誕生したことを示している。

想定外の誕生の経緯をごく簡単に述べると次のとおりである。

2009年第171国会（常会）において，政府提出の「消費者庁設置法案」と野党議員提出の「消費者権利院法案」が審議され，与野党の修正協議を経て，政府案で消費者庁の審議会としておかれていた「消費者政策委員会」を，「消費者権利院」が持つ独立性や消費者行政に対する強い監視機能という観点から強

化して，名称を「消費者委員会」と改め，かつこれを消費者庁とは別に内閣府
におくことに修正された「消費者庁および消費者委員会設置法」が成立した[1]。
では，国会の議論を経て，消費者委員会には，どのような役割が与えられたの
だろうか。

1-2　消費者委員会に与えられた役割

　消費者庁創設以前，内閣府が行っていた消費者行政に関する重要事項につい
て，諮問を受けて実施する調査審議と意見具申は，内閣府に置かれていた国民
生活審議会が担っていた。消費者委員会は，当初の政府案で消費者政策委員会
とされていた時点において，この国民生活審議会の消費者行政における審議会
機能の後継機関と位置づけられていた。ただし，新設の消費者庁がそれまで内
閣府が行っていた消費者行政にとどまらず新たに担うこととなった事務につい
ても調査審議および意見具申の対象範囲に加えられた。

　与野党の修正協議の結果設立された消費者委員会は，審議対象範囲について
は政府案と変わりないが，審議機能については従来型の審議会の機能とは一線
を画したものとなった。すなわち，諮問を受けて調査審議を（し答申）する機
能については政府案と同じだが，意見具申機能については，消費者委員会の独
自性・自発性が強調され，「自ら調査審議」をして関係府省庁に「建議」を行
う機能が与えられた（設置法§6条Ⅱ①）。

　また，委員の独立性が明記され（設置法§7），関係府省庁に対する資料の提
出要求等をする権限を消費者委員会自身が独自に有するものとされた（設置法
§8）。

　委員の人数は，政府案の15人以内から10人以内に修正され，設置法と同時
に成立した消費者安全法（平成21年法律第50号）における消費者委員会の機能も，
意見を述べることから消費者庁に「勧告」し「報告を求める」ものとされた。

　以上の経緯を踏まえると，消費者委員会に与えられた役割は，消費者政策の
分野において，①消費者庁をはじめとする関係府省庁の強力な監視機関である
こと，②受け身の調査審議だけでなく独自に課題を発掘しその実現を関係府省
庁に建議・勧告する知恵の場であること，③消費者庁等の諮問を受けてその所

管事務に関する重要事項について調査審議し答申する等従来型の審議会としての機能も果たすこと，④高い独立性と機動性をもって活動する機関であることであると考えられる。

　「消費者政策委員会」から「消費者委員会」への変遷については**図表3-1**を，「国民生活審議会」と「消費者委員会」の比較は**図表3-2**を参照されたい。

図表3−1　消費者政策委員会から消費者委員会へ

消費者庁設置法案	消費者庁および消費者委員会設置法 （平成21年成立当時）
第三章　審議会等 （設置） 第六条　消費者庁に，消費者政策委員会（以下「委員会」という。）を置く。 2　委員会は，次に掲げる事務をつかさどる。 　一　内閣総理大臣，関係各大臣または長官の諮問に応じ，次に掲げる重要事項を調査審議すること。 　　イ　消費者の利益の擁護および増進に関する基本的な政策に関する重要事項 　　ロ　消費者の利益の擁護および増進を図る上で必要な環境の整備に関する基本的な政策に関する重要事項 　　ハ　景品類等の適正化による商品および役務の消費者による自主的かつ合理的な選択の確保に関する重要事項 　　ニ　物価に関する基本的な政策に関する重要事項 　　ホ　公益通報者の保護に関する基本的な政策に関する重要事項 　　ヘ　個人情報の適正な取扱いの確保に関する重要事項 　　ト　消費生活の動向に関する総合的な調査に関する重要事項	第三章　消費者委員会 （設置） 第六条　内閣府に，消費者委員会（以下この章において「委員会」という。）を置く。 2　委員会は，次に掲げる事務をつかさどる。 　一　次に掲げる重要事項に関し，自ら調査審議し，必要と認められる事項を内閣総理大臣，関係各大臣または長官に建議すること。 　　イ　消費者の利益の擁護および増進に関する基本的な政策に関する重要事項 　　ロ　消費者の利益の擁護および増進を図る上で必要な環境の整備に関する基本的な政策に関する重要事項 　　ハ　景品類等の適正化による商品および役務の消費者による自主的かつ合理的な選択の確保に関する重要事項 　　ニ　物価に関する基本的な政策に関する重要事項 　　ホ　公益通報者の保護に関する基本的な政策に関する重要事項 　　ヘ　個人情報の適正な取扱いの確保に関する重要事項 　　ト　消費生活の動向に関する総合的な調査に関する重要事項

46 ──◎

二　前号に規定する重要事項に関し，内閣総理大臣，関係各大臣または長官に意見を述べること。

二　内閣総理大臣，関係各大臣または長官の諮問に応じ，前号に規定する重要事項に関し，調査審議すること。

三　消費者安全法第二十条の規定により，内閣総理大臣に対し，必要な勧告をし，これに基づき講じた措置について報告を求めること。

三　消費者基本法（昭和四十三年法律第七十八号），消費者安全法，割賦販売法，特定商取引に関する法律，特定商品等の預託等取引契約に関する法律，食品安全基本法，不当景品類および不当表示防止法，食品衛生法，農林物資の規格化および品質表示の適正化に関する法律，家庭用品品質表示法，住宅の品質確保の促進等に関する法律，国民生活安定緊急措置法（昭和四十八年法律第百二十一号）および個人情報の保護に関する法律の規定によりその権限に属させられた事項を処理すること。

四　消費者基本法，消費者安全法（第二十条を除く。），割賦販売法，特定商取引に関する法律，特定商品等の預託等取引契約に関する法律，食品安全基本法，不当景品類および不当表示防止法，食品衛生法，農林物資の規格化および品質表示の適正化に関する法律，家庭用品品質表示法，住宅の品質確保の促進等に関する法律，国民生活安定緊急措置法（昭和四十八年法律第百二十一号）および個人情報の保護に関する法律の規定によりその権限に属させられた事項を処理すること。

（職権の行使）
第七条　委員会の委員は，独立してその職権を行う。

（資料の提出要求等）
第八条　委員会は，その所掌事務を遂行するため必要があると認めるときは，関係行政機関の長に対し，報告を求めることができるほか，資料の提出，意見の開陳，説明その他必要な協力を求めることができる。

（組織）
第七条　委員会は，委員十五人以内で組織する。
2　委員会に，特別の事項を調査審議させるため必要があるときは，臨時委員を置くことができる。
3　委員会に，専門の事項を調査させるため必要があるときは，専門委員を置くことができる。

（組織）
第九条　委員会は，委員十人以内で組織する。
2　委員会に，特別の事項を調査審議させるため必要があるときは，臨時委員を置くことができる。
3　委員会に，専門の事項を調査させるため必要があるときは，専門委員を置くことができる。

（委員等の任命）

第八条　委員および臨時委員は，消費者が安心して安全で豊かな消費生活を営むことができる社会の実現に関して優れた識見を有する者のうちから，内閣総理大臣が任命する。

2　専門委員は，当該専門の事項に関して優れた識見を有する者のうちから，内閣総理大臣が任命する。

（委員の任期等）

第九条　委員の任期は，二年とする。ただし，補欠の委員の任期は，前任者の残任期間とする。

2　委員は，再任されることができる。

3　臨時委員は，その者の任命に係る当該特別の事項に関する調査審議が終了したときは，解任されるものとする。

4　専門委員は，その者の任命に係る当該専門の事項に関する調査が終了したときは，解任されるものとする。

5　委員，臨時委員および専門委員は，非常勤とする。

（委員長）

第十条　委員会に，委員長を置き，委員の互選により選任する。

2　委員長は，会務を総理し，委員会を代表する。

3　委員長に事故があるときは，あらかじめその指名する委員が，その職務を代理する。

（事務局）

第十一条　委員会の事務を処理させるため，委員会に事務局を置く。

2　事務局に，事務局長のほか，所要の職員を置く。

3　事務局長は，委員長の命を受けて，局務を掌理する。

（委員等の任命）

第十条　委員および臨時委員は，消費者が安心して安全で豊かな消費生活を営むことができる社会の実現に関して優れた識見を有する者のうちから，内閣総理大臣が任命する。

2　専門委員は，当該専門の事項に関して優れた識見を有する者のうちから，内閣総理大臣が任命する。

（委員の任期等）

第十一条　委員の任期は，二年とする。ただし，補欠の委員の任期は，前任者の残任期間とする。

2　委員は，再任されることができる。

3　臨時委員は，その者の任命に係る当該特別の事項に関する調査審議が終了したときは，解任されるものとする。

4　専門委員は，その者の任命に係る当該専門の事項に関する調査が終了したときは，解任されるものとする。

5　委員，臨時委員および専門委員は，非常勤とする。

（委員長）

第十二条　委員会に，委員長を置き，委員の互選により選任する。

2　委員長は，会務を総理し，委員会を代表する。

3　委員長に事故があるときは，あらかじめその指名する委員が，その職務を代理する。

（事務局）

第十三条　委員会の事務を処理させるため，委員会に事務局を置く。

2　事務局に，事務局長のほか，所要の職員を置く。

3　事務局長は，委員長の命を受けて，局務を掌理する。

（政令への委任） 第十二条　第六条から前条までに定めるもののほか，委員会に関し必要な事項は，政令で定める。	（政令への委任） 第十四条　第六条から前条までに定めるもののほか，委員会に関し必要な事項は，政令で定める。
政府提出の消費者安全法案第20条	修正協議を経て成立した消費者安全法第20条（平成21年成立当時）
（消費者政策委員会の意見） 第二十条　消費者政策委員会は，内閣総理大臣に対し，消費者被害の発生または拡大の防止に関し必要な意見を述べることができる。	（消費者委員会の勧告等） 第二十条　消費者委員会は，消費者，事業者，関係行政機関の長その他の者から得た情報その他の消費者事故等に関する情報を踏まえて必要があると認めるときは，内閣総理大臣に対し，消費者被害の発生または拡大の防止に関し必要な勧告をすることができる。 2　消費者委員会は，前項の規定により勧告をしたときは，内閣総理大臣に対し，その勧告に基づき講じた措置について報告を求めることができる。

（出典）筆者作成。

図表３－２　国民生活審議会と消費者委員会

内閣府設置法（平成21年時点の国民生活審議会に係る規定部分）	消費者庁および消費者委員会設置法（平成21年成立当時の消費者委員会に係る規定部分抜粋）
（設置） 第三十七条　本府に，国民生活審議会を置く。 2・3　（略） （国民生活審議会） 第三十八条　国民生活審議会は，次に掲げる事務をつかさどる。 　一　内閣総理大臣または関係各大臣の諮問に応じ，国民生活の安定および向上に関する経済の発展の見地からの基本的な政策，一般消費者の利益の擁護および増進に関する基本的な政策，市民活動の促進並びに個人情報の適切な取扱いの確保に関する重要事項を調査審議すること。	（設置） 第六条　内閣府に，消費者委員会（以下この章において「委員会」という。）を置く。 2　委員会は，次に掲げる事務をつかさどる。 　一　次に掲げる重要事項に関し，自ら調査審議し，必要と認められる事項を内閣総理大臣，関係各大臣または長官に建議すること。 　イ　消費者の利益の擁護および増進に関する基本的な政策に関する重要事項

　　ロ　消費者の利益の擁護および増進を図る上で必要な環境の整備に関する基本的な政策に関する重要事項
　　ハ　景品類等の適正化による商品および役務の消費者による自主的かつ合理的な選択の確保に関する重要事項

（国民生活の安定および向上に関する経済の発展の見地からの基本的な政策に関する重要事項の一部）
（同上）

　　ニ　物価に関する基本的な政策に関する重要事項

　　ホ　公益通報者の保護に関する基本的な政策に関する重要事項
　　ヘ　個人情報の適正な取扱いの確保に関する重要事項

（同上）

　　ト　消費生活の動向に関する総合的な調査に関する重要事項

　二　前号に規定する重要事項に関し，内閣総理大臣または関係各大臣に意見を述べること。

　二　内閣総理大臣，関係各大臣または長官の諮問に応じ，前号に規定する重要事項に関し，調査審議すること。
　三　消費者安全法第二十条の規定により，内閣総理大臣に対し，必要な勧告をし，これに基づき講じた措置について報告を求めること。

　三　国民生活安定緊急措置法（昭和四十八年法律第百二十一号），消費者基本法（昭和四十三年法律第七十八号）および個人情報の保護に関する法律の規定によりその権限に属させられた事項を処理すること。

　四　消費者基本法，消費者安全法（第二十条を除く。），割賦販売法，特定商取引に関する法律，特定商品等の預託等取引契約に関する法律，食品安全基本法，不当景品類および不当表示防止法，食品衛生法，農林物資の規格化および品質表示の適正化に関する法律，家庭用品品質表示法，住宅の品質確保の促進等に関する法律，国民生活安定緊急措置法（昭和四十八年法律第百二十一号）および個人情報の保護に関する法律の規定によりその権限に属させられた事項を処理すること。
（職権の行使）
第七条　委員会の委員は，独立してその職権を行う。

	（資料の提出要求等） 第八条　委員会は，その所掌事務を遂行するため必要があると認めるときは，関係行政機関の長に対し，報告を求めることができるほか，資料の提出，意見の開陳，説明その他必要な協力を求めることができる。
2　前項に定めるもののほか，国民生活審議会の組織，所掌事務および委員その他の職員その他国民生活審議会に関し必要な事項については，政令で定める。	（組織） 第九条　略 （委員等の任命） 第十条　略 （委員の任期等） 第十一条　略 （委員長） 第十二条　略 （事務局） 第十三条　略 （政令への委任） 第十四条　第六条から前条までに定めるもののほか，委員会に関し必要な事項は，政令で定める。
消費者基本法（消費者委員会設置前の国民生活審議会に係る規定部分）	消費者基本法（消費者委員会設置後の消費者委員会に係る規定部分）
（消費者政策会議） 第二十七条　内閣府に，消費者政策会議（以下「会議」という。）を置く。 2　会議は，次に掲げる事務をつかさどる。 　一　消費者基本計画の案を作成すること。 　二　前号に掲げるもののほか，消費者政策の推進に関する基本的事項の企画に関して審議するとともに，消費者政策の実施を推進し，並びにその実施の状況を検証し，評価し，および監視すること。 3　会議は，消費者基本計画の案を策定しようとするときは，国民生活審議会の意見を聞かなければならない。	（消費者政策会議） 第二十七条　内閣府に，消費者政策会議（以下「会議」という。）を置く。 2　会議は，次に掲げる事務をつかさどる。 　一　消費者基本計画の案を作成すること。 　二　前号に掲げるもののほか，消費者政策の推進に関する基本的事項の企画に関して審議するとともに，消費者政策の実施を推進し，並びにその実施の状況を検証し，評価し，および監視すること。 3　会議は，次に掲げる場合には，<u>消費者委員会の意見を聴かなければならない。 　一　消費者基本計画の案を作成しようとするとき。

| （国民生活審議会）
第二十九条　消費者政策の推進に関する基本的事項の調査審議については，この法律によるほか，内閣府設置法第三十八条の定めるところにより，国民生活審議会において行うものとする。 | 　二　前項第二号の検証，評価および監視について，それらの結果の取りまとめを行おうとするとき。
（消費者委員会）
第二十九条　消費者政策の推進に関する基本的事項の調査審議については，この法律によるほか，消費者庁および消費者委員会設置法（平成二十一年法律第四十八号）第六条の定めるところにより，消費者委員会において行うものとする。 |

（出典）筆者作成。

1-3　未知数だった具体的運用

　政府案の消費者政策委員会は，前述（1-2）の③の役割を果たす従来型の審議会として想定されていたが，与野党の修正協議を経て創設された消費者委員会は①②④が強調され，従来型の審議会とは一線を画する役割を担うこととなった。その法律上の根拠が「自ら調査」であり，「建議」「勧告」であり，独自の「資料の提出要求等」であり，独立性の確認や機動性の確保のための委員（本委員）の少人数化である。

　しかし，既存の審議会で運用されたことのない自ら調査して建議等をするという事務を具体的にどのように進めていくのか，非常勤の委員と限られた事務局資源で関係府省庁に対する資料の提出要求等の権限をどのように活用していくのか，消費者庁を主とする消費者政策の従来型審議会機能（諮問を受けて調査審議し答申する）と自ら調査し建議等を実施していく新たな機能との関係はどうなるのか，独立性や機動性をどのような方法で実現するのか，強力な監視機能をどうすれば実効的に発揮できるのかといったことについて，すなわち，あらゆる意味で消費者委員会が具体的にどのように運用されるものであるのかは，創設時において未知数であったと考えられる。

　もともとの政府案では，消費者庁の審議会を設置するつもりであったから，諮問に応じた調査審議や個別法に基づいて与えられた事務が発生した場合に会議を開催する会議体であって常時活動しているイメージはなかったはずであり，したがって，委員は非常勤で，委員会事務局もごく限られた人員体制で準

備が進められていた。そのような中で，国会審議を経て位置づけや役割が大幅に変化して船出することとなった消費者委員会が，具体的にどのように運用されるのか，特に，審議対象が消費者庁所管事務と重なっていながら消費者庁からの独立性を期待されて内閣府に設置された消費者委員会と消費者庁との関係性を実際にどのように構築していくかは，発足後に紆余曲折手探りの対応が続くこととなる[2]。

2 消費者委員会による消費者政策の監視・提言

2-1 権限と体制
(1) 権　限
　消費者委員会の権限は以下のとおりである。

　なお，消費者基本法第29条は，消費者政策の推進に関する基本的事項の調査審議は同法によるほか，設置法第6条の定めるところにより消費者委員会において行うと定めている。消費者基本法は「消費者政策の推進に関する基本的事項」については，その企画に関して消費者政策会議[3]が審議する旨を定めるのみであるから（消費者基本法§27Ⅱ），消費者委員会は，消費者政策の推進に関する基本的事項について審議する唯一の（有識者からなる第三者機関としての）審議会である。

A：企画・立案に関する権限
《基本的・横断的事項》
　| 自ら調査審議・建議 |
　　　○消費者委員会は，以下の重要事項に関し，自ら調査審議し，内閣総理大臣・関係大臣・消費者庁長官に建議する。（設置法§6Ⅱ①）
　　　【重要事項】
　　　　・消費者の利益の擁護および増進に関する基本的な政策
　　　　・消費者の利益の擁護および増進を図る上で必要な環境の整備に関する基本的な政策

・景品類等の適正化による商品および役務の消費者による自主的
　かつ合理的な選択の確保
・物価に関する基本的な政策
・公益通報者の保護に関する基本的な政策
・消費生活の動向に関する総合的な調査

| 諮問に応じ調査審議 |

○消費者委員会は，前述の重要事項に関し，内閣総理大臣・関係各大臣
　または消費者庁長官の諮問に応じ，調査審議する。(設置法 §6Ⅱ②)

| 資料の提出要求等 |

○消費者委員会は，関係行政機関の長に対し，報告を求めることができ
　るほか，資料の提出，意見の開陳，説明その他必要な協力を求めるこ
　とができる。(設置法 §8)

| 意見聴取 |　　＜基本方針等の策定に関するもの＞

○消費者政策会議は，消費者基本計画の案を作成しようとするときおよ
　び消費者政策の実施の状況の検証・評価・監視について結果のとりま
　とめを行おうとするときは，消費者委員会の意見を聴かなければなら
　ない。(消費者基本法 §27Ⅲ)

○内閣総理大臣は，消費者安全の確保に関する基本的な方針（以下「消
　費者安全基本方針」）を定めようとするときおよび変更しようとすると
　きは，あらかじめ消費者委員会の意見を聴かなければならない。(消費
　者安全法 §6Ⅳ，Ⅵ)

○都道府県知事より消費者安全基本方針の変更提案がされた場合，内閣
　総理大臣は，消費者委員会の意見を聞いて変更を判断する。(消費者安
　全法 §7Ⅱ，Ⅲ)

○内閣総理大臣・文部科学大臣は，消費者教育の推進に関する基本的な
　方針（「消費者教育基本方針」）の案を作成しようとするときおよび変更し
　ようとするときは，あらかじめ消費者委員会の意見を聴かなければなら
　ない。(消費者教育の推進に関する法律（平成24年法律第61号）§9Ⅴ，Ⅷ)

○内閣総理大臣は，消費者委員会の意見を聴いて，食品の安全性の確保

に関する施策の策定にあたって講じられる措置の実施に関する基本的
事項の案を作成・変更し，閣議の決定を求めなければならない。（食品
安全基本法（平成15年法律第48号）§21 Ⅱ，Ⅳ）

《個別事項》

意見聴取

＜表示基準等の策定に関するもの＞

○内閣総理大臣は，消費者が安全に摂取し自主的・合理的に選択するた
めに必要と認められる事項を内容とする販売の用に供する食品に関す
る表示の基準を定めようとするときおよび変更しようとするときは，
あらかじめ消費者委員会の意見を聴かなければならない。（食品表示法
§4 Ⅱ，Ⅵ）

○内閣総理大臣は，販売の用に供し若しくは営業上使用する器具・容器
包装・これらの原材料の規格またはこれらの製造方法の基準が定めら
れた器具・包装容器 4) に関する表示につき，消費者委員会の意見を聴
いて，必要な基準を定めることができる。（食品衛生法（昭和22年法律
第233号）§19 Ⅰ）

○内閣総理大臣は，飲食料品以外の農林物資で，一般消費者がその購入
に際してその品質を識別することが特に必要であると認められるもの
のうち，一般消費者の経済的利益を保護するためにその品質に関する
表示の適正化を図る必要があるものとして政令で指定するものの品質
に関する表示についてその取扱業者が守るべき基準を定めようとする
ときは，あらかじめ消費者委員会の意見を聴かなければならない。（日
本農林規格等に関する法律（JAS法（昭和25年法律第175号）§59 Ⅲ））

○内閣総理大臣は，家庭用品ごとに成分・性能・用途・貯法その他品質
に関し表示すべき事項および表示の方法その他表示に際して製造業者・
販売業者・表示業者が遵守すべき事項につき表示の標準となるべき事
項を定め若しくは変更しようとするとき，および製造業者・販売業者・
表示業者に対し遵守事項に従って表示すべきこと若しくは表示事項を
表示したものでなければ販売・陳列してはならないことを命令しよう

とするときは，消費者委員会に諮問しなければならない。（家庭用品品質表示法（昭和 37 年法律第 104 号）§11）

○内閣総理大臣は，①表示・景品類 5) の指定・改廃，②景品類の価額の最高額若しくは総額，種類若しくは提供の方法その他景品類の提供に関する事項の制限，または景品類の提供禁止，③優良・有利誤認表示以外の不当表示の指定・改廃をしようとするときは，消費者委員会の意見を聴かなければならない。（不当景品類および不当表示防止法（昭和 37 年法律第 134 号）（以下「景品表示法」）§3，§6 I）

○内閣総理大臣は，事業者が講ずべき景品類の提供および表示の管理上の措置に関して，その適切かつ有効な実施を図るために必要な指針を定めようとするときおよび変更しようとするときは，消費者委員会の意見を聴かなければならない。（景品表示法 §26 III，V）

＜政令の制定等に関するもの＞

○内閣総理大臣が，特定商品・施設利用権，他の法律の適用を受けることにより適用除外される者，特定商品または施設利用権の購入に関する事項であって顧客の判断に影響を及ぼすこととなる重要なもの，預託等取引契約に関する事項であって，預託者の判断に影響を及ぼすこととなる重要なもの（解除を妨げる目的での不実告知の対象となるもの），法律の施行のため必要があると認めるときに預託等取引業者若しくは勧誘者に報告させることができる事項を定める政令の制定・改廃の立案をしようとするときは，消費者委員会に諮問しなければならない。（特定商品等の預託等取引契約に関する法律（昭和 61 年法律第 62 号）§11 の 2）

○主務大臣は，規制対象に関する定義，規制対象範囲，適用除外，禁止行為，特定継続的役務提供契約の解除対象となる販売契約に係る関連商品，連鎖販売契約解除時に連鎖販売業に係る商品販売契約の解除を不可とする場合，特定継続的役務提供契約解除時の損害賠償額・違約金の限度額，報告・立入調査等の対象となる密接関係者の範囲について定める政令の制定・改廃の立案をしようとするときは，消費者委員会に諮問しなければならない。（特定商取引に関する法律（昭和 51 年法律

第 57 号）（以下「特定商取引法」）§ 64 I，Ⅱ）

○主務大臣は，規制対象に関する定義，抗弁対抗適用除外，包括信用購入あっせんの弁済金の充当に関する事項について定める政令の制定・改廃の立案をしようとするときは，消費者委員会に諮問しなければならない。（割賦販売法（昭和 36 年法律第 159 号）§ 36 Ⅱ）

議決

○国土交通大臣および内閣総理大臣は，日本住宅性能表示基準を定め，または変更しようとするときは，あらかじめ内閣総理大臣にあっては消費者委員会の議決を経なければならない。（住宅の品質確保の促進に関する法律（平成 11 年法律第 81 号）§ 3 Ⅳ）

その他

○消費者委員会は，内閣総理大臣または関係各大臣の諮問に応じ，生活関連物資等の割当てまたは配給その他この法律の運用に関する重要事項を調査審議し，また，当該重要事項に関し，内閣総理大臣または関係各大臣に対し，意見を述べることができる。（国民生活安定緊急措置法（昭和 48 年法律第 121 号）§ 27 I，Ⅱ）

B：執行に関する権限

勧告・報告徴収

○消費者委員会は，消費者事故等に関する情報を踏まえて必要があると認めるときは，内閣総理大臣に対し，消費者被害の発生または拡大の防止に関し必要な勧告をすることができ，また勧告をしたときは，内閣総理大臣に対し，その勧告に基づき講じた措置について報告を求めることができる。（消費者安全法 § 43 I，Ⅱ）

意見聴取

○内閣総理大臣は，重大生命身体被害の発生または拡大若しくは多数消費者財産被害事態による被害の発生または拡大の防止を図るため，特に必要があると認め事業者に対し勧告に係る措置をとるべきことを命令しようとするとき，または命令の変更・取消しをしようとするときは，あらかじめ，消費者委員会の意見を聴かなければならない。（消費

者安全法 §40 Ⅶ)

○内閣総理大臣は，重大生命身体被害の発生または拡大を防止するため特に必要があると認めて 6 か月以内の期間を定めて商品等の譲渡・引き渡し・使用を禁止または制限しようとするときまたは禁止・制限の全部もしくは一部を解除しようとするときは，あらかじめ，消費者委員会の意見を聴かなければならない。(消費者安全法 §41 Ⅲ)

○内閣総理大臣は，家庭用品ごとに表示の標準となるべき事項を定め若しくは変更し，または事業者に対し表示に係る遵守事項の遵守若しくは表示事項を表示したものでなければ販売・陳列してはならない旨を命令しようとするときは，消費者委員会に諮問しなければならない。(家庭用品品質表示法 (昭和 37 年法律第 104 号) §11)

調査審議

○販売に供する食品につき，特別の用途に適する旨の表示をしようとする者は，内閣総理大臣の許可を受けなければならず，消費者委員会はその許可等について，内閣総理大臣の諮問に応じ，必要と認められる事項について調査審議する。(設置法 §6 Ⅱ②，健康増進法 (平成 14 年法律第 103 号) §43 Ⅰ)

(2) 体　制

　消費者委員会は，10 人以内の委員 (以下「本委員」と言う) で構成される。本委員のほかに法律上，臨時委員，専門委員を置くことが認められている。消費者委員会の議事に関する議決権を有するのは本委員と臨時委員である (消費者委員会令 (平成 21 年政令第 216 号) §2)。

　消費者委員会の調査審議は，これらの各種委員で構成されるさまざまな会議体において進められる。会議体には，本委員で構成される消費者委員会本会議 (以下「本会議」と言う)，本委員や臨時委員で構成される部会，専門委員を中心に構成される専門調査会等がある。消費者委員会の議決は，原則として本会議において行われるが，部会の議決は委員長の同意を得て消費者委員会の議決とすることができるとされている (消費者委員会令 §1 Ⅵ，各部会設置・運営規定)。

部会は，消費者庁から継続的に個別法に基づく諮問があり，かつ特に当該分野に特化した専門的知見の要請が高い分野について常設的に設けられるパターンが多い（特定保健用食品の許可に関する調査審議を担う新開発食品調査部会等）。これに対して専門調査会は，消費者委員会が自ら調査審議することとしたテーマや消費者庁から法改正に係る諮問を受けたテーマを調査審議するためにアドホックに設置され，本会議に提出する報告書等を取りまとめて終了するパターンが多い。

消費者委員会には，独自の事務局が置かれている（設置法§13）。審議会の整理合理化に関する基本計画（平成11年4月27日閣議決定）では，「特段の必要性がある場合を除き，独自の事務局を設置しないものとする。」とされているが，消費者委員会が，①自ら調査審議して積極的に関係府省庁の政策の企画立案について提言する機能を有しており，かつその対象範囲が府省庁をまたぐ広範な分野であること，②消費者安全法における勧告や消費者基本法に基づいて消費者基本計画の策定や消費者政策の検証・評価・監視に重要な役割を果たす等，消費者行政に関し広範かつ重要な役割を果たす必要があること，③幅広い消費者行政を所管する消費者庁に対する監視機能を果たす上で，諮問がなくても必要な提言をすること等を実現していくために，常に緊張関係を持っている必要があることから，これらの機能を果たすために消費者委員会には独自の事務局が置かれているのである。

2-2 「自ら調査」（自ら調査審議して実施する建議等提言）

「自ら調査審議し，必要と認められる事項を内閣総理大臣，関係各大臣または消費者庁長官に建議すること」（設置法§6Ⅱ①）との規定に基づく権限は，消費者委員会の役割のうち，消費者行政分野における「監視」と「知恵の場」としての機能を発揮するための主要な手段である。

その所掌事務を「自ら調査審議」「建議する」といった文言で規定される審議会は極めて異例である。消費者委員会以前には，類似の規定として，選挙制度審議会に「自ら調査審議して内閣総理大臣に意見を申し出ることができる」（選挙制度審議会設置法（昭和36年法律第119号）§2Ⅱ）との規定，あん摩，マッサー

ジ，指圧，はり，きゅう，柔道整復等中央審議会に「医業類似行為に関する事項に関し，厚生大臣の諮問に応じ，又は自ら調査審議することができる」（あん摩マツサージ指圧師，はり師，きゅう師等に関する法律（昭和22年法律第217号）附則（昭和39年6月30日法律第120号））との規定が認められる程度である。また，これらの規定と異なり，消費者委員会の所掌事務規程においては，「諮問に応じて調査審議」より前に「自ら調査審議」が置かれている点，「意見ができる」ではなく「建議すること」が審議会の所掌事務そのものとして規定されている点，建議先が全省庁に及ぶとされている点に特徴がある。

　以下では，国会における審議の結果，消費者委員会に与えられたこの異例の権限を（前述1参照），創設後の消費者委員会が実際にどのように運用しているかを見てみよう[6]。

(1) テーマの定め方

　消費者委員会が「自ら調査」のテーマとして何を取り上げるかは，本委員からなる本会議で決められている。では，本会議はどのようにしてテーマを決めているのか。

　第一に，本委員はさまざまな経歴・実績を有する民間の有識者であることから，各人の知見を基に取り組むべきと考えるテーマ候補を持ち寄り，本委員間での打合せ等の場で議論したうえで，本会議でのヒアリングや事務局を通じて収集した資料を基に，テーマとして取り上げるか否かを判断するという流れが考えられる。例えば，2年ごとの改選による新体制の消費者委員会発足当初には，「調査審議テーマとして取り上げるべき課題」が，前体制の消費者委員会からの留意事項等も参考にしつつ新たな本委員間で議論されている[7]。

　第二に，消費者委員会は常時各種意見を受け付け，調査審議の参考にしている。発足から2019年末までに消費者問題に関する幅広い分野について合計1,240本の意見が寄せられている。また，消費者委員会は「消費者団体ほか関係団体等との意見交換会」や，全国各地で「消費者問題シンポジウム」を開催している。これらを通じて，幅広い問題意識を把握し，消費者委員会が新たに調査審議すべきテーマの検討に役立てられている。

　第三に，個別法に基づく諮問事項（「食品表示部会」における食品表示法に基づく意見聴取に関する調査審議等）や消費者庁からの付議事項（「公共料金等専門調査会」における家庭用電力料金値上げ認可申請に関する付議等に係る調査審議等）についての部会や専門調査会等の下部組織における議論の蓄積の中から生じた問題意識を基に調査審議テーマが設定されるパターンがある。

　第四に，消費者被害事件の発生やその兆候を示すマスコミ報道，同種被害の増加等の傾向を示す全国の消費生活センターの相談情報やこれに基づく国民生活センターの問題意識，将来新たな消費者問題の発生が危惧される制度改正の動き等のさまざまな情報を契機として調査審議テーマが定められるパターンがある。

　もっとも実際には，さまざまなきっかけが重畳的に作用して調査審議テーマが定められることも多いが，消費者委員会の本会議の議論状況は動画や議事録で公開されているので，これらを確認することで各テーマの選定経緯を知ることができる。また，調査審議テーマとして決定する前に情報収集や状況把握のために本会議で関連のヒアリングがなされる場合もある。さらに，建議等の消費者委員会の提言文書やこれらと併せて公表されている報告書に示されているテーマ検討の経緯も参考になる。

(2) 調査審議の進め方

　「自ら調査」のための調査審議は，テーマに応じて本会議，部会，専門調査会，ワーキンググループ等さまざまな会議体で進められる。どのような会議体（体制）で調査審議を進めるかは，テーマ選定とともに本会議で決められ，本会議以外の会議体における調査審議結果は本会議に報告され，本会議において消費者委員会としての提言（アウトプット）の形式や内容が決定される。

　当該テーマの内容に沿って調査審議に参画する人材を確保し相当期間にわたって集中的に取り組むべきテーマについては，新たに専門委員が選任されて専門調査会が設置される場合が多い。既存の下部組織における議論の蓄積から生じたテーマについては，当該下部組織（部会や専門調査会）で調査審議が進められる。他方，専門委員等を新たに選任する手続きを経ていると機を逸する恐

れがある場合や，本会議の議論やヒアリングのみで消費者委員会としての提言をまとめることが可能なテーマ等については，既存の委員等で構成したワーキンググループや本会議自体で調査審議が進められている。

　会議体の如何によらず，議論は，有識者や各種団体等のヒアリング，関係府省庁のヒアリング，消費者委員会事務局が作成する現状把握のための資料等を材料として進められている。

(3) 提言の出し方

　「自ら調査」に係る消費者委員会の提言（アウトプット）の形式として，法が定めているのは「建議」である（設置法§6Ⅱ①）。しかしながら，「自ら調査」の結果は「建議」以外にも「提言」「意見」の形でも発出されている。

　消費者委員会が自ら調査審議した成果が上記いずれの形式で提言されるかについては，概ね以下のような傾向が認められる。

　関係府省庁に対して法律の改正等の制度整備を求める内容の提言は「建議」の形式をとることが多い。既存制度をより効果的に機能させるための運用改善を求める内容や，関係府省庁において現に制度等の改善の検討が進められている場合にその検討に資するよう助言するような内容の場合には「提言」の形式をとることが多い。「建議」や「提言」には原則として，調査審議に至る経緯や消費者被害状況の分析，提言の根拠となる各種データ，これらを踏まえて考えうる対策とその効果等がまとめられた「報告書」が取りまとめられ公表されている。「意見」は改めて「報告書」を取りまとめる必要性が低いものや，消費者被害が懸念される制度策定が進められていて速やかに消費者委員会としての意思を表明しなければ機を逸するもの，さらには提言先となる府省庁がなく消費者委員会としての視点を整理するもの等，さまざまな状況に応じて「建議」「提言」より柔軟に多数発出されている。

2-3 「諮問答申」（諮問を受けて実施する調査審議・答申）

　「内閣総理大臣，関係各大臣または消費者庁長官の諮問に応じ，調査審議すること」（設置法§6Ⅱ②）との規定に基づく権限は，消費者委員会の役割のうち，

消費者委員会以外の多くの審議会が有する従来型の審議会機能を発揮するためのものである。

　もっとも，多くの審議会と異なり，消費者委員会にあっては，主たる諮問元となる消費者庁の審議会ではなく消費者庁からの独立性を確保するため内閣府の審議会とされている。なお，諮問元は消費者庁（内閣総理大臣，消費者庁長官）に限定されているわけではなく，その他の省庁（関係各大臣）であっても「消費者の利益の擁護および増進に関する基本的な政策に関する重要事項」等の設置法第6条第2項第1号列挙事項について消費者委員会に諮問することは可能と考えられるが，これらの列挙事項すなわち「消費者政策の推進に関する基本的事項」を一義的に所掌しているのは消費者庁であること（設置法§4参照），消費者基本法が「消費者政策の推進に関する基本的事項」の調査審議をする審議会を消費者委員会と定めていること（消費者基本法§27条Ⅱ）から，消費者委員会創設以来，設置法に基づく諮問は，2020年1月現在まで[8]，いずれも消費者庁（内閣総理大臣）から消費者委員会になされている。なお，消費者庁からは「諮問」のほかに消費者庁長官の「付議」等の形式で設置法の当該規定を踏まえたものと考えられる消費者委員会への意見聴取がなされている。

　また，従来型の審議会機能である「諮問答申」型の権限にかかる規定は，設置法に基づく規定以外に個別法に基づく規定も多数ある。これらの中には，消費者庁以外の関係府省庁が消費者委員会の意見を聴くこととされているものもある（前述2-1（1）参照）。

2-4　異色の「審議会」の可能性の模索

　異色の審議会である消費者委員会は，その創設にあたって国会における審議を通じて従来の審議会にない役割を期待されて誕生した。しかしながら，法律上の規定は，特に体制面や効力面において，実はそれほど従来の審議会とかけ離れたものではないとも言える。「意見を述べることができる」というよくある規定とは異なる目新しい用語の「建議」とされたとはいえ，その建議に法的な拘束力・強制力が明記されているわけではなく，広く消費者行政全般を担う消費者庁の外に設けられた点が特徴的ではあるものの，その体制はあくまで非

常勤の委員からなる審議会であるからである。もっとも，外にはない「建議」
という枠組み，消費者行政を推進する行政機関の中ではなく外に置かれている
ことは，消費者委員会が従来型の審議会に収まらない活動をするために必要不
可欠かつ十分に大きな意味を持つものであるが，消費者委員会が実際にその役
割を果たしていくためには，これらの「形」に加えて，いくつかの運用手法の
組み合わせが重要な意味を持つと考えられる。

　以下では，消費者委員会が，設立後に具体的な活動を通じて模索してきた種々
の運用面の工夫や特徴を見るとともに，それらを通じて見えてくる課題やさら
なる可能性について検討する。

(1)　会議公開と常時開催

　消費者委員会の会議は原則としてすべて公開されている。例外的に，特定保
健用食品の調査審議を担当し販売開始前の商品の情報を扱う新開発食品調査部
会およびその下の調査会の会議は開催時には非公開とされているが，1 年もし
くは 3 年経過後に議事録が公開されている（「新開発食品調査部会および調査会議
事録の公開基準について」参照）。したがって消費者委員会のほぼすべての会議は
傍聴が可能である（事前申込み手続き有り）。

　また，すべての会議で逐語形式の議事録が公表されており，これに加えて，
本会議については議事録が作成公表されるまでの間，会議を収録した動画に
よって会議の様子をホームページから確認することができる。

　消費者委員会本会議は，2020 年 4 月時点で第 319 回である。創設以来，平
均すると年間 30 回，すなわち 2 週に 1 回以上の頻度で開催されている。下部
組織の会議回数は時期によって大きく異なるが，例えば 2019 年度には合計 30
回程度，2018 年度には合計 80 回程度の開催が確認できる。

　相当数の傍聴席を確保し，時に年間 100 回以上の会議開催を可能にするため，
消費者委員会には専用の会議室があり，誰でも，ホームページや「消費者委員
会メールマガジン」（開催案内等を発信）で会議開催予定を把握し傍聴を申し込
むことで，消費者委員会が今どのような議論をしているか，関係府省庁や有識
者等が消費者委員会の問題意識に対してどのような報告・説明をし，それを受

けて消費者委員会がどのように議論を展開しているかをリアルタイムに知ることができる。傍聴が困難な場合や過去の経緯を把握したい場合には，逐語形式の議事録で消費者委員会の各種会議の様子を把握できる。

　これらの運用は，消費者委員会自体の透明性の確保や情報発信のためだけでなく，消費者委員会に課された消費者政策の監視機能の実効性を確保するために重要な意味を持っていると考えられる。特に，消費者委員会の活動の中心である本会議が，年中いつでも開催できるよう運用されていることによって，次々に生じるテーマについて機を逸することなく取り上げ，会議開催のタイミングが合わないということなく関係府省庁からの説明やヒアリングを実施できる。そして，消費者委員会での議論がほぼ全面的にリアルタイムで公開されていること，過去から現在までの議論内容が誰でも確認できる情報として公表されていることによって，消費者委員会による消費者政策監視の行方（提言を受けた関係府省庁が適切に対応しているか，消費者委員会は適切に監視機能を果たしているか等）について，監視を受ける関係府省庁と監視する消費者委員会の双方が，説得力ある対応をすることにつながっていると考えられる。

　他方，本会議を常時開催できる体制を維持することは，非常勤である本委員が従来の審議会とは段違いの会議回数とそのための日程確保を求められることを意味する。これに対応できる人材の確保は必ずしも容易なことではなく，再任が期待される場合にもこの点で困難になることもありうると考えられる。

(2) フォローアップの徹底

　消費者委員会は，「自ら調査」で提言したテーマについて，提言後，継続的に提言先の府省庁から対応状況をヒアリングすること等により，提言内容の実現状況をフォローアップしている。「建議」においては，明示的におおむね半年以内に実施状況の報告を求めている。フォローアップは主として本会議において実施されている。

　丁寧なフォローアップを実施し，その結果が公表されることで，消費者委員会の監視・提言機能の実効性を高め，それが適切に機能しているかの検証を可能にしている。

　中には，建議後に数年間にわたりフォローアップを重ねた結果，建議への対応が不十分であると判断し，その間の消費者被害状況の推移等を踏まえて再建議がなされ，その後に法律改正等が実現したケースもある[9]。

　もっとも，消費者委員会の提言に関係府省庁が合理的な理由や合理的な状況変化がないにもかかわらず適切に対応しない事態が発生すること自体大いに問題であり，強制力がない中で提言の実効性を確保するための運用や運用の組み合わせ等の不断の工夫が今後も必要になると考えられる。

(3) アンテナ機能，パイプ機能

　消費者政策の監視・提言機能を発揮するためには，消費者委員会が，消費者法をはじめとするさまざまな分野の有識者，消費生活相談等を通じて消費者被害の最前線の動向を把握している相談員，各種消費者問題の解決に取り組んでいる団体，消費者志向経営を実践する企業等の知見を効率的に取り入れることにより，消費者政策に対する行政外部からの視点に基づく問題意識や全国各地の特色・事情に応じた課題を的確に把握して調査審議に活用していくことが有益である。

　消費者委員会では，このようなアンテナ機能を，本委員・臨時委員・専門委員がさまざまな分野で活躍する民間の有識者から任命されること[10]に加えて，各種会議においてテーマごとに幅広くヒアリングを実施すること，事務局にも民間から常勤・非常勤で多くの者を採用すること，「消費者団体ほか関係団体等との意見交換会」や全国各地で開催される「消費者問題シンポジウム」，消費者委員会への意見の常時受付[11]といったさまざまな運用を通じて担保していると考えられる。

　また，アンテナ機能によって消費者委員会が把握したさまざまな問題意識や情報は，消費者政策を担う消費者庁をはじめとする関係府省庁の認識・情報とともに消費者委員会の各種会議を通じて発信され広く公表されることで，民間の知見を行政に，行政の情報を民間に，さらには関係団体等が相互に，知見・情報・問題意識を共有し連携するきっかけを提供することにもつながる（パイプ機能）。

　他方で，消費者委員会の独立性や知恵の場としての独自性が脅かされるような事態は厳に避けられなければならない。そのためには，消費者委員会が外部からの意見に拘束されないことや，委員の消費者委員会以外での活動や背景と調査審議テーマとの利害相反の可能性に厳密に対処すること等いくつかの原則を順守することが重要と考えられる。

(4)「自ら調査」と「諮問答申」のハイブリッド

　消費者委員会が，諮問されたことに答える（諮問答申）という従来の審議会としての機能と，自らテーマを発掘して提言する（自ら調査）機能の両方を有していることから，両者を組み合わせた運用も見られる。

　例えば，消費者基本計画とその工程表の改定について見ると，消費者委員会は消費者基本法第 27 条に基づき，改定案の諮問を受けてこれを妥当と考えるか否かを答申しているが，これに先立って，それまでの消費者委員会の提言のフォローアップや消費者委員会に寄せられた意見，さらには消費者団体等との消費者基本計画（工程表）の改訂をテーマとする意見交換等に基づいて，消費者委員会としての問題意識に沿って「意見」を発出することで，消費者基本計画（工程表）改訂作業の早期の段階から消費者委員会の問題意識がより適切・確実に反映されるような取り組みがなされている。

　また，東日本大震災後，各地の電力料金の値上げにかかる消費者庁からの付議に応じて調査審議を重ねてきた公共料金専門調査会では，それらの調査審議によって蓄積された当該分野に係る知見や，調査審議を通じて専門委員に認識・共有された問題意識を基に，電力・ガス小売自由化に関する調査審議を行い「電力・ガス小売自由化に関する課題についての消費者委員会意見」（2018 年 6 月 14 日）の発出につなげている。

　さらには，法改正に伴い新たに「小規模不動産特定共同事業」を特定商取引法の適用除外とすることについて諮問された際には，適用除外を妥当とする答申（2017 年 8 月 1 日）とともに，将来「小規模不動産特定共同事業」の制度を悪用した消費者被害および消費者トラブルが生じることを防止するための「不動産特定共同事業法に基づく小規模不動産特定共同事業に対する意見」（2017

年 8 月 3 日）を同時期に発出している。

　運用の中，これらの両機能を有機的に組み合わせたハイブリッドな取り組みの工夫がみられる一方で，諮問された事項についてその範囲内で調査審議をすることが求められる「諮問答申」機能を果たしつつ，そこに収まりきらない問題意識が生じた場合に，それをどこまで「自ら調査」で表明していけるのかについては難しい問題が発生しうると考えられる。すなわち，「答申」との乖離が生じないか，諮問の範囲を超える調査審議に消費者庁等からの資料提出その他の協力が得られるか，データに基づく説得力ある提言を取りまとめることができるかといった問題を解決することが必要になると考えられる。

3　消費者委員会による今後の消費者政策の監視・提言

　最後に，消費者委員会がさらなる消費者政策の監視・提言のために，今後のテーマ発掘にあたっての視点について考えてみる。

　第一に，技術や消費を支える理念の劇的な変化によって，既存の法律や制度が想定していない新しい消費生活の形や課題が，想像以上に短期間で標準化することが予想される。このようなテーマをいち早く取り上げ指針を示していくという視点が考えられる。

　第二に，消費者の利益の擁護・増進や消費者の安全・安心に関する法律は数多いものの，なお，これらの法律のすき間に落ちる問題がありうる。対象が明確で規制の内容も明確な特定の業を対象とする法律は，特に行政作用の発動が問題対処に効果的な場合において高い実効性を有するが，それらが事業を監督する府省庁ごとに所管されているため，消費者が被る不利益防止という観点からすると，いずれの法の対象にもうまく当てはまらないということが生じうる。既存法律のどこにすき間があるかを把握し，すき間を塞ぐ優先順位が高いものからテーマとして取り上げていくという視点が考えられる。

　第三に，消費者庁が所管する個別法，特に他省庁と共管する個別法の検証である。多くは基準や政令の制定に関して消費者委員会の意見を聴かなければならないとされているが，そもそもこれらの個々の法律が現在の消費者問題との

関係でも十分に機能しているか，他の分野と比較して消費者政策の観点から既定内容が見劣りするものがないか等といった検証作業は，消費者政策全般を視野に入れられる消費者委員会に期待するところが大きいと考えられる。

　最後に，消費者安全法第43条に基づく「勧告」の活用が考えられる。未だ発動されたことのない権限であるが，どのようなテーマについて，どのような条件の下で有効に機能しうるのかから考えていくことは重要と思われる。

　消費者委員会による消費者政策の監視・提言が，さらなる消費者行政の発展・充実に寄与し，それによって消費者の利益の擁護・増進と消費者が安心して安全で豊かな消費生活を営むことができる社会の実現が不断に追求されることが期待される。

【注】

1）消費者委員会誕生に関する国会審議や法案修正協議の詳細については，原早苗・木村茂樹編著『消費者庁・消費者委員会創設に込めた想い』（商事法務，2017年）60頁以下参照。

2）第1回消費者委員会において，行政法学者である櫻井敬子委員は「この消費者庁，消費者委員会の仕組みというのは，・・・我が国におきまして，こういう形で内閣府の中に独自性を持った2つの機関が並立しているという制度設計というのは大変オリジナリティーのある仕組みであるといえ，我が国では初めてのスタイルであろうということができます。」と指摘している（消費者委員会第1回議録　https://www.cao.go.jp/consumer/content/20101112_090901_gijiroku.pdf）。

3）消費者政策会議は，内閣総理大臣を会長，内閣官房長官特命担当大臣，内閣官房長官，関係行政機関の長を委員として組織されるもの（消費者基本法§28）。

4）「器具」とは，飲食器，割ぼう具その他食品または添加物の採取，製造，加工，調理，貯蔵，運搬，陳列，授受または摂取の用に供され，かつ，食品または添加物に直接接触する機械，器具その他の物をいう。ただし，農業および水産業における食品の採取の用に供される機械，器具その他の物は，これを含まない。「包装容器」とは，食品または添加物を入れ，または包んでいる物で，食品または添加物を授受する場合そのままで引き渡すものをいう（食品衛生法§4④，⑤）。

5）「景品類」とは，顧客を誘引するための手段として，その方法が直接的であるか間接的であるかを問わず，くじの方法によるかどうかを問わず，事業者が自己の供給する商品または役務の取引（不動産に関する取引を含む。以下同じ。）に付随して相手方に提供する物品，金銭その他の経済上の利益。「表示」とは，顧客を誘引するための手段として，事業者が自己の供給する商品または役務の内容または取引条件その他これらの取引に関する事項について行う広告その他の表示（景品表示法§2Ⅲ，Ⅳ）。

6）消費者委員会の建議，提言，意見については，以下のホームページで確認できる。このうち，すべての「建議」や大部分の「提言」は「自ら調査」に係るものであり，消費者委員会の提言内容がその後どのように実現したかの主要な成果も同ページで確認できる。なお「意見」の中にも「自ら調査」に係るものが相当数含まれる。
https://www.cao.go.jp/consumer/about/kengi_teigen_iken.html

7）例えば，第5次消費者委員会（2017年9月〜2019年8月）は，その任期最後にあたる第308回本会議（2019年8月30日）において，「次期消費者委員会への移行に当たっての留意事項」が議論されており（https://www.cao.go.jp/consumer/iinkai/2019/308/shiryou/index.html），第6次消費者委員会（2019年9月〜）は，発足当初の複数回の委員間打合せにおいて「調査審議テーマとして取り上げるべき課題」について議論している

（https://www.cao.go.jp/consumer/iinkai/2019/310/shiryou/index.html）ことが，本会議議事録および配布資料から確認できる。

8）消費者委員会への諮問に対する答申（設置法第6条第2項第2号に基づくもの）については，以下のホームページで確認できる。

https://www.cao.go.jp/consumer/about/kengi_teigen_iken.html

9）「エステ・美容医療サービスに関する消費者問題についての建議」（2011年12月21日）と「美容医療サービスに係るホームページおよび事前説明・同意に関する建議」（2015年7月7日）参照。再建議がなされた経緯については，第196回本会議議事録 https://www. cao.go.jp/consumer/content/20150722_20150707_gijiroku.pdf 参照。

10）例えば，第5次消費者委員会（2017年9月〜2019年8月）において，任命された委員数は，本委員，臨時委員，専門委員合計で，延べ111名。

11）2019年末までに消費者委員会に寄せられた意見は累計1,240件。

参考文献

河上正二（2017）『消費者委員会の挑戦−消費者の安全・安心への処方箋を求めて』信山社

原早苗・木村茂樹編著（2017）『消費者庁・消費者委員会創設に込めた想い』商事法務

第4章

消費者政策の基本的法制度

1　消費者の権利擁護のための法制度

1-1　消費者と事業者との間の格差

　現代社会において事業者は，一般に法人格を有する組織体であり，大量の資源（ヒト・モノ・カネ）を投入し，高度な技術や専門的知識を持って，多数の消費者を相手に反復継続して商品・サービスを供給することが通常となっている。

　一方，現代社会においてさまざまな便益を享有するため，事業者と関係を持つこととなる消費者は，生身の人間として肉体的・精神的に脆弱であり（例えば，消費者は，加齢，疲労，不安，焦り，期待等により判断力が低下する場合がある），また，事業者により流通に置かれた商品に内在する複雑かつ高度な技術に関しほとんど知識を有しないのが通常であり，事業者との交渉の場面では法律知識等を十分には持ち合わせていないことが多い。生産と消費が分離し，生産部門が高度に専門化・効率化することで，高い生産性と豊かな消費生活を実現した現代社会においては，事業者と消費者との間のこうした格差は不可避なものと考えられる。

　しかし，このような「消費者と事業者との間の格差」は，消費者の立場からすれば，製品事故に遭った際の原因究明を困難なものとし，複雑な仕組みを内包する金融商品のリスクは把握できないものとなり，事業者の勧誘や広告表示が巧妙化し望まない契約を締結させられる可能性が高まり，トラブルが生じた際の被害救済を難しくするなど，不利益な環境を生じさせている。

　近代市民社会においては，「消費者と事業者との間の格差」はさほど大きなものではなかった。消費者と事業者との間の関係は，対等な個人の関係を基本

とした法制度により規律されれば十分であり，行政の介入を極力避けて自由な経済活動を促すことが重んじられてきた。しかし，大量生産・大量消費を大きな特色とする現代社会，特に戦後の社会においては，事業者がその活動を大規模化，専門化し，もはや1人の消費者が単独で対抗できる存在ではなくなる場面が増加した。

　こうしたことから，消費者政策の基本法である消費者基本法（本章5（3）参照）では，「消費者と事業者との間の情報の質および量並びに交渉力等の格差にかんがみ」消費者政策推進の基本理念を定めること等により，消費者の利益の擁護および増進に関する総合的な施策の推進を図り，もって国民の消費生活の安定および向上を確保することを目的としている。消費者政策の役割は，豊かな暮らしを実現した現代社会では避けることのできない「消費者と事業者との間の格差」を是正して消費者の利益を擁護することであり，消費者法とは，こうした消費者の権利擁護のための法制度であると言えよう。

1-2　消費者法の類型

　消費者法の目的がこうした消費者と事業者との間の格差の是正であるとして，具体的にはどのような種類の法制度があるだろうか。詳しくは，2節以降で見ていくこととし，ここではまずその全体像を概観する（詳しくは本章2節以降を参照）。

(1) 行政法の類型[1]

　事業者の活動に対して行政による規制をかける法制度がみられる。例えば，行政から許認可を得た事業者以外には営業を認めない規制，行政の定める安全基準を満たした製品のみ製造等を認める規制，消費者を欺くような勧誘や表示を禁止する規制，商品への一定の表示を義務付ける規制等がある。こうした規制は，高度経済成長期以降（1960年代以降），国民生活が豊かになる中で立法が進み，製品の安全性確保，悪質商法の排除，表示の適正化等を目的とするさまざまな法制度が生まれた。

　行政法の類型は，行政処分や刑罰をもって，行政機関が事業者に作為または

不作為を迫るものであり，その効果は強力である。一方，行政処分の前提となる法令違反の認定にはコストを要し，これは税金によって賄われるものであることには留意が必要である。また，事業者の不当な行為を規制すれば，被害の拡大防止にはつながるものの，その不当行為により実際に被害を受けた個々の消費者の被害回復に直結するものではない。

(2) 民事法の類型 [2)]

　消費者と事業者との間に生じた紛争を解決するためのルールについて，一般的な紛争解決ルール（民法等）を，消費者有利に修正する法制度がみられる。例えば，製品事故により被害を受けた消費者が製造事業者等に損害賠償請求をするためのルール，事業者の不当な勧誘により望まない契約を締結した消費者がその契約を取り消すことができるルール等がある。こうした民事ルールの特例は，1980年代以降，事業者に対する行政規制を緩和し，自由な経済活動を一層促進することが経済成長等の観点から望ましいとの考えの下，検討が進展したものである [3)]。

　民事法の類型は，消費者と事業者との間の紛争解決の基準を示すものであり，裁判規範であることはもとより，裁判外の紛争においても一定の解決水準を示すものである。しかし，一定の解決水準が示されたとしても，実際に消費者がその水準での救済を受けることができるとは限らない。消費者が事業者と対等に交渉し，または裁判で争うことは大きな負担であり，被害回復ができないリスク（泣き寝入りの可能性）は常に存在する。また，消費者が裁判で勝ったとしても，悪質な事業者が財産を隠匿・散逸させてしまえば，事実上，被害回復は困難となる。

(3) 手続法の類型 [4)]

　2000年代以降，上記（2）の類型の制度整備（実体法の整備）が進む中，手続面での制度整備も進んだ。具体的には，一定の要件を満たした消費者団体（適格消費者団体）に対し，事業者の不当な行為を差し止める権利を付与する制度や，これに加え経理的基盤等の要件を満たした団体（特定適格消費者団体）が，財産

被害を受けた消費者に代わって訴訟を提起し，被害回復を実現することを可能にする制度が整備された。

　これらの制度は，単一の悪質事業者により，多数の消費者に同種の被害が発生するという消費者被害の特性に対応したものであり，一人ひとりの被害額は少額となりやすく，泣き寝入りとなりがちな消費者被害を，一括的に予防・救済できる仕組みとなっている。

(4) 行政体制整備のための法制の類型 [5)]

　消費者政策は国や地方自治体の行政機関によって遂行される行政事務である。国には消費者庁，消費者委員会が置かれ，独立行政法人として国民生活センターが設置されている。そして，全国の地方自治体には約850の消費生活センターが設置され，そこには，法定の資格を保有する消費生活相談員が在籍している。こうした機関の設置基準や担当事務等を定めるための法制度が整備されている。また，消費者行政の基本政策について，その基本理念等を示す法律も整備されている。

　これらの法制は2000年代以降，消費者庁，消費者委員会の設置も相まって大幅に整備が進展したものであり，消費者庁設置から10年が経過した現在においては，これらの体制整備が具体的にどのような成果に結び付いたのかを検証する時期となっているとも言える。

　以下では，こうした4つの法制度の類型ごとに，消費者政策の基本的法制度の特徴を見ていくこととする（1〜5）。そして最後に，法制整備面での残された課題について触れる（6）。

2　行政による事業者の活動に対する規制（行政法の類型）

　行政法の類型の主な法律には，次のようなものがある。（1）参入規制は，事業者が許認可を得なければそもそも事業を開始できないという意味で，最も厳格な規制とも言えるものである。（2）から（4）はいずれも事業者の行為の適正を確保するための規制である。（5）は，上記（1）から（4）の規制について，

その履行を確保するための法制度である。

(1) 参入規制

参入規制は，一定の要件を満たし，行政機関から許認可を得た事業者以外には営業を認めない規制[6]である。また，営業の実施に先立ち，行政機関への届出を求める法制度も見られる。

参入規制は，事業を新たに始めようとする事業者がこれに相応しい経営体制，能力・資質，法令遵守体制，財務の安定性等を有するかを審査・確認するものである。こうした参入規制は，いわゆる業法に多く盛り込まれているものであり，事業（業界）の健全な発展を促進することが目的となる場合が多いが，これをもって不適切な事業者の参入が防止され，事業者との取引を行う消費者の権利擁護に資するものとなっている。

(2) 行為規制

行為規制は，事業者に対して一定の作為または不作為を求める規制である。つまり，特定の事業を営む事業者が「しなければならないこと」，「してはいけないこと」を定めている。

行為規制には，多種多様なものがあり，その目的もさまざまであるが，消費者政策の観点から重要なものは，作為義務（しなければならないこと）としては，勧誘時における事業者の氏名等の明示，申込受付時や契約締結時における書面交付[7]，消費者から金銭の前払いを求める場合の保証金の供託等がある。また，不作為義務（してはいけないこと）としては，不実告知[8]（事実と異なる説明等），誇大広告，消費者を誤認・困惑させるような勧誘等がある。

(3) 安全規制

安全規制は，行政の定める一定の技術基準を満たした製品のみ製造等を認める規制[9]である。製品の安全性を確保し，消費者等を製品から生じ得る危険から守ることを目的とするものである。また，安全規制には，その基準に適合した旨を示すマークが定められ，このマークが表示されていない製品は販売する

ことができないとするものもある。マーク制度は，製品を購入する消費者にとっては，安全な製品を選択する目安となるものである。

(4) 表示規制

　表示規制は，対象となる商品について，行政があらかじめ表示の基準となるべき事項を定め，その商品を販売等する事業者に対し，基準に従った表示を義務づけるものである[10]。例えば，生鮮食品の原産地の表示，加工食品等の栄養成分表示（カロリー等の表示），衣類等の組成繊維の割合表示等は，定められた内容を定められた方法によって表示することが義務づけられている。

　商品における適切な表示は，消費者の自主的かつ合理的な選択に寄与するものであり，消費者が，規制の内容をよく理解し，表示を活用することで，規制の効果が一層高まるという特徴がある。

(5) 行政法の類型の履行確保措置（行政指導，行政処分，刑罰）

　上記（1）から（4）のように行政が事業者に対し，各種の規制や義務づけを行ったとしても，事業者の法令違反を認定し，違反に対しペナルティを与える仕組みが整備されていなければ，その履行を確保することは困難である。

　こうしたことから，行政機関が事業者の違反行為を認定するため，事業者に対し報告や書類等の提出を求め，立入検査を行うことを認める制度[11]が設けられている。また，これらの結果，法令違反が認定された場合等には，違反事業者に対し行政指導（勧告等），行政処分（指示，命令等）を行うことができる法制度[12]が用意されている。さらに，悪質性の高い違反行為に対しては直ちに刑事罰（懲役，罰金等）を科すこととし（直接罰），その他の違反行為についても，例えば，行政処分（改善命令，業務停止命令等）を科し，この行政処分に違反した場合には刑事罰を科すという制度（間接罰）が用意されている。

3　消費者と事業者の間の紛争解決ルールの特例(民事法の類型)

　民事法の類型の主な法律には，次のようなものがある。(1)，(2)は，消費

者契約（消費者と事業者との間の契約）等において，消費者等が望まない契約を締結した場合に，消費者等が契約から容易に離脱することを可能とする特別ルールである。(3) は，消費者契約には，消費者が一方的に不利となる契約条項が含まれる場合があることに対応するものである。(4) は，製造物の欠陥を原因とする事故による被害者の立証負担の軽減を図る（製造業者への責任追及を容易にする）法制度である。

(1) 事業者の不当な勧誘等により契約締結した場合の消費者の取消権

　消費者契約法においては，契約締結に向けた過程（勧誘の過程）において，事業者が，消費者に対し虚偽の内容を告げたり，消費者の不安心理や判断力低下につけこんだり，長時間にわたり勧誘を続けたりして，消費者が誤認・困惑し契約を締結した場合において，事後的に消費者がその契約を取り消すことができることとされている[13]。

　民法の一般ルールでは，いったん締結された契約を取り消すためには，契約締結過程で相手方の詐欺や強迫があり，意思表示に瑕疵があることなどが必要であるが，消費者契約法では，民法の詐欺，強迫が認められるまでの要件を満たさなくても，事業者が一定の不当行為（例えば，事実に反することを告げる，長時間の勧誘を続ける等）を行い，消費者が誤認（事実と違うものをそうだと誤って認めること）または困惑（困り戸惑いどうすればよいかわからない状態に陥ること）をして契約締結の意思表示をした場合，その取消しが認められる特別ルールとなっている。

　また，民法においては，契約が取り消された場合，契約の当事者双方は，原則として原状回復の義務（双方が契約履行により受けた給付の全部を返還する義務，現物返還ができない場合は価額償還する）を負うとされている。しかし，消費者契約にこの原則を適用すると，消費者の救済が不十分となる場合も想定される[14]。

　そこで，消費者契約法では，契約取消し時の消費者の返還義務の範囲を「現に利益を受けている限度」に限定した[15]。この場合，脚注14の例では，消費者は，残りの50本を返還すればよく，すでに飲んだ50本分については，返還義務は生じないことが原則となる（事業者が対価10万円を返還することに変更はない）。

78 ——◎

(2) クーリング・オフ制度

クーリング・オフは，消費者が，契約締結後の一定期間（例えば8日間），無条件で（損害賠償や違約金等を負担することなく）契約解除ができる制度である[16]。クーリング・オフの規定は強行規定であり，契約条項中にこれに反する特約（例えば，クーリング・オフが適用されない旨の特約）を設けても無効とされる。

民法のルールでは，正常に成立した契約には法的拘束力が生じ，契約の一方当事者が相手方の同意なしに契約を解除することは原則できない（契約の解除が認められるのは，相手方に債務不履行がある場合等に限られる）。しかし，クーリング・オフ制度においては，契約締結後，消費者に冷静に考え直す時間を与え，本来は不必要な契約，締結すべきではなかった契約から消費者を離脱させることを認めている。

クーリング・オフ制度は，契約の拘束力に対する大きな例外であり，消費生活相談の現場では最も有効な被害救済手段であるともされる。一方，このような強力な効果を持つクーリング・オフ制度は，あらゆる取引に導入されているわけではない。クーリング・オフ制度が認められるのは，例えば，消費者にとって不意打ち的な勧誘により締結される場合が多い契約（訪問販売，電話勧誘販売等），契約内容が複雑で消費者が契約内容を十分理解しないまま締結される場合が多い契約（連鎖販売取引（マルチ商法等），業務提供誘引販売取引（内職商法，副業商法等）等），契約金額が高額であるなど十分な検討を経た上で締結されるべき契約（保険契約，宅地建物取引[17]，有料老人ホームの前払金[18]等）がある（法文に沿った説明は第7章参照）。

なお，通信販売（インターネット上の取引，テレビショッピング等）については，訪問販売等と異なり，消費者の自主性が損なわれる程度が小さいことから，強行規定としてのクーリング・オフは規定されていない（原則として消費者による契約の解除が可能であるとしつつ，事業者が広告等で返品特約を定めた場合には，特約に従うこととされている）。

(3) 消費者の利益を一方的に害する契約条項等の無効

消費者契約法においては，消費者の利益を一方的に害する契約条項を無効と

している。例えば，事業者の債務不履行や不法行為による損害賠償責任の全部を免除する条項[19]，事業者の債務不履行により生じた消費者の解除権を放棄させる条項[20]，高額のキャンセル料を規定する条項[21]等は消費者契約法により無効な条項となる（契約書にこうした条項があっても，消費者はその条項に従う必要はない）。

現代社会においては，事業者が，消費者との間で大量の取引を迅速かつ円滑に処理するため，画一的な契約条項（約款等）を定め，事業者と消費者の利益の適切な配分を図っている。しかし，事業者がバランスを失した場合，消費者にとって一方的に不利益な契約条項が使用される可能性もある。民法の一般ルールにおいては，当事者の意思によって任意規定と異なる特約をした場合，その特約が優先して適用されることが原則とされるが，消費者契約法においては，民法の特則として，消費者の利益を一方的に害する契約条項の無効を定めている。

民法においても，国家・社会の秩序・一般的利益，社会の道徳観念に反する（公序良俗に反する）契約条項等は無効とされるが，これに加え，消費者契約法においては，消費者と事業者との間の格差に着目し，消費者の利益を一方的に害する契約条項を無効としたものである。

(4) 製造物の欠陥による消費者被害の救済

製造物責任法においては，製造業者等は，自ら引き渡した製造物の「欠陥」により他人の生命身体・財産を侵害したときは，その損害賠償責任を負うこととされている。また，「欠陥」とは，製造物が通常有すべき安全性を欠いていることとされている。

民法のルールでは，故意または過失によって，他人の利益を侵害した場合，これによって生じた損害を賠償する責任を負うこととされている（不法行為責任）。すなわち，製造物責任法の制定前において，製造物に起因する事故による消費者被害（例えば，家電製品から出火し自宅が全焼，薬を服用したところ副作用により死亡等）が発生した場合，被害者（またはその遺族）が製造業者に対し損害賠償請求しようとすると，例えば，製造物を設計・製造等する過程において

製造業者に「過失」があったことを証明する必要があった。これは，高度で専門的な技術を用いる製造業者の設計・製造等の過程における注意義務違反の立証（例えば，薬の開発時点において，製造業者が知り得た知見を適切に活用していれば副作用が防げたのに，これを怠ったことの立証）を求めるものであり，一般消費者には大変な困難を伴うものであった。

そこで，製造物責任法では，製造業者が責任を負うための要件を，製造業者の「過失」から製造物の「欠陥」，つまり，製造物自体の客観的な性状（例えば，薬の中に，服用すれば死亡の危険のある物質が含まれていたこと）に転換することで，被害者の立証負担を軽減することとされたものである。

4　少額・多数被害への対応（手続法の類型）

手続法の類型の主な法律には，次のようなものがある。(1)，(2)は，いずれも，一定の要件を満たした消費者団体に対し，特別な請求権や手続追行の権限等を与え，消費者被害の拡大防止・回復を目的とするものである。これらの制度が実効性を持つためには，権限を付与された消費者団体が専門性を活かし適切に活動を続けることが重要であり，そのため，団体に対する行政機関の適切な支援・監督が求められる。

(1) 適格消費者団体による差止請求

消費者契約法に基づき内閣総理大臣の認定を受けた消費者団体（適格消費者団体）は，事業者の不当な行為（例えば，不当な勧誘，不当な契約条項の使用，消費者を誤認させる表示等）の差止請求（その行為の停止を求めること）をすることができる[22]。差止請求の方法は，裁判外において事実上の申入れをする方法と差止請求訴訟を提起する方法が認められている。裁判外であっても適格消費者団体から注意喚起的な申入れがあれば，自主的に勧誘方法や広告表現等を改める事業者も多いが，最終的には訴訟提起も可能な仕組みとなっていることが，制度の実効性を高めていると考えられる。適格消費者団体は，令和2年1月現在，全国に21団体存在する。

　一般的に事業者は多数の消費者との間で同種の取引を反復継続して行っており，事業者の不当な行為による被害は，これを放置すると拡散しかねない。そこで，被害の拡散防止を図るため，2006年，本制度が設けられた。これまで，インターネット接続サービスを中途解約した際に，残余期間分の利用料金を一括支払いさせる契約条項の使用を差し止めたり，芸能事務所がファンクラブ規約を予告なく改訂できるなどの契約条項を修正させるなど，約600件の差止請求（うち約70件は訴訟）の実績がある。

(2) 特定適格消費者団体による集団的被害回復訴訟

　消費者裁判手続特例法においては，適格消費者団体のうち，相当期間にわたり適正に活動しているもので，被害回復裁判手続を追行するのに必要な組織体制，経理的基盤等が整備されているものを，特定適格消費者団体として内閣総理大臣が認定することとしている。特定適格消費者団体は，令和2年1月現在，全国に3団体存在する。

　消費者被害は同種被害が多発する構造にあるが，個々の消費者の被害金額は（訴訟を提起して取り戻す金額としては）少額[23]となりやすく，また，実際に消費者が事業者を相手に訴訟を行うとすれば，その費用や労力は相当に重い負担となる。このため，消費者被害は「泣き寝入り」となりやすい傾向にある。2016年に施行された消費者裁判手続特例法では，消費者に代わって，特定適格消費者団体が，その専門性を活かし，事業者を相手に被害回復のための訴訟を提起できるものであり，これまで泣き寝入りとなっていた被害の回復を可能とする法制度である。

　具体的には，手続は二段階となっており，第一段階では，特定適格消費者団体が不当な事業者を相手に，相当多数の消費者に対し共通の原因で生じた金銭支払義務の確認訴訟を提起する。この段階では，被害に遭った個々の消費者は手続に参加しない。第一段階の訴訟で特定適格消費者団体が勝訴した場合，特定適格消費者団体は，第二段階（簡易確定手続）への加入を促すため，被害に遭った消費者に対し通知・公告を行い，団体への授権（第二段階の手続追行の権限を団体に与えること）を呼びかける。こうして，特定適格消費者団体が被害に遭っ

た消費者から授権を受け，請求権をまとめて被害回復の手続を行うが，すでに第一段階で事業者の共通的な支払義務は確定しているため，簡易・迅速な手続によって個々の消費者の債権額等を決定することができる（なお，いったん団体に授権した消費者でも，簡易確定手続による解決水準（金額）に不満がある場合は，通常の訴訟に移行することも可能な仕組みとなっている）。

　ただし，第二段階の簡易な手続では債権の存否や内容を適切かつ迅速に判断することが困難な損害（例えば，身体損害，逸失利益等）[24]については，本制度の請求の対象から除外されている。

5　消費者行政を支える体制（行政体制整備のための法制の類型）

　行政体制整備のための法制の類型には，主に次のようなものがある。(1)，(2)は，国と地方自治体の行政機関の体制等を規定する法制であり，(3)は消費者政策の基本法とされるものである。

(1) 国の行政機関等に関する法制度

　消費者政策を担当する国の行政機関としては，消費者庁および消費者委員会設置法に基づき，「消費者庁」と「消費者委員会」が設置されている。同法において，消費者庁は，(3)で説明する消費者基本法の基本理念にのっとり，消費者が安心して安全で豊かな消費生活を営むことができる社会の実現に向けて，消費者の利益の擁護増進，商品・役務の消費者による自主的かつ合理的な選択の確保，消費生活に密接に関連する物資の品質に関する表示に関する事務を行うことが任務とされている。消費者委員会は，消費者の利益の擁護増進に関する事項等に関し，調査審議し，内閣総理大臣，関係各大臣，消費者庁長官に建議すること等を所掌事務としている。

　また，内閣府設置法においては，消費者庁の事務等を担当する内閣府特命担当大臣を置くことが定められている。さらに，独立行政法人国民生活センター法に基づき，国民生活の安定向上に寄与するため，総合的見地から国民生活に関する情報提供・調査研究を行い，重要消費者紛争に関する裁判外紛争処理

（ADR）手続を実施[25]すること等を目的とする独立行政法人国民生活センターが置かれている。

(2) 地方自治体の消費者行政に関する法制度

　地方自治体における消費者行政については，消費者安全法において，消費生活相談等の事務の実施に関する規定が置かれている。同法では，基礎自治体である市町村の事務として，消費者安全の確保に関し，消費者からの苦情相談に応じ，苦情処理のためのあっせんを行い，情報収集・情報提供を行うこと等が規定されている。そして，都道府県の事務としては，市町村の事務の実施に関し，市町村間の連絡調整，市町村に対する助言等の援助を行うことが規定され，さらに，消費者安全の確保に関し広域的な見地を必要とするものに対応することとされている。

　また，こうした事務を遂行するため，都道府県には，消費生活センターを設置することを義務づけ，市町村には設置を努力義務としている。消費生活センターは，消費者安全法に規定される法定の資格試験に合格した消費生活相談員等を業務に従事させること等が要件とされており，その組織や運営に関する事項は条例で定めることとされている。そして，国と国民生活センターは，地方自治体に対し，こうした事務の実施に関し，情報提供，人材研修その他の必要な援助を行うものとされている。

(3) 消費者政策に関する基本法

　消費者基本法は，消費者政策の基本的な枠組みを規定する法律である。同法では，消費者の権利として，消費生活における基本的な需要が満たされ，健全な生活環境が確保される中で，安全の確保，選択の機会の確保，必要な情報の提供，教育の機会の確保，意見の反映，被害の救済が位置づけられ，「消費者の権利の尊重」と「消費者の自立の支援」を消費者政策の基本とすることが規定されている。また，政府は，同法に基づき消費者基本計画を定め，政府一体となって消費者政策に取り組むこととされている。このほか，政府に対し，毎年，国会に消費者政策の実施の状況に関する報告書（いわゆる消費者白書）の提

出を求める等の規定が置かれている。

　「消費者基本法」の名称は，2004年の改正において，従来の名称「消費者保護基本法」から「保護」の文言が削除された。これは，同改正において，「消費者の保護」という手法を通じて消費者政策を推進するという従来の考え方から，消費者政策の基本を「消費者の権利の尊重」と「消費者の自立の支援」へと転換したことに伴うものであり，法律名について，こうした改正の趣旨を反映させたものである。

6　残された課題（消費者の財産被害に係る行政手法）

6-1　消費者法分野における「積み残し課題」

　現在，我が国において整備されている消費者政策の基本的法制度の概要は以上のとおりである[26]。

　一般に，消費者法の新規立法や法改正に際しては，その事業活動への影響等から，制度制定に積極的な立場と慎重な立場との間で大きな議論となる場合も多い。ただし，実際に法制化が実現するのは，双方の立場の合意が得られた範囲に限られることから，制度制定に積極的な立場からは，常に「積み残し課題」が生じてしまう。このため，消費者法の分野では，多くの残された課題が指摘されることとなるが，本章の最後に，こうした残された課題の1つを紹介する。

6-2　消費の財産被害に係る行政手法

　消費者被害のうち，特に加害事業者が悪質な場合には，たとえ行政法の類型の法律（本章2参照）により，行政処分や刑事罰が科されても，それが直ちに被害を受けた消費者の損害回復に結びつかない。また，民事法の類型の法律（本章3参照）により，契約の取消しが認められたり，事業者の損害賠償責任が認められたとしても，悪質事業者が計画的に資産を隠匿・散逸させてしまえば，消費者が実際に事業者から被害金額を取り戻すことは困難となる。

　こうしたことから，悪質事業者の「やり得」，「やり逃げ」を防ぐ法制度の実現が課題となる。具体的には，①行政が事業者に対し経済的不利益を賦課する

制度（違反行為抑止のための課徴金制度等），②行政が被害者救済を目的として，事業者の財産を保全する制度（行政が民事保全の申立てを行う制度等），③行政が事業者の破産手続開始の申立てを行う制度，④行政が事業者に対し被害者救済命令を出すことができる制度（例えば，行政が事業者に対し被害者への返金等を命じる制度）などが考えられる。

　これらの制度は，いずれも行政が被害回復のために一定の役割を果たすことから「行政手法」と呼ばれるものであるが，現時点では，制度導入に向けてさまざまな課題があり，多くの部分が依然検討中の段階にある。以下の（1），（2）は，こうした制度の趣旨の一部が実現したとも考えられるものであり，その施行状況は今後の検討の参考となり得るものである。

（1）景品表示法における課徴金制度

　2014年の景品表示法の改正においては，従来から行政処分の対象であった優良誤認表示（実際よりも優良であると誤認させる表示）と有利誤認表示（実際よりも有利であると誤認させる表示）について，課徴金制度を導入した。課徴金の額は，原則として行政処分の対象となった商品・役務の売上額の3％の金額となる[27]。

　この課徴金制度には，事業者が所定の手続に沿って，消費者に対する返金措置を実施した場合は，返金合計額を課徴金額から減額する（返金合計額が課徴金額以上となる場合には課徴金を課さない）という仕組みが併せて導入されている。これは，事業者の自主的な返金を促し，消費者の被害回復を促進する観点から導入されたものであり，課徴金制度を有する他の法律には見られない特徴的なものとなっている。

（2）特定適格消費者団体の仮差押え・国民生活センターの立担保

　特定適格消費者団体は，消費者裁判手続特例法に基づき，消費者に代わって，事業者を相手に被害回復のための訴訟を提起できることとされている（本章4(2)参照）。この手続の過程で，特定適格消費者団体は，財産の隠匿・散逸を図るおそれのある事業者の財産を「仮差押え」（事業者から確実に被害金額を回収す

るため，訴訟での判決より前に，事業者が自分の財産を勝手に処分できないようにすること）ができることとされている。しかし，仮差押えに際しては，裁判所から高額な担保を立てるよう命じられることが通例であるところ，2017年の独立行政法人国民生活センター法改正により，国民生活センターが特定適格消費者団体に代わって，仮差押えの担保を立てることができることとし，特定適格消費者団体の財政的な負担を軽減し，より積極的に被害回復に対応できる環境が整備されている。

【注】

1）例えば，特定商取引法，金融商品取引法，食品表示法等。

2）例えば，製造物責任法，消費者契約法（第11条までの部分），各種法律に規定されるクーリング・オフ制度等。

3）ただし，業法の一部として整備されてきたクーリング・オフは，1970年代以降，導入が進められている。

4）例えば，消費者契約法（第12条以降の部分），消費者裁判手続特例法等。

5）例えば，消費者庁および消費者委員会設置法，消費者安全法（第3章等），消費者基本法等。

6）例えば，宅地建物取引業法第3条では，「宅地建物取引業を営もうとする者は，2以上の都道府県の区域内に事務所（中略）を設置してその事業を営もうとする場合にあっては国土交通大臣の（中略）免許を受けなければならない」とされている。

7）例えば，特定商取引法第5条第1項柱書では，「販売業者（中略）は，次の各号のいずれかに該当するときは（中略），遅滞なく（中略）その売買契約（中略）の内容を明らかにする書面を購入者（中略）に交付しなければならない」とされ，同項第1号では，「営業所等以外の場所において（中略）売買契約を締結したとき（中略）」とされている。

8）例えば，貸金業法第12条の6第1号では，貸金業者は，「資金需要者等に対し，虚偽のことを告げ，または貸付けの契約の内容のうち重要な事項を告げない行為」をしてはいけないとされている。

9）例えば，消費生活用製品安全法第11条では，「届出事業者は，届出に係る型式の特定製品を製造し，または輸入する場合においては，（中略）技術上の基準に適合するようにしなければならない」としている。

10）例えば，食品表示法第4条では，「内閣総理大臣は，（中略）食品を消費者が安全に摂取し，および自主的かつ合理的に選択するために必要と認められる事項を内容とする（中略）表示の基準を定めなければならない」とし，第5条では，「食品関連事業者等は，食品表示基準に従った表示がされていない食品の販売をしてはならない」とされている。

11) 例えば，住宅宿泊事業法（いわゆる「民泊」事業に関する業法）第17条では，「都道府県知事は，住宅宿泊事業の適正な運営を確保するため必要があると認めるときは，住宅宿泊事業者に対し，その業務に関し報告を求め，またはその職員に，届出住宅その他の施設に立ち入り，その業務の状況（中略）を検査させ，若しくは関係者に質問させることができる」としている。

12) 例えば，住宅宿泊事業法第15条では，「都道府県知事は，住宅宿泊事業の適正な運営を確保するため必要があると認めるときは，（中略）住宅宿泊事業者に対し，（中略）業務の運営の改善に必要な措置をとるべきことを命ずることができる」としている。

13) 例えば，消費者契約法第4条第3項柱書では，「消費者は，事業者が消費者契約の締結について勧誘をするに際し，当該消費者に対して次に掲げる行為をしたことにより困惑し，それによって（中略）意思表示をしたときは，これを取り消すことができる」としている。

14) 例えば，消費者が，栄養剤100本を10万円で購入し，50本を飲んだところで，事業者が勧誘時にその効果について虚偽の告知をしていたことが判明し，消費者が契約を取消した場合，民法のルールに従うと，消費者は，事業者から代金10万円の返還を受けるものの，自らは，残り50本の返還と併せ，すでに飲んだ50本分の客観的価値を金銭で返還する必要がある。

15) 消費者契約法第6条の2では，「民法（中略）の規定にかかわらず，消費者契約に基づく債務の履行として給付を受けた消費者は，（中略）意思表示を取り消した場合において，（中略）当該消費者契約によって現に利益を受けている限度において，返還の義務を負う」とされている。

16) 例えば，特定商取引法第9条では，「販売業者（中略）が営業所等以外の場所において（中略）契約の申込みを受けた場合若しくは（中略）契約を締結した場合（中略）におけるその（中略）申込者等（中略）は，書面により（中略）申込みの撤回等（中略）を行うことができる。ただし，申込者等が第5条（本章脚注7参照）の書面を受領した日（中略）から起算して8日を経過した場合（中略）においては，この限りでない」とされている。

17) クーリング・オフの適用があるのは，宅地建物取引業者が自ら売主となる売買契約で，宅地建物取引業者の事務所等以外の場所で，申込みを受けまたは締結された契約。

18) 入居から3月以内に契約が解除された場合，入居期間中の居住費用（家賃，食費等）を除いた前払金の全額が返還されることとされている。

19) 例えば，「本施設内での事故や盗難について，当社は一切責任を負いません」との契約条項は無効とされる可能性がある。

20) 例えば，「本会に入会後，いかなる理由があっても，会員の退会は受け付けません」との契約条項は無効とされる可能性がある。

21) 例えば，1年以上前に予約を解除した場合のキャンセル料が基本料金の80％とされる

など，キャンセルに伴い実際に事業者に生じる損失を上回るキャンセル料を求める契約条項は無効とされる可能性がある。

22）例えば，消費者契約法第12条では，「適格消費者団体は，事業者（中略）が，消費者契約の締結について勧誘をするに際し，不特定かつ多数の消費者に対して，第4条第1項から第4項までに規定する行為（本章脚注13参照）（中略）を現に行いまたは行うおそれがあるときは，（中略）当該行為の停止（中略）を請求することができる」とされている。このほか，景品表示法，特定商取引法，食品表示法に違反する特定の行為について，差止請求をすることができることとされている。

23）例えば，国民生活センター「消費生活年報2019」によると，全国の消費生活センター等に寄せられる消費生活相談における平均契約購入金額は約110万円，平均既支払金額は約42万円となっている。

24）例えば，製品事故に起因する身体被害については，共通の原因（製品に欠陥があったこと等）が認められたとしても，これにより生じる身体損害の内容は多様（例えば，死亡，後遺症，一時的な傷害等）となり得るから，簡易・迅速な手続で，個々の消費者の損害額を適切に決定することは困難と考えられる。

25）国民生活センターに置かれている「国民生活センター紛争解決委員会」は，解決が全国的に重要である消費者と事業者の間の紛争について，「和解の仲介」と「仲裁」を実施している。制度が創設された2009年度以降，約1,600件の手続が終了し，約950件で和解が成立している。

26）この他，事業者が自主的に，法令を遵守し消費者志向経営に取り組むことを促す環境整備に係る法制度の類型も考えられる。例えば，公益通報者保護法，消費者教育推進法，食品ロス削減推進法等がある。

27）違反事業者が相当の注意を怠った者でないと認められるときは課徴金を賦課しない。また，対象期間は3年を上限とする等の制限がある。

参考文献

大村敦志（2011）『消費者法 第4版』有斐閣

消費者庁消費者制度課（2019）『逐条解説消費者契約法 第4版』商事法務

消費者庁 消費者の財産被害に係る行政手法研究会（2013）『行政による経済的不利益賦課制度および財産の隠匿・散逸防止策について』

消費者庁取引対策課，経済産業省商務・サービスグループ消費経済企画室 編（2016）『特定商取引に関する法律の解説 平成28年版』商事法務

中田邦博・鹿野菜穂子編（2018）『基本講義消費者法 第3版』日本評論社

山本和彦（2016）『解説消費者裁判手続特例法 第2版』弘文堂

—— 第5章 ——

消費者トラブルの苦情・相談体制

1　消費者苦情・相談の体制と内容

1-1　消費生活センター

　消費者と事業者との間には知識・情報の質と量・交渉力等の格差があり，消費者が損害を被ることを防止したり被害を受けた場合に迅速かつ適切に解決できるよう[1]，消費者の身近に，消費者がアクセスしやすい公的な相談窓口が整備されることは重要である[2]。

　消費者基本法第19条第1項では「地方公共団体は，商品および役務に関し事業者と消費者との間に生じた苦情が専門的知見に基づいて適切かつ迅速に処理されるようにするため，苦情の処理のあっせん等に努めなければならない」と定めている。また，消費者安全法第8条では，都道府県および市町村において，事業者に対する消費者からの苦情に係る相談に応じることや，苦情の処理のためのあっせん[3]を行うことなど，消費生活相談等の事務を行うことが義務として定められており，同法第12条において，これらの事務を行うため消費生活センターの設置について規定している[4]。なお，消費者庁では，全国共通の電話番号から消費生活センター等を案内する「消費者ホットライン」の運用を2010年1月から開始し，2015年7月からは電話番号を3桁化（局番なしの188番）している。

　事業者の責務等として，消費者基本法第5条第1項では，消費者との間に生じた苦情を適切かつ迅速に処理するために必要な体制の整備等に努め，苦情を適切に処理すること（第4号），国または地方公共団体が実施する消費者政策に協力すること（第5号）を規定しているほか，消費者安全法第5条では「国お

90 ──◎

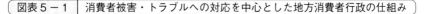

図表5－1 消費者被害・トラブルへの対応を中心とした地方消費者行政の仕組み

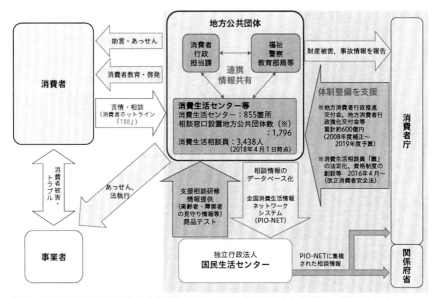

（備考）（※）消費生活相談窓口を設置している都道府県，政令市，市区町村（政令市を除く。），広域連合，一部事務組合の合計。

（出典）消費者庁「令和元年版消費者白書」

　および地方公共団体が実施する消費者安全の確保に関する施策に協力するよう努めなければならない」とされている。

1-2　国民生活センター

(1) 国民生活センターの役割・機能

　国民生活センターは，消費者庁が所管する独立行政法人として，国民生活の安定および向上に寄与するため，国民生活に関する情報の提供および調査研究を行うとともに，重要消費者紛争について法による解決のための手続を実施することを目的として，独立行政法人国民生活センター法に基づき設置されている。消費者基本法第25条では，国民生活センターの役割として，事業者と消費者との間に生じた苦情の処理のあっせんおよび当該苦情に係る相談等における中核的な機関として積極的な役割を果たすものとする，と定められている。

　消費者安全法第 9 条では，都道府県や市町村が行う消費生活相談等の事務の実施に関し，情報の提供，研修その他の必要な援助を行うものとするとされており，具体的には全国の消費生活センター等における相談業務を支援する経由相談による指導助言や，研修の実施，商品テストの実施などが挙げられる[5]。その他，国民生活センターでは，消費者ホットライン等を活用した地方支援としての相談業務を実施している[6]。

　また，国民生活センターは，相談業務をはじめとした全国の消費生活センター等に対する支援のほか，行政機関および事業者団体等への要望・情報提供，消費者に対する注意喚起を実施するなど，消費者被害の予防と救済のための機能を担っている。

(2)　PIO-NET

　「全国消費生活情報ネットワークシステム（PIO-NET：パイオネット）」は，国民生活センターと全国の消費生活センター等をオンラインネットワークで結び，消費生活に関する相談情報を蓄積しているデータベースであり，1984 年より運用が開始された。

　全国の消費生活センター等では，消費生活相談員が消費者（相談者）から聞き取りを行い，相談の内容に応じて解決のための相談処理を行っているが，この過程は PIO-NET により記録・収集されており，行政機関による法執行への活用，国や地方公共団体の消費者政策の企画・立案，国民への情報提供，地方公共団体の消費生活相談業務への支援等に活用されている。

1-3　消費生活相談の概要

　PIO-NET に登録された消費生活相談情報は 1984 年以降，年々増加傾向にあり，2003 年度，2004 年度は，架空請求に関する相談（(1) 参照）が多数寄せられたことから相談件数が急増した。その後減少し，2008 年度以降は 90 万件前後で推移したが，2017 年度，2018 年度に架空請求に関する相談が多数寄せられたことから，相談件数が増加した。

　2010 年代に寄せられた消費生活相談の概要を以下にまとめる[7]。

図表５−２ │ PIO-NET 情報の収集と活用

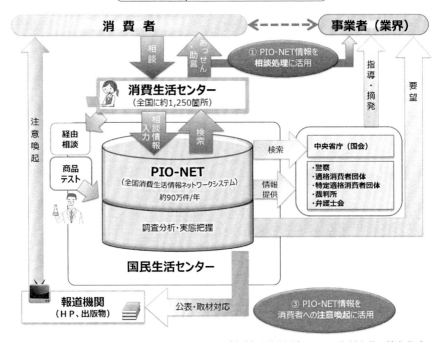

（出典）国民生活センター資料を基に筆者作成。

図表５−３ │ 消費生活相談の年度別総件数の推移

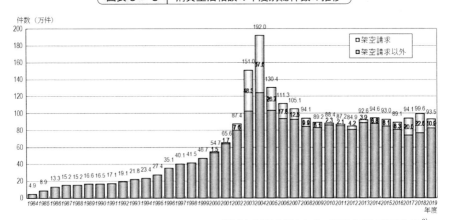

（出典）国民生活センター資料を基に筆者作成[8]。

(1) 架空請求等

(a) 架空請求

　2003 年から 2004 年にかけて，電子メールやハガキ，電話などの手段で，利用した覚えのないアダルトサイト・出会い系サイトなどの料金や，借りた覚えのない借金の請求をされたという「架空請求」のトラブルが多く発生した。債権回収事業者を名乗るほか，存在しない法令や公的機関の名称を用いる，裁判所の支払督促や少額訴訟をかたるなどし，消費者にメール等に記載された電話番号に電話をかけさせ，金銭を銀行口座に振り込ませる手口がみられた。

　その後，架空請求の相談は減少したものの，2017 年から再び増加した。電子メールや SMS（ショートメッセージサービス），ハガキ，封書，電話といった通信手段により，法務省，裁判所，消費生活センター等の公的機関や実在する大手通販事業者などをかたり，プリペイドカードを購入させ，その番号を伝えさせることで価値を詐取する手口（プリカ詐欺）がみられる。

(b) 公的機関等をかたる手口

　高齢者に対し自治体職員をかたり「健康保険料の還付がある」「医療費の払い戻しがある」「税金の還付がある」などと電話で言い，還付金の受取手続きのためキャッシュカード等を持って ATM（現金自動預払機）に行くよう誘導し，振り込みをさせる「還付金詐欺」のトラブルが発生している。

　また，公的機関や実在する企業，家族をかたり，家族構成や資産状況などを聞きだしたり，所在確認したりしようとする「アポ電」がきっかけとなり，消費者トラブルに巻き込まれるケースも発生した。

(2) 金融商品・投資関連

(a) 生命保険

　生命保険に関しては，契約内容に関する不十分な説明や，消費者に適合しない保険の販売など，営業職員や代理店の販売方法に起因するトラブルが多い。変額型個人年金保険や外貨建ての生命保険など投資性の高い保険（特定保険）については，元本保証を希望する消費者の意向に反した勧誘がされるケース，

リスク等の説明が不十分なケースなどがみられ，銀行等の窓口販売でのトラブルもみられる。

（b）未公開株・社債，外国通貨等

　未公開株・社債については「必ず上場する」と電話で説明され購入したものの，いつまで経っても上場しないといったトラブルのほか，以前に未公開株等の被害にあった人に被害回復をうたって新たに購入させる手口や，販売者以外の第三者が登場し「高値で買い取る」などといって購入させる「劇場型勧誘」の手口がみられた。

　また2002年に外国為替証拠金取引，2006年にロコ・ロンドン金取引，2010年にイラクディナールやスーダンポンド等の外国通貨，2011年に二酸化炭素排出権のCFD取引，2014年にバイナリーオプション取引，2017年に仮想通貨（暗号資産）のトラブルが発生し，いずれも「絶対にもうかる」「簡単にもうかる」といったセールストークがみられた。

（c）ファンド，オーナー商法・販売預託商法

　高配当をうたう事業者に多額の金銭を出資したものの，「配当金が支払われない」「出資金が返還されない」といったファンド等への出資に関するトラブルは繰り返し発生している。配当金の支払いが滞ったり，事業者が逮捕・倒産等したりするまで被害は表面化しにくく，また，出資金が返還される可能性は低いため，深刻な被害もみられる。投資対象は，国内・海外の事業や不動産のほか，仮想通貨（暗号資産），権利取引（水資源の権利，老人ホーム利用権，鉱山の採掘権，外国の土地に関する権利など）もみられるが，実態があるか定かでないものが多い。また，複数の事業者が登場し「高値で買い取る」「過去の被害を救済する」などと説明をし，消費者に契約させる劇場型勧誘の手口もみられる。

　消費者が事業者から商品を購入し，その商品を他者に転貸し，得られた収益の一部を消費者に支払うといった「オーナー商法」「販売預託商法」のトラブルも発生している。2011年には，和牛預託オーナー制度を運営する株式会社安愚楽牧場が民事再生手続き開始の申立てを行ったほか，2018年には，磁気

治療器などのレンタルオーナー商法を展開したジャパンライフ，加工食品などのオーナー制度で資金を集めていたケフィア事業振興会などの倒産等が相次いだ。

(d) 原野商法の二次被害，マンション投資等

　将来の値上がりの見込みがほとんどないような原野や山林などの土地を，値上がりするかのように偽って販売する原野商法は，1970 年代から 1980 年代にかけて社会問題になったが，過去に原野商法のトラブルにあった消費者や，その原野を相続した消費者が再度トラブルにあう「原野商法の二次被害」が発生している。「土地を高く買い取る」などと勧誘し，そのために測量サービスなどの契約をさせるケースのほか，買い取り額より高い値段の新たな原野等を購入させるケースがみられる。

　マンションの住戸を購入すれば家賃収入や売却益を得られると勧誘する投資用マンションに関するトラブルのほか，管理事業者（サブリース事業者）がマンション等の賃貸住宅を所有者から借り上げる賃貸借契約（サブリース契約）を締結し，管理事業者がマンション等の管理を行うとともに，入居者と転貸借契約を締結するサブリースでは，管理事業者による家賃保証が守られないなどのトラブルも発生している。

(e) マルチ商法

　商品やサービスを契約して，次は自分が買い手を探し，次々に販売組織に加入させ，ピラミッド式に拡大させていくマルチ商法については，若者を中心にトラブルが発生している。扱われる商品・サービスは，健康食品，化粧品，学習教材，出資，投資用 DVD・USB などさまざまであるが，仮想通貨（暗号資産）や海外事業等への投資やアフィリエイトなどでのトラブルもあり，消費者に借金をさせてまで契約させるケースもみられる。

(f) その他の儲け話

　インターネットを利用した副業・サイドビジネスに関するトラブルもみられる。インターネット上に自分のウェブサイトを作り，商品広告を出して当該商

品が購入された場合等に収入を得るアフィリエイトや，自分のウェブサイト上で商品を販売して収入を得るドロップシッピングに関して，高額なウェブサイト作成費用を支払ったが収入にならないなどのトラブルが発生した。また「1日数分の作業で月に数百万円を稼ぐ」「○万円が○億円になる投資法」など高額収入を得るためのノウハウ等と称してインターネット上で販売されている「情報商材」のトラブルもみられる。情報商材の購入をきっかけに，高額なコンサルティングやビジネスセミナー，ソフトウエア等を契約させられるケースもある。

　その他，2016年には，「荷受代行・荷物転送のアルバイト」と説明され，氏名等の個人情報や身分証明書を提供したところ，知らない間にスマートフォン等を契約させられていたというトラブル，2019年には，インターネット通販サイトで商品等を購入し，その商品等についてSNS（ソーシャル・ネットワーキング・サービス）で宣伝すると商品購入代金が支払われ，報酬等の収入もあるといった儲け話について，多額の商品を購入したが報酬が支払われない・事業者と連絡がとれないなどのトラブルが発生した。

(3) 通信関連

　パソコンやスマートフォン等の利用が広がる中，スマートフォン等の通信契約に関するトラブルや，スマートフォン等を通じたインターネット利用でのトラブル（(4) 参照）が発生している。

　スマートフォンについては通信料・通話料や機器・通信サービスの品質などのトラブルがみられ，「スマートフォンを契約しに行ったら，不要なタブレット端末を契約させられた」など契約・解約に関する相談や，「スマートフォンが使いたくて契約したが，使いこなせない」など利用に関する相談がみられる。また，料金設定が比較的安価であることなどから「格安SIM」の利用が広がる一方，思っていたサービス内容と違うなどの相談もみられる。

　2015年2月より，東日本電信電話株式会社および西日本電信電話株式会社が光回線サービスの卸売を開始し，卸売を受けたさまざまな事業者（光コラボレーション事業者）が，光回線にプロバイダーや携帯電話等のサービスを組み合

わせて販売しているが,「現在契約している事業者のサービス変更だと思って
了承したら,別事業者との契約になっていた」「安くなると言われたが,覚え
のないオプションが契約されており,前より高くなった」など,電話勧誘によ
るトラブルが発生している。

(4) インターネット関連

(a) アダルト情報サイト,出会い系サイト,オンラインゲーム

　「無料だと思って『18 歳以上』をクリックしたら,いきなり会員登録となり
料金請求画面になった」など,アダルト情報サイトに関するトラブルは,男女
を問わず幅広い年齢で発生している。請求画面等をみて連絡をしたところ「支
払わないと職場に連絡する」などと迫られ,支払ってしまったケースもみられ
る。こうしたトラブルを解決しようと消費者がインターネットで相談先や解決
方法を検索し,「無料相談」「返金可能」をうたう窓口に相談したところ,実際
には探偵業者に「アダルトサイト業者の調査」を数万円で依頼しており,アダ
ルトサイト業者からの返金もなかったというトラブルも発生した。

　出会い系サイトでは,サイト業者に雇われたサクラが,異性,タレント,経
営者等になりすまして消費者を有料サイトに誘導し支払いを続けさせる「サク
ラサイト商法」のトラブルがみられる。また,「お金を譲ります」等のメールや,
アルバイトを検索した際に見つけた「相談相手になるだけで高収入が得られる」
等の案内をきっかけに,出会い系サイトに登録するケースもみられる。

(b) インターネット通販,ネットオークション,フリマ

　「インターネット通販」のトラブルは増加傾向にあり,インターネット通販
を利用したところ「代金を払ったのに,商品が届かない」「注文した商品とは
違うものが届いた」「コピー商品や偽造品などのニセモノが届いた」といった
ケースがみられる。また,販売サイト等で「1 回目 90% OFF」「初回実質 0 円
(送料のみ)」など通常価格より低価格で購入できることを広告する一方で,定
期購入が条件となっている健康食品や飲料,化粧品等について,定期購入が条
件であること等の契約内容が認識しづらい,解約したくても事業者と連絡がと

| 図表5-4 | 消費生活相談における販売購入形態別の推移 |

販売形態 年度	年度別 総件数	店舗購入	店舗外販売							合計
			訪問販売	通信販売	マルチ取引	電話 勧誘販売	ネガティブ ・オプション	訪問購入	その他無 店舗販売	
			上段：件数　下段：割合（%）							
2010	884,233 (100.0)	321,564 (36.4)	96,339 (10.9)	240,226 (27.2)	11,130 (1.3)	62,689 (7.1)	2,842 (0.3)	－	9,716 (1.1)	422,942 (47.8)
2011	871,907 (100.0)	285,630 (32.8)	94,963 (10.9)	265,247 (30.4)	9,891 (1.1)	68,629 (7.9)	2,113 (0.2)	－	8,825 (1.0)	449,668 (51.6)
2012	848,675 (100.0)	268,378 (31.6)	90,023 (10.6)	253,191 (29.8)	9,746 (1.1)	78,666 (9.3)	4,109 (0.5)	679 (0.1)	8,471 (1.0)	444,885 (52.4)
2013	925,842 (100.0)	275,626 (29.8)	89,138 (9.6)	279,244 (30.2)	9,596 (1.0)	100,589 (10.9)	7,298 (0.8)	7,159 (0.8)	8,045 (0.9)	501,069 (54.1)
2014	946,233 (100.0)	267,646 (28.3)	87,581 (9.3)	318,254 (33.6)	11,119 (1.2)	89,955 (9.5)	2,818 (0.3)	7,820 (0.8)	7,798 (0.8)	525,345 (55.5)
2015	929,991 (100.0)	262,421 (28.2)	85,209 (9.2)	324,265 (34.9)	11,503 (1.2)	79,763 (8.6)	2,772 (0.3)	8,601 (0.9)	7,012 (0.8)	519,125 (55.8)
2016	890,711 (100.0)	242,721 (27.3)	80,957 (9.1)	325,606 (36.6)	11,367 (1.3)	68,972 (7.7)	3,041 (0.3)	8,653 (1.0)	6,606 (0.7)	505,202 (56.7)
2017	941,445 (100.0)	227,670 (24.2)	78,122 (8.3)	317,340 (33.7)	11,966 (1.3)	58,065 (6.2)	2,939 (0.3)	8,431 (0.9)	6,296 (0.7)	483,159 (51.3)
2018	996,498 (100.0)	216,564 (21.7)	77,053 (7.7)	297,778 (29.9)	10,581 (1.1)	60,189 (6.0)	2,730 (0.3)	6,653 (0.7)	6,048 (0.6)	461,032 (46.3)
2019	934,944 (100.0)	211,413 (22.6)	79,026 (8.5)	307,070 (32.8)	11,616 (1.2)	56,783 (6.1)	3,083 (0.3)	5,230 (0.6)	6,249 (0.7)	469,057 (50.2)

（出典）国民生活センター資料を基に筆者作成[9]。

れないといった「お試し定期購入」のトラブルが発生している。

　消費者同士が商品や役務を取引できる個人間取引の利用が広がる一方，インターネットオークション，オンライン・フリーマーケットのトラブルも増えている。出品者と購入者・落札者との個人間取引（C to C）において，購入者・落札者からは「商品が届かない」「壊れた商品・偽物等が届いた」，出品者からは「商品を送ったのに，商品代金が支払われない・商品代金の返金を求められた」などのケースのほか，「相手が脅迫めいたメッセージを送ってきた」など，当事者間のやりとりがエスカレートするケースもみられる。

（c）旅行・宿泊予約サイト，チケット転売サイト

　旅行・宿泊予約サイトについては，システムエラー等が原因で「予約が取れ

ていなかった」「一度しか申し込みをしていないのに，二重に代金を請求された」
というトラブル，消費者が予約時に契約条件やキャンセル条件を見落としたり，
入力内容を誤ったりしたことによるトラブルがみられる。また，宿泊予約サイ
トに掲載されている民泊サービスについては「民泊とは思わなかった」などの
他，「儲かると説明されて，民泊に関するマニュアルを購入したが解約したい」
などの民泊ビジネスに関するトラブルや，「騒音がうるさい」「ごみが適切に処
理されていない」などの民泊施設の近隣住民トラブルがみられる。

　チケット転売サイトに関しては「転売チケットを受け取れなかった」「転売
チケットでは入場できなかった」というトラブルが発生しており，公式チケッ
ト販売サイトと間違えて，チケット転売仲介サイトからチケットを購入してし
まうケースもみられる。2019 年 9 月にラグビーワールドカップ 2019™ 日本大
会が開催されたが，海外のチケット転売仲介サイトなどの非公式サイトを公式
サイトだと思い込み注文してしまった，といったトラブルが多くみられた。

(d)　デジタル・プラットフォーム

　オンライン・ショッピング・モール，インターネットオークション，オンラ
イン・フリーマーケット，検索サービス，SNS など，ICT やデータを活用し
て第三者に「場」を提供するデジタル・プラットフォームが介在する取引でト
ラブルが発生している。トラブルの特徴をみると，
・デジタル・プラットフォームの運営事業者による販売事業者等や商品・サー
　ビス，その広告・表示内容等に対する事前チェックに問題があるケース
・補償サービスの提供・適用，利用当事者間でトラブルが解決しない場合の介
　入・解決支援，商品・サービスの取り扱い中止や広告・表示内容の改善など
　消費者トラブル発生時の対応において，デジタル・プラットフォームの運営
　事業者に問題があるケース
・海外のデジタル・プラットフォームの運営事業者の中には，日本語対応の消
　費者窓口がない，日本の法律（消費者保護ルール）にのっとった対応がされな
　いといった場合があり，トラブル解決がより困難なケース
などが挙げられる。

(e) インターネット上の広告，SNS

　検索サイトに表示されたリスティング広告（検索連動型広告）や検索結果，紹介サイト・比較サイトに掲載された情報，ニュースサイトや SNS 等の広告・書き込み・投稿，SNS を通じた連絡などをきっかけとしたトラブルも発生している。

　SNS に関しては，「SNS 上の広告を見てブランドの靴を注文したが偽物だった」など SNS 上の広告をきっかけとしたトラブル，「SNS 上で知り合った相手に出会い系サイトへ誘導された」など SNS 上で知り合った相手をきっかけとしたトラブル，「SNS 上で個人からコンサートチケットを購入したが届かない」など SNS 上での個人間取引に関するトラブルがみられる。

(5) 住まい・暮らし関連
(a) 住宅リフォーム工事，賃貸住宅

　2005 年，認知症高齢者姉妹宅が競売にかけられた事件に端を発し，高齢者や判断不十分者をターゲットにしたずさんなリフォーム工事や，過量販売を含む次々販売など，悪質訪販リフォームが社会問題となったが，その後も住宅リフォーム工事の訪問販売に関するトラブルが発生している。

　住宅の屋根や床下を「無料で点検します」と突然自宅に訪問してきた事業者から「このままでは大変なことになる」などと不安をあおられ，住宅リフォーム工事や建物清掃サービス等をさせられたという「点検商法」のトラブルや，「火災保険などの損害保険を使って自己負担なく住宅の修理ができる」など，「保険金が使える」と勧誘する住宅修理サービスに関するトラブルもみられる。

　賃貸住宅については，借り主が退去する際に，ハウスクリーニングやクロス張替え等の原状回復費用として敷金が返金されない，敷金を上回る金額を請求されたなど，敷金や原状回復に関するトラブルが発生している。

(b) 電力・ガス

　2016 年に電力の小売全面自由化，2017 年にはガスの小売全面自由化がはじまり，小売事業に新規参入した事業者からの電気・ガスの供給が行われるよう

になった。大手電力・ガス会社をかたって電話や訪問販売で契約の切り替えを勧誘するケースや，事業者の事業撤退等によるトラブルが発生している。

　プロパンガスの訪問販売に関しては「ガス料金が安くなる」「近所はみんな切替えている」と勧誘されガス事業者を変更したところ，しばらくして「一方的に値上げされた」などのトラブルがみられた。

(6)　借金・決済関連の消費者トラブル
(a)　サラ金・フリーローン等

　改正貸金業法，改正出資法（2006 年 12 月成立，2008 年 6 月完全施行）により，2008 年以降，「サラ金・フリーローン」の消費生活相談は減少傾向にある。一方，「情報商材」や「マルチ商法」などのトラブルでは，「お金が支払えない」と断っている消費者に対して，事業者が「すぐに返済できる」と借金をさせてまで契約を結ばせる手口がみられる。

　違法な手口としては，「押し貸し」（契約もしていないのに勝手に銀行口座に現金を振り込み，法外な高金利の利息などを請求する），「融資保証金詐欺」（大手金融機関の系列会社等と偽り，融資を装ったダイレクトメールなどを送りつけ，保証金，登録料などの名目で事前にお金を振り込ませる），「クレジットカード現金化」（クレジットカードのショッピング枠で消費者に商品等を購入させ，それを事業者が買い取ることで消費者に現金が渡る），「偽装質屋」（担保価値の無い物品を質に取り，実際には年金などを担保として違法な高金利で貸付をする）のトラブルがみられる。その他，融資を申し込んだところ携帯電話の契約を勧められ，契約した携帯電話端末を渡すことで融資を受けたものの，携帯電話事業者から端末代金，通信料等を請求されるケースや，SNS や掲示板サイトなどを通じて，見知らぬ人同士が金銭の貸し借りをする「個人間融資」に関して，違法な高金利による貸付けが行われたケースもみられる。

(b)　キャッシュレス決済

　クレジットカード決済に関しては，「情報商材」や「出会い系サイト」などでの決済代行事業者が介在した取引におけるトラブルのほか，「クレジットカー

ドを利用したら，知らない間にリボ払いになっていた」などリボルビング払いのトラブルや，利用した覚えのない請求が含まれていたといった第三者による不正利用に関するトラブルがみられる。

　キャッシュレス化が進む中，決済手段を悪用する手口も発生している。「架空請求」や「アダルトサイト」などのトラブルでは，プリペイドカードに記載された番号を消費者から伝えさせることで，詐欺業者が価値を騙し取る「プリカ詐欺」の手口がみられる。宅配便業者や携帯電話会社をかたる偽SMSをきっかけに，携帯電話番号と認証コードの詐取を目的としたサイトへ誘導され，消費者のキャリア決済サービスが不正利用された，というトラブルも発生した。

(7) その他

(a) 若者・高齢者にみられるトラブル

　以上のトラブルのほか，特に若者・高齢者それぞれで目立つトラブルをみると，若者では，異性に対して電話で呼び出したり街頭で声をかけたりしてデートなどに誘い出し，仲良くなったところで相手の恋愛感情を利用して高額なアクセサリー等を契約させる「デート商法」や，街中でのスカウトやSNSでの募集広告などで，オーディションをうたって呼び出した消費者に，オーディショ

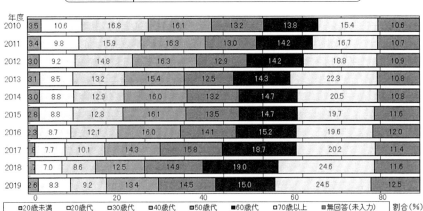

図表5－5　消費生活相談における契約当事者の年代別割合

年度	20歳未満	20歳代	30歳代	40歳代	50歳代	60歳代	70歳以上	無回答（未入力）
2010	3.5	10.6	16.8	16.1	13.2	13.8	15.4	10.6
2011	3.4	9.8	15.9	16.3	13.0	14.2	16.7	10.7
2012	3.0	9.2	14.8	16.3	12.9	14.2	18.8	10.9
2013	3.1	8.5	13.2	15.4	12.5	14.3	22.3	10.8
2014	3.0	8.8	12.9	16.0	13.2	14.7	20.5	10.8
2015	2.8	8.8	12.8	16.1	13.5	14.7	19.7	11.6
2016	2.3	8.7	12.1	16.0	14.1	15.2	19.6	12.0
2017	8	7.7	10.1	14.3	15.8	18.7	20.2	11.4
2018	7	7.0	8.6	12.5	14.9	19.0	24.6	11.6
2019	2.6	8.3	9.2	13.4	14.5	15.0	24.5	12.5

割合（%）

（出典）国民生活センター資料を基に筆者作成。

ン後，高額なレッスン受講契約等を勧誘する「オーディション商法」のトラブルがみられる。高齢者では，電話勧誘販売や訪問販売がきっかけとなっているケースが多いほか，注文していないにもかかわらず，健康食品や，カニなどの魚介類などが届く「送り付け商法」のトラブルがみられる。

(b) 事業者の倒産等

　事業者の倒産等によるトラブルも発生している。2017 年 3 月には，主に海外旅行のパッケージツアーの販売を行っていた旅行会社「てるみくらぶ」が多くの旅行申し込みを受けたまま経営破綻したことによるトラブルや，2018 年 1 月には，成人式当日，振袖の販売・レンタル業を行う「はれのひ」が突然営業を停止し，予約していた晴れ着を成人式に着られないなどのトラブルが発生した。

(c) 震災関連

　東日本大震災（2011 年），熊本地震（2016 年），平成 30 年 7 月豪雨（2018 年），令和元年秋台風（2019 年）をはじめ，地震，台風，豪雨などの大規模な自然災害によって多くの被害が発生し，全国の消費生活センター等に自然災害に関する相談が多数寄せられた。

　自然災害に関連した消費生活相談では，直接被災した人からの生活物資や住宅の修理工事，不動産貸借などに関する相談の他，災害発生から時間が経過すると，火災保険や地震保険のほか，り災証明書の発行などの行政サービスに関する相談も寄せられた。

　また，旅行や航空サービスのキャンセルに関する相談など，自然災害によって間接的に発生したトラブルのほか，震災支援を口実に不当な貴金属の訪問買い取りの勧誘を行う手口など，震災に便乗した悪質商法もみられた。

2　消費者 ADR

　ADR とは，Alternative Dispute Resolution（裁判外紛争解決手続）の略称である。裁判外紛争解決手続の利用の促進に関する法律（以下「ADR 促進法」という）

では，「訴訟手続によらずに民事上の紛争の解決をしようとする紛争の当事者のため，公正な第三者が関与して，その解決を図る手続」と定義されている。

　ADR は，裁判と比較すると，法律にとらわれない紛争の実情に即した柔軟な解決が図られること，簡易・迅速・低コストであること，各分野の専門家の活用が可能であること，原則非公開でありプライバシーや営業秘密を守ることができることといった特徴がある[10]。

　ADR には，手続の種類に着目した分類として，「調整型」（調停やあっせんなど，紛争の解決を図るため当事者間の合意を調達しようとするもの）と「裁断型」（裁定や仲裁など，あらかじめ第三者の審理・判断に従うという一般的合意の下に手続を開始させるもの）があり，提供主体に着目した分類として，「司法型」（民事調停や家事調停など，裁判所内で行われるもの），「行政型」（公害等調整委員会など，独立の行政委員会や行政機関等が行うもの），「民間型」（民間組織や各地弁護士会，業界団体等が運営するもの）がある[11]。

　消費者トラブルは総じて紛争額が少額であり，またプライバシーの問題等により裁判をすることをためらう消費者も多いことから，ADR との親和性は高い。現在，国民生活センター ADR，ADR 促進法に基づく民間 ADR（各地弁護士等），金融 ADR（金融関係の業界団体等）などが消費者トラブルを対象とした（または消費者トラブルを含めた）ADR（以下「消費者 ADR」という）を提供している。

　なお，消費生活センターによる苦情処理のあっせんは，第三者が両当事者間に介在し，両者の合意形成を支援・促進するための働きかけを行っている点で，概念的には ADR と捉えることもできる[12]。

2-1　国民生活センター ADR

　国民生活センターは，独立行政法人国民生活センター法に基づき，同センター内に紛争解決委員会（以下「委員会」という）を設置し，2009 年から消費者 ADR を提供している。

　委員会は 15 人以内の委員で組織され，独立した職権に基づいて重要消費者紛争（消費者と事業者との紛争のうち解決が全国的に重要であるもの）[13] について「和

解の仲介」および「仲裁」の手続を実施している。消費者トラブルは幅広い分野で起こることから，委員の他，医療，建築，自動車など各専門分野に詳しい特別委員が任命され，手続に参与している。

　委員会には年間200件程度の申請が寄せられており[14]，その大半は消費者からの和解仲介手続の申請である。特に，全国の消費生活センターに寄せられた消費者相談のうち，助言やあっせんなど各地センターの相談処理では解決が見込めない難しい案件の申請が多く寄せられており，消費生活センターとの間で積極的な連携が図られている。

　「和解の仲介」は，仲介を担当する委員または特別委員（仲介委員）が当事者間の交渉を仲介し，和解を成立させることによって紛争解決を図るものである。消費者から申請があった場合，委員会は，相手方事業者に和解による解決を図る意思があるかを確認し，事業者が応じた場合に手続が開始される。手続開始後，仲介委員は当事者双方との話し合いを行い，必要に応じて和解案を作成するなどして和解による紛争解決を目指す。和解が成立した場合は和解契約書が作成され，当事者双方は和解契約書で取り決めた合意事項を履行することとなる[15]。

　他方，「仲裁」は，当事者が仲裁委員の判断（仲裁判断）に従うことで紛争解決を図るものであり，申請に先立って仲裁判断に従う旨の当事者双方の合意（仲裁合意）が必要となる。手続開始後は，和解仲介手続と同様，仲裁委員が当事者双方との話し合いを行い，最終的に仲裁判断を行う。仲裁判断は確定判決と同一の効力を有することから[16]，当事者が不服を申し立てることは原則できない。

　これらの手続に付随して，国民生活センターADRには，法律上特別な機能が付与されている。委員会は，手続終了後，当事者が和解または仲裁判断で定められた義務を履行しなかった場合に義務履行の勧告をすることができる他，同種の消費者トラブルの解決・未然防止を図る目的で手続の結果概要を公表することができる。また国民生活センターは，和解仲介手続において和解が成立しなかった場合に消費者が改めて訴えを提起するときは，その訴訟準備等を支援するための資料提供を行うことができる。これらの機能は，行政型ADRとして公益性を有し，また消費者の後見的な役割を担う国民生活センターADR

図表5－6　国民生活センターADR の「和解の仲介」および「仲裁」の手続の流れ

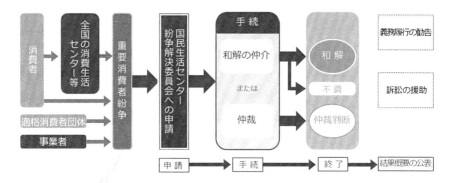

①同種の被害が相当多数の者に及び、または及ぶおそれがある事件に係る消費者紛争
②国民の生命・身体・財産に重大な危害を及ぼし、または及ぼすおそれがある事件に係る消費者紛争
③以上のほか、事件が複雑であることなどの事情により、
　紛争解決委員会が実施する手続で解決することが適当であると認められる消費者紛争　　　　　等

（出典）国民生活センター紛争解決委員会リーフレット「消費者トラブル解決のための新しい
　　　　ADR」（http://www.kokusen.go.jp/adr/pdf/adr_l.pdf）を基に作成。

の特徴的な機能と言える。

2-2　ADR 促進法に基づく民間 ADR

　ADR 促進法は，ADR が国民にとって裁判と並ぶ選択肢となるよう，その拡充・活性化を図ること等を目的に 2007 年に施行された。同法は，紛争解決手続を行う民間事業者（以下「民間 ADR 機関」という）の業務を対象として法務大臣が認証を行うものである。

　これまでに各地弁護士会，司法書士会等の士業団体をはじめ，各業界団体，消費者団体，NPO 法人など，さまざまな民間事業者が認証を受け，和解仲介手続を実施している[17]。各民間 ADR 機関が扱う紛争の分野はそれぞれ異なるが，全体でみると，消費者トラブルの他，民事一般，商事一般，知的財産，労働，医療，相続，金融・保険，自動車，不動産，スポーツなど多岐にわたり，さまざまな分野で各分野の専門的知見を活用した ADR が提供されている[18]。

2-3　金融 ADR

　金融 ADR 制度は，銀行・保険・証券などの業態ごとに，利用者（消費者）と金融機関との紛争を解決する機関（以下「金融 ADR 機関」という）を整備するものであり，金融分野における利用者保護と信頼向上を図ることを目的に2010 年に導入された（金融商品取引法等の改正）。金融 ADR 機関が実施する手続は，民間 ADR 機関と同様，和解仲介手続である[19]。

　金融 ADR 制度では，各金融機関は，所属する業態の金融 ADR 機関（全国銀行協会，生命保険協会，証券・金融商品あっせん相談センター等）との間で紛争解決手続等に関する契約を締結することが義務づけられている[20]。またその契約では，利用者から金融 ADR 機関に紛争解決手続の申立てがあった場合の金融機関の手続応諾義務，資料提出義務，特別調停案の受諾義務等が定められており[21]，金融機関側に片面的な義務が課されることで利用者保護が図られている。この他金融 ADR 機関は，金融機関が正当な理由なく契約に基づく義務を履行しなかった場合は当該事実等を公表しなければならないこととされている[22]。

3　越境消費者相談

　経済のグローバル化やインターネットの普及・拡大に伴い，日本の消費者が国境を越えて海外事業者と取引を行う機会が増えている。

　経済産業省の調査[23]によると，日本の消費者が米国や中国の事業者から越境EC 取引で購入する市場規模は，2014 年は米国からが 1,889 億円，中国からが197 億円であったが，2019 年にはそれぞれ 2,863 億円，312 億円と増加し，今後さらに拡大していくことが予想されている。市場拡大の背景としては，インターネットの利用者人口の増加，すき間時間でインターネットを利用できるようになったモバイルデバイスの出現，オンラインショッピングサイトにおける表示言語・決済通貨・決済手法の多様化，決済セキュリティ機能の強化，国際物流システムの改善，ユーザーを支援する購入代行会社の出現など，越境 EC取引を支えるさまざまなインフラの整備等が挙げられる。

　取引の増加はトラブルの増加をもたらすが，日本の消費者と海外事業者との

取引に関するトラブル（以下「越境消費者トラブル」という）は国内の消費者トラブルに比べて解決が難しいという特徴がある。その要因としては，言語が異なるのでコミュニケーションが取りにくいこと，法律・商習慣・文化が異なるので日本での考え方が通じにくいこと，相手方事業者や当該取引に関する情報が少ないこと，日本の行政権限等が及ばないこと等が挙げられ，こうした解決が難しい越境消費者トラブルへの対応は重要な政策課題となっている。

3-1　越境消費者センター（CCJ）

　越境消費者トラブルの解決を支援する公的な専門機関として，国民生活センターが運営する「越境消費者センター（Cross-border Consumer center Japan）」（以下「CCJ」という）がある。CCJ は，専用のホームページ[24]上の相談受付フォームを通じて越境消費者トラブルに関する相談（以下「越境消費者相談」という）

図表 5 - 7　CCJにおける海外機関との連携の仕組み

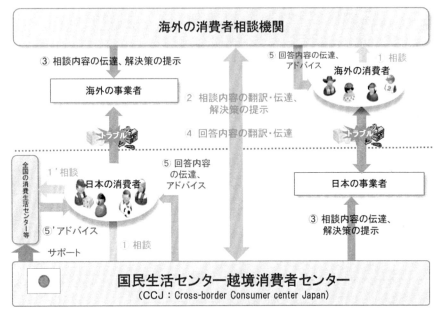

（出典）国民生活センター資料を基に筆者作成。

を受け付けており，全国の消費生活センターとも連携しながら越境消費者トラブルの解決支援を行っている。消費生活センターでは消費者からの相談を電話で受け付けるのが一般的であるが，CCJ では越境消費者トラブルの大半が越境EC 取引に関するものであることを踏まえ，オンラインによる相談受付を行っている。

　CCJ の相談処理では，相談者に対して，トラブルへの対応方法に関する助言や英文の翻訳・作成サポート等を行う他，必要に応じて CCJ が提携する海外の消費者相談機関（以下「海外機関」という）を通じて，海外に所在する相手方事業者にコンタクトをとり，事業者の対応を促している。日本の相談機関が海外事業者に直接連絡して対応を促しても影響力がなく相手にされないことが多い一方，相手方事業者が所在する国・地域の影響力のある相談機関が連絡した場合は，事業者はその影響力を考慮して話し合いのテーブルについてくることがある。このため CCJ では，越境消費者トラブルを解決するための効果的な仕組みとして海外機関との連携の強化・拡大に取り組んでおり，提携する海外機関数は 15 機関，対象国・地域数は 26 ヵ国・地域となっている（2020 年 8 月現在）。

3-2　越境消費者相談の内容
(1)　相談の傾向
　CCJ に寄せられる相談件数は年間 6,000 件を超えている。

　相談のほとんどは海外オンラインショッピングなど越境 EC 取引に関するものであり，相談者の年代構成は主なインターネット利用者層である 20 歳代〜50 歳代が中心である。この点，高齢者からの相談の割合が高い国内の消費者相談とは大きく傾向が異なるが，今後予想されるインターネット利用者層の高年齢化を踏まえると，越境消費者相談においても高齢者からの相談の割合が高まるものと考えられる。

(2)　主な相談内容 [25]
(a)　詐欺的なショッピングサイトに関する相談
　「海外のショッピングサイトで商品を購入しお金を支払ったが，商品が届か

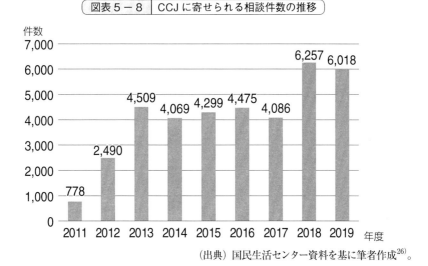

図表 5 － 8　CCJ に寄せられる相談件数の推移

（出典）国民生活センター資料を基に筆者作成[26]。

ない」，「オンラインショップでブランド品を購入したが，模倣品が届いた」といった相談である。サイトが日本語で表記されていることから，消費者が日本の事業者のサイトだと思って安心して申し込む場合も多い。詐欺的なサイトの特徴としては，価格が著しく安い，日本語の表現が不自然である，事業者の住所・連絡先の記載が不十分である等が挙げられる。

（b）ホテル・航空券予約サイトに関する相談

　格安をうたう海外のホテル・航空券の予約サイトに関する相談である。サイトは日本語で表記されているものの運営は海外事業者が行っており，格安な料金で提供する代わりに，返金や日程変更等が一切できない条件となっている場合が多い。サイト上での利用条件の表記が十分でない場合があり，「返金不可との記載がなかったので大丈夫だと思い予約し，後日キャンセルを申し出たところ，『返金不可のプランなので，返金できない』と回答があった」といった相談が寄せられている。国内の旅行代理店との対面でのやり取りに慣れた消費者が，利用条件等をよく理解しないまま申し込みトラブルとなるケースもある。

(c) 海外でのレンタカー利用に関する相談

　海外旅行先でのレンタカーの利用に関する相談である。「あらかじめ日本で予約したが，現地で違う車を提供された」，「後日，予約した金額より高額な請求を受け，問い合わせたところ，現地でオプション契約をしていたことが分かった。現地で書類にサインをしてしまったが，英語で内容を理解できなかった」，「車に傷をつけることなく返却したのに，後日，高額な修理代金を請求された」といった相談が寄せられている。事業者の信頼性がわからないまま日本からオンラインで予約し，現地で，または旅行後にトラブルになることが多い。

(d) 海外タイムシェア[27] に関する相談

　「海外旅行先のホテルでリゾート施設の会員権の勧誘を受け，よく理解しないまま契約してしまったが，管理費等の支払いが困難なので解約したい」，「勧誘時の説明のように宿泊の予約が取れず利用できないので解約したい」といった相談が寄せられている。海外旅行先で事業者の担当者からメリットを強調する説明を受け，気分が高揚していて十分に検討しないまま契約してしまうケースが多くみられる。タイムシェアは不動産の購入と宿泊サービスの利用が複合した複雑な契約であり，現地での不動産登記が必要となる。契約書面も外国語で作成されている場合が大半で，契約内容を十分に理解できていない消費者が多い。

(e) 海外マルチ商法[28] に関する相談

　海外事業者のマルチ商法に関する相談である。「『誰でも簡単に販売できる』，『今後，日本で事業を拡大する』等の説明を受け海外事業者とマルチの契約をしたが，思ったように儲からず解約もできない」といった相談が多く寄せられている。SNSやセミナーをきっかけに，日本人から勧誘されることで安心して申し込んでいるケースもみられるが，取引内容や利益を得られる仕組み等が複雑である上，そもそも取引実態が不明の場合も多い。

(f) チケット転売仲介サイトに関する相談

　海外事業者が運営する，コンサートやスポーツ観戦等のイベントチケットの転売を仲介するサイトに関する相談である。「チケット販売サイトでコンサートのチケットを購入したが，後になって正規の価格より大幅に高額だったことに気づいた」，「残りの席数が表示され，焦ってしまい手数料の表示を見落としたまま購入してしまった」といった相談が寄せられている。チケットの発行元により転売が禁止されているチケットが販売されている場合もある。

(g) FX 取引サイトに関する相談

　海外のFX取引やバイナリーオプション取引[29]のサイトに関する相談である。「インターネット上の広告を見て，海外のバイナリーオプションサイトで口座を開設し取引を行ったが，出金に応じてくれない」といった相談が寄せられている。日本の金融商品取引法では，日本に居住する顧客を相手に金融商品の勧誘等を行う場合は，海外事業者であっても原則，金融庁への登録が必要とされているが，未登録の海外事業者が運営するサイトでのトラブルが多い。

(h) ビザ申請代行サイトに関する相談

　ESTA[30]等の電子ビザの申請を代行する海外事業者のサイト（以下「ビザ申請代行サイト」という）に関する相談である。「公式の申請サイトだと思って電子ビザの申請手続をしたが，実際には民間の申請代行サイトで，高い料金を請求された」といった相談がみられる。インターネットの検索結果の上位に，広告としてビザ申請代行サイトが表示されることが多い。

3-3　準拠法と国際裁判管轄
(1) 準拠法

　「準拠法」の問題とは，越境取引をした当事者間で紛争が生じた場合に，どの国の法律に則って契約関係の法的解釈をするかという問題である。越境取引においては，当事者間であらかじめ契約上の準拠法が定められていることが一般的であり，海外事業者が定める利用規約では，通常，当該事業者の所在国の

法律が準拠法とされている。

　越境消費者トラブルの交渉場面において，海外事業者が自ら利用規約で定め
た準拠法を根拠に自国の法律の適用を主張してきた場合に，日本の消費者が日
本法の適用を主張できるかどうかは重要な問題である。この点，日本の「法の
適用に関する通則法」（以下「通則法」という）によれば，契約上の準拠法が事
業者の所在地の法律である場合であっても，消費者の常居所地の法律の強行規
定をも適用するとされる[31]。具体的には，日本の民法，消費者契約法，特定商
取引に関する法律（以下「特定商取引法」という），電子消費者契約に関する民法
の特例に関する法律（電子消費者契約法）等の強行規定に則って交渉を行うこと
となる。

　ただし，消費者が事業者の所在地に赴いて契約した場合は，契約上の準拠法
（通常，事業者の所在国の法律）が適用され，消費者の常居所地の法律の強行規定
を適用することはできない[32]。

　以上を簡潔にまとめれば，消費者が日本にいて海外事業者と契約した場合（日
本の消費者が海外事業者と越境 EC 取引をした場合等）は，契約上の準拠法に加え日
本法の適用があるが，消費者が事業者の所在国に赴いて契約した場合は日本法
の適用はないということになる。

　なお，実際の交渉場面では，通則法に基づいて日本法の適用を主張しても，
相手方の海外事業者の理解を得ることは難しい。例えば，特定商取引法上の連
鎖販売取引に該当すると考えられるケースにおいて，消費者が同法に基づく
クーリング・オフの主張をしても，海外事業者が日本法の適用を認めることは
少ない。この場合，日本の消費者は裁判でその救済を図ることを検討すること
となるが，以下で述べるように裁判による救済のハードルはさらに高い。

(2)　国際裁判管轄

　「国際裁判管轄」の問題とは，国際的な民事紛争の裁判をどの国の裁判所が
扱うことができるかという問題である。海外事業者の利用規約では，あらかじ
め裁判管轄権は当該事業者の所在国の裁判所にあるとされている場合がほとん
どであり，この場合に，日本の消費者が海外事業者を相手に日本の裁判所で訴

えを提起できるかが問題となる。

　この点，日本の民事訴訟法によれば，消費者契約に関する消費者からの訴え
は，訴えの提起時または消費者契約の締結時における消費者の住所が日本国内
にあるときは，日本の裁判所に訴えを提起することができるとされる[33]。たと
え事業者の利用規約で裁判管轄権が海外の裁判所にあるとされ，日本の消費者
がそれに合意している場合（管轄合意がある場合）であっても，当該条項は原則
無効となる[34]。

　このように，日本の消費者は越境消費者トラブルに関して日本の裁判所に訴
えを提起することはできるが，当該訴訟を進行させるためには国際送達の手続
が必要となる。国際送達とは，日本の裁判所から所定のルートを経由して，被
告である海外に居住する相手方当事者に訴訟上の書類を送り届けること（海外
への送達）であり，原告側において多大な労力とコストが必要となる。このた
め現実には，訴額の低い越境消費者トラブルに関して，日本の消費者が裁判所
に訴えを提起することは難しい。

　一方，海外事業者にとっても日本の消費者を相手に自国の裁判所に訴えを提
起することは難しいと言える。なぜなら，この場合も日本への国際送達が必要
となるためである[35]。

　以上を踏まえると，越境消費者トラブルについては，現状おおよそ裁判によ
る解決を期待することができない。こうした点からも，CCJ のような裁判によ
らない方法で越境消費者トラブルの解決を支援していく機関の役割が重要と
なっている。

【注】
1）村千鶴子「消費生活相談に役立つ民法の基礎知識　第1回」（独立行政法人国民生活セ
　ンター「国民生活 2013 年 5 月号（No.10）」34 頁）（http://www.kokusen.go.jp/wko/pdf/
　wko-201305_14.pdf）。
2）消費者庁編「逐条解説　消費者安全法第2版」（商事法務）98 頁。
3）角田禮次郎共編『法令用語辞典第 10 次改訂版』では，あっせんとは「ある人とその相
　手方との間の交渉が円滑に行われるように第三者が世話をすること」とされている。
4）経済企画庁国民生活局長から各都道府県知事あての通知「地方公共団体における苦情

処理体制の整備について」（昭和 45 年 5 月 4 日）では，あっせんについては「窓口で受けつけた苦情については，単に相手方に苦情を取りつぐだけでなく，解決に必要な情報を提供し，当事者の希望があればあっせん案を提示するなど積極的に取り組み，その苦情が最終的に解決されるまで責任をもって見届けることが必要である」とされている。

5）消費者庁編「逐条解説　消費者安全法第 2 版」（商事法務）95 頁。

6）「消費者ホットライン」で，平日に消費生活センター等に電話したがつながらなかった相談の受付（平日バックアップ相談），土日祝日に相談窓口を開設していない消費生活センター等の支援として土日祝日に相談受付（休日相談）などを実施している。

7）国民生活センターではホームページ（http://www.kokusen.go.jp/index.html）の「発表情報」「消費生活年報」「各種相談の件数や傾向」などのページで，報道発表した情報，相談件数や傾向などを掲載している。

8）架空請求の件数は 2000 年度以降集計している。

9）消費生活相談において「通信販売」に関する相談が全体に占める割合は高く，「インターネット通販」に関する相談が多くみられる。

10）他方で，当事者に手続への応答義務がない，和解仲介手続の場合に当事者に和解案への応諾義務がないおよび解決結果に執行力がないといった特徴も有している。

11）司法制度改革推進本部事務局「総合的な ADR の制度基盤の整備について ─ ADR 検討会におけるこれまでの検討状況等─」参考 6（平成 15 年 7 月）（https://www.kantei.go.jp/jp/singi/sihou/pc/0729adr/seibi.html）。

12）前掲注 11）7 頁。

13）詳細は国民生活センターホームページ（http://www.kokusen.go.jp/adr/hunsou/hunsou.html）参照。

14）国民生活センター「国民生活センター ADR の実施状況と結果概要について（令和 2 年度第 1 回）（http://www.kokusen.go.jp/news/data/n-20200806_4.html）。

15）国民生活センター ADR の和解仲介手続では，「時効の中断」（手続申請者が，手続終了後 1 ヵ月以内に当該手続の目的となった請求について訴えを提起したときは，時効中断に関して，当該手続申請時に訴えの提起があったものとみなす）および「訴訟手続の中止」（当事者の共同の申立てがあった場合に，受訴裁判所が一定の期間を定めて訴訟手続を中止することができる）が認められている。

16）仲裁法第 45 条（仲裁判断の承認）第 1 項。ただし，仲裁判断に基づいて強制執行するためには裁判所による執行決定が必要となる。

17）民間 ADR の和解仲介手続では，「時効の中断」，「訴訟手続の中止」および「調停前置の特則」（民事調停や家事調停では，一定の事件について訴えを提起する前に調停の申

立を義務づけているが（調停の前置），本手続を実施した場合は調停手続なく直ちに訴えを提起することができる）が認められている。

18）詳細は法務省ホームページ（http://www.moj.go.jp/KANBOU/ADR/index.html）参照。

19）金融 ADR の和解仲介手続では，「時効の中断」および「訴訟手続の中止」が認められている。

20）例えば金融商品取引法第 37 条の 7 第 1 項イ。なお，所属する業態に金融 ADR 機関がない場合もあるが，その場合，金融機関は，その代替措置として苦情処理従事者への消費生活相談員による助言・指導等の苦情処理措置および民間 ADR の利用等の紛争解決措置等を講じなければならない（同項ロ）。

21）例えば金融商品取引法第 156 条の 44 第 2 項および第 6 項。

22）例えば金融商品取引法第 156 条の 45。

23）経済産業省商務情報政策局情報経済課「平成 26 年度我が国経済社会の情報化・サービス化に係る基盤整備（電子商取引に関する市場調査）報告書」74 頁以下（平成 27 年 5 月），「令和元年度内外一体の経済成長戦略構築にかかる国際経済調査事業（電子商取引に関する市場調査）報告書」106 頁以下（令和 2 年 7 月）（https://www.meti.go.jp/policy/it_policy/statistics/outlook/ie_outlook.html）。

24）https://www.ccj.kokusen.go.jp/。

25）詳細は CCJ ホームページ（https://www.ccj.kokusen.go.jp/jri_ichrn）参照。

26）CCJ は 2011 年 10 月から相談受付を開始しており，2011 年度の件数は 2011 年 10 月〜2012 年 3 月（6 ヵ月間）の件数である。

27）「タイムシェア」とは，不動産所有権付のリゾート会員権のこと。毎年一定期間（1 週間等），契約した海外のリゾート施設に宿泊ができるもので，系列ホテルへの宿泊等が可能な場合もある。

28）英語では Multi-Level Marketing（マルチレベルマーケティング）という。日本では，一定の条件の下，連鎖販売取引として特定商取引に関する法律の適用対象となる。

29）「FX 取引」とは，一定の証拠金（保証金）を事業者に預託し，レバレッジをかけて，主に為替変動による差金決済で外国通貨を売買する取引（外国為替証拠金取引：Foreign Exchange）のこと。「バイナリーオプション取引」とは，満期時点における為替レートが一定の価格以上（または未満）となるか等を予測する取引のこと。バイナリー（Binary）とは「2 つの」「2 つから成る」の意味。

30）「ESTA」（Electronic System for Travel Authorization）とは，2009 年 1 月より導入されたアメリカ国土安全保障省による電子渡航認証システム（電子ビザ）のこと。日本を含むすべてのビザ免除プログラム対象国の渡航者は，事前に ESTA を取得することが義務づけられている。申請はアメリカ国土安全保障省のウェブサイトを通じて行う

が，申請手続を代行する民間事業者がある。電子ビザはカナダ（eTA）やオーストラリア（ETA）等にも導入されている。

31）通則法第 11 条（消費者契約の特例）第 1 項。同項では，消費者と事業者との間で締結される契約の成立および効力について適用すべき法が消費者の常居所地法以外の法である場合であっても，消費者がその常居所地法中の特定の強行規定を適用すべき旨の意思を事業者に対し表示したときは，当該消費者契約の成立および効力に関しその強行規定の定める事項については，その強行規定をも適用するとされる。

32）通則法第 11 条第 6 項第 1 号。同号では，事業者の事業所が消費者の常居所地と法を異にする地に所在した場合であって，消費者が当該事業所の所在地に赴いて当該消費者契約を締結したときは，原則同条第 1 項の適用はないとされる。

33）民事訴訟法第 3 条の 4（消費者契約および労働関係に関する訴えの管轄権）第 1 項。

34）民事訴訟法第 3 条の 7（管轄権に関する合意）第 5 項。同条では，第 1 項において，契約当事者は合意によりいずれの国の裁判所に訴えを提起することができるかについて定めることができるとされるが，第 5 項では，消費者契約に関する紛争を対象とする第 1 項の合意は，①消費者契約の締結時において消費者が住所を有していた国の裁判所に訴えを提起することができる旨の合意であるとき（第 1 号），または，②消費者が当該合意に基づき合意された国の裁判所に訴えを提起したときもしくは事業者が日本もしくは外国の裁判所に訴えを提起した場合において消費者が当該合意を援用したとき（第 2 号）に限り効力を有するとされる。

35）この他，日本の消費者および海外事業者は，それぞれ相手方の所在国の裁判所に訴えを提起することも考えられるが，これも労力やコスト等の点から現実的でない。

参考文献

経済産業省商務情報政策局情報経済課（2015）『平成 26 年度我が国経済社会の情報化・サービス化に係る基盤整備（電子商取引に関する市場調査）報告書』

経済産業省商務情報政策局情報経済課（2020）『令和元年度内外一体の経済成長戦略構築にかかる国際経済調査事業（電子商取引に関する市場調査）報告書』

司法制度改革推進本部事務局（2003）『総合的な ADR の制度基盤の整備について ― ADR 検討会におけるこれまでの検討状況等 ―』

消費者庁（2020）『令和 2 年版消費者白書』

消費者庁編（2013）『逐条解説　消費者安全法第 2 版』商事法務

―――――― 第6章 ――――――

消費者安全の確保

1 生命・身体に関する消費者事故情報の一元化

1-1 なぜ事故情報を一元化するのか

　2009 年の消費者庁設置により，生命・身体に関する消費者事故等の情報は，消費者庁に一元的に集約される仕組みとなった。消費者庁設置の礎となった「消費者行政推進基本計画」（平成 20 年 6 月 27 日閣議決定）では，それまでの消費者行政の体制・対応に関して，組織間の情報共有・連絡に問題があったと指摘したうえで，新組織の創設を通じた対応の方向として，「情報の一元化」に重点を置いている。これは，行政の縦割りによって消費者事故への初動対応に遅れを生じさせないようにするためである。

　消費者庁に生命・身体に関する事故情報が一元的に集約される仕組みとしては，(1) 消費者安全法に基づく関係省庁・地方公共団体等からの通知（PIO-NET 情報を通じた通知を含む)，(2) 消費生活用製品安全法に基づく事業者からの重大製品事故の報告，(3) 個別法によらない任意の情報提供として，事故情報データバンク参画機関や医療機関ネットワーク参画機関からの事故情報の提供によるルートがある。消費者庁では，これらの機関から収集された生命・身体に関する事故情報等に基づき課題を抽出，分析を行い，消費者に対する注意喚起や，各省庁から事業者に対する処分・指導等に活用している。

1-2 消費者安全法に基づく事故情報の集約

　消費者安全法第 12 条では，消費者被害に関する情報の一元的な集約体制を確立するため，関係省庁・地方公共団体・独立行政法人国民生活センターに対

して，消費者事故等が発生した場合の通知義務が規定されている。具体的には，関係省庁・地方公共団体等が，生命・身体分野において，消費者の被害が現実に発生している事案（消費安全性を欠くことにより生じたものではないことが明らかであるものを除く）またはそのおそれのある事案であるか否かにより，「消費者事故等」に該当するか否かを判断する。該当する場合，死亡，30日以上の治療期間となる負傷・疾病，一酸化炭素中毒や火災等の「重大事故等」ならば直ちに消費者庁に通知しなければならない。「重大事故等」に該当しない場合でも，被害の拡大または同種・類似の消費者事故等が発生するおそれがあれば速やかに消費者庁に通知しなければならない。

　消費者庁への通知方法は，原則として，所定の通知様式を用いて電子メール・FAX等で通知する。通知のポイントは，「重大事故等」に該当する場合，関係省庁・地方公共団体等から「直ちに」消費者庁に通知することである。「直ちに」通知することは，迅速な組織間の情報伝達を通じて，重大事故等の再発防止につなげることを可能にする。

　消費者庁に通知された消費者安全法に基づく「重大事故等」については，原則として毎週，定期的に公表されている。また，「重大事故等」以外の消費者事故等の通知については，特段の通知業務を行うことなく，PIO-NETまたは事故情報データバンクに入力することにより通知を行ったとみなす，みなし通知の制度も活用されている。

　なお，消費者庁『消費者事故等の通知マニュアル』では，生命・身体分野および財産分野における通知すべき消費者事故等について，豊富な具体例を紹介しながら解説がなされている。消費者安全法に基づき重大事故等をはじめとする事故情報の通知制度が有効に機能するためには，通知主体となる関係省庁や地方公共団体における制度理解が不可欠である。このため，関係省庁や地方公共団体に対する制度理解増進のための取り組みを消費者庁は継続的に実施することが重要である。

1-3　消費生活用製品安全法に基づく事業者からの報告

　消費生活用製品安全法第35条に基づき，消費生活用製品の製造（または輸入

の事業）を行う者は，その製造（または輸入）に係る消費生活用製品について重大製品事故が生じたことを知ったときには，当該製品の名称および型式，事故の内容ならびに当該製品を製造（または輸入）した数量および販売した数量を消費者庁に報告しなければならない（船舶安全法や食品衛生法，道路運送車両法等の他の法令で個別に安全規制が設けられ，その規制対象となっている製品を除く）。

　消費生活用製品は，一般消費者の生活の用に供される（＝事業者・労働者がその事業または労働を行う際に使用する場合以外のすべて）目的で，通常，市場で一般消費者に販売されている製品すべてが対象となる。消費生活用製品による事故のうち，重大製品事故に該当するものは，死亡，治療期間が 30 日以上の負傷・疾病，一酸化炭素中毒または火災である。

　事業者は，消費生活用製品安全法に基づく重大製品事故が生じたことを知った日から 10 日以内に，所定の報告様式を用いて消費者庁に電子メール，FAX などで報告しなければならない。

　報告を受けた消費者庁は，「消費生活用製品の重大製品事故」として，原則として毎週 2 回，定期的に事故概要等の公表を行っている。定期公表後，事故原因が明らかなもの以外の重大製品事故については，経済産業省からの指示により NITE（独立行政法人製品評価技術基盤機構）の調査等が実施される。

1-4　事故情報データバンク参画機関からの通知

　事故情報データバンクは，関係機関から生命・身体に関する消費者事故の情報を一元的に集約したデータベースである。このデータベースは，消費者庁と独立行政法人国民生活センターが連携して，関係機関の協力を得て実施している事業である。

　事故情報データバンクに登録されている情報は，消費者安全法に基づき関係省庁・地方公共団体から通知される消費者事故情報や，消費生活用製品安全法に基づき事業者から報告される情報に限られない。他の関係機関からの登録としては，消費生活用製品安全法の重大製品事故には該当しないものの重大製品事故に準ずるものとして事業者や消防等からの通知を受けた情報の登録（NITE），日本スポーツ振興センターが災害共済給付において給付した学校の

管理下の死亡・障害事例として公表している情報のうちの消費者事故の登録（独立行政法人日本スポーツ振興センター），日本中毒情報センターの「中毒110番」が医療機関から収集した急性中毒に関する事例のうち，消費者事故により治療が必要となった事例かつ事故発生状況や健康被害等の観点から情報共有する必要があると判断したものの登録（公益財団法人日本中毒情報センター），法テラスに寄せられた相談情報のうち，危害・危険に関する情報の登録（法テラス）がある。

　事故情報データバンクは，ウェブサイトで公表されているため，誰でもインターネットからアクセスし，事故情報を自由に閲覧・検索することが可能である。利用者は，フリーワード検索だけでなく，事故情報のトピック別リストや検索ワードランキングについても知ることができる。

1-5　医療機関ネットワークを通じた事故情報の収集

　医療機関ネットワーク事業は，消費者庁と独立行政法人国民生活センターとの共同事業である。医療機関ネットワークでは，身の回りの商品やサービスによってけがや病気になった消費者の事故情報を，事業に参画する医療機関から，消費者の苦情にはなりにくい消費者の不注意や誤使用も含めて幅広く収集している。消費者の不注意や誤使用も含めて幅広く情報を収集しているのは，省庁横断的な取り組みが必要な事故や，いわゆる「すき間事案」に係る事故，被害の拡大が懸念される事故等をいち早く抽出し，注意喚起等による再発防止に広く活用するためである。

2　消費者安全調査委員会の役割

2-1　過ちは繰り返さない

　消費者庁に一元的に集約された生命・身体等に関する消費者事故等の情報は，消費者庁において課題を抽出して分析され，同種の被害の再発防止のため，消費者向けの注意喚起や事業者向けの指導等に活用されている。

　特に，消費者事故の予防，再発防止のための知見を得ることを目的に設置さ

れた組織として，消費者庁の消費者安全調査委員会（消費者事故調）がある。一般的に事故が起きると，「誰が悪い」という責任論に世間の関心が集まりがちである。しかしながら，消費者事故調では，「誰が悪い」といった責任追及の場ではなく，「なぜ事故が起きたのか」，「どうしたら同種の事故を防げるのか」という観点から調査を行っている。

　消費者事故調による調査対象の事故に選定されると，他の行政機関等で調査が行われていなかったり，調査が行われていても消費者安全の確保の見地から必要な結果が得られていなかったりする場合には，消費者事故調が自ら調査を実施して報告書を作成・公表している。また，他の行政機関等で調査が行われていてその結果が得られる場合には，消費者事故調がその結果を評価し，さらに必要があると認められるときには自ら調査を実施して報告書を作成・公表している。

2-2　社会の共通基盤としての報告書

　消費者事故調が作成・公表する報告書は，消費者安全の考え方や取り組みの重要性を広く社会で共有するための共通基盤ともいうべきものである。とりわけ，消費者事故調『「消費者安全法第23条第1項に基づく事故等原因調査報告書　機械式立体駐車場（二段・多段方式，エレベータ方式）で発生事故」（平成26年7月18日公表）分析の考え方の解説』は，有益である。同解説書は，機械設計の実務者や学生にとどまらず，消費者安全に関心のある消費者を対象に，機械式立体駐車場事故の報告書をテキストとして，リスクアセスメント（リスクを分析し評価すること）の考え方とリスク低減の取り組みが理解できるように丁寧な記述がなされている。以下では，同解説書の内容を紹介しつつ，消費者安全の考え方を整理する。

　機械式駐車装置は，昭和30年代に国内で初めて設置されてから，大規模商業施設を中心に導入され，昭和60年代以降，マンション等でも急速に普及している。消費者事故調では，機械式立体駐車場で発生した事故について，広く消費者が利用しており「公共性」が高いことや，死亡事故が発生しており「被害の程度」が重大でかつ「多発性」があること，「消費者自身による回避可能性」

が低いといった要素を重視し，調査対象とする事故に選定し，計6件の事故を
調査した。

　調査結果では，これまで利用者の不注意や誤使用が原因と判断されていた調
査対象の事故については，マンション等の日常の生活空間における実際の利用
環境や人の行動特性について，設計段階で十分に考慮されてこなかったことが
事故原因であり，リスクを低減させる安全策が十分でなかった点を指摘してい
る。すなわち，機械式立体駐車場は，もともとは大規模商業施設で専任者が操
作することを前提に設計されていた。しかしながら，マンション等の消費者の
日常生活空間において普及するとともに，専任者でなく，十分な教育・訓練を
受けていない消費者が自ら操作を行うケースが多くなっていたのである。また，
機械式立体駐車場は運転者のみが立ち入ることを前提に設計されている。しか
し実際には，マンション等において普及する中で，実際には乳幼児同伴で利用
せざるを得ない環境になっている。

　このように，機械式立体駐車場の設計者が普及当初に前提としていた利用者
や設置環境が変容した点に着目した調査結果をテキストにして，消費者事故調
の同解説書では，機械式立体駐車場を利用者・利用環境を把握し，ハザード（有
害となる危険源）を特定したうえで，事故発生の重篤度と発生頻度からリスクを
見積もること，また，そのリスクが許容できるか否か，リスクが許容できない
場合はどのような手法によってリスクを低減させるかについて，具体的な分析
の流れを解説している。

　リスクを低減させるために，同解説書では，立体駐車場事故の報告書で用い
られた「3ステップメソッド」と呼ばれる手順を紹介している。すなわち，3
つの手順として，最優先で取り組むべきステップ1では機械設計の段階から有
害となる危険源をできる限り除去する，ステップ2ではステップ1で達成でき
なかったリスクを低減するために人と機械とを離したり非常停止装置等を追加
したりする，ステップ3では，ステップ1・ステップ2を実施後に，それでも
除去できないリスクについて，利用者に対して警告表示等による情報を提供す
るという考え方である。

　立体駐車場事故の報告書では，3つの手順に沿って，ステップ1では視認性

の改善等の安全設計，ステップ2では立体駐車場入口のガード（柵）設置や非常停止装置の取付け，ステップ3では利用者向けの注意喚起等に関して，安全対策の遅れがあったと分析している。これらの分析結果を踏まえ，消費者事故調は，国土交通省や消費者庁に対し，安全性についての基準の追加や，利用者の注意喚起等に取り組むべきとの意見を出している。

　消費者事故調からの報告書公表後の動きとして，国土交通省では，駐車場法施行規則を改正し，大臣認定制度の下で，装置の安全性についても一体的に審査・認定を行う仕組みを構築している。また，公益社団法人立体駐車場工業会がJIS（日本工業規格，現在の日本産業規格）原案を作成し，日本工業標準調査会（現日本産業標準調査会）の審議を経て，機械式駐車設備の安全基準のJIS規格が制定されている。さらに，消費者向けの注意喚起に関しては，消費者庁，国土交通省，公益社団法人立体駐車場工業会が共同で注意喚起用シールを作成し，製造者や保守点検事業者に対して立体駐車場の操作盤付近に貼るように依頼する等の取り組みが行われている。

3　リコール情報と製品安全

3-1　「リコール情報サイト」に一元的に集約

　リコールとは，商品に関する何らかの欠陥，不具合または品質上の理由等により，消費者が保有する商品に関して，事業者が回収，改修等を実施するものである。消費者庁では，消費生活用製品安全法の対象製品に限らず，自動車や食品なども含めリコール情報を一元的に集約している。具体的には，関係省庁や地方公共団体が公表したリコール情報や，事業者の自主的なリコールの情報のうち消費者にとって有用なものをリコール情報専用のウェブサイト「リコール情報サイト」に掲載している。

　リコール情報の周知を事業者だけに任せるのではなく，行政が積極的に情報提供するのは，さまざまな手段でリコール情報を消費者に伝えることにより，知っていれば防げたかもしれない事故から消費者を守ることができるからである。具体的には，消費生活用製品安全法に基づき事業者から報告される重大製品事

故（毎年約千件）のうち，リコール対象製品によるものは毎年約百件もある。言い換えれば，重大製品事故のうち約1割は，消費者がリコール情報を知って，製品の使用を中止すれば事故を防げた可能性がある。しかしながら，事業者が製品の所有者情報を把握することは，比較的容易に把握できる自動車などを除き一般的には難しい。消費者が購入した製品を他の消費者に譲渡した場合には，所有者情報の把握はますます難しくなる。

　また，消費者庁が2019年に実施した製品回収・リコールに関する消費者アンケート調査によれば，所有している製品が回収の対象となった経験のある人のうち，約3割は事業者に連絡をしなかったと回答している。アンケート結果からは，一定数の消費者においてリコール発生時の対応が十分に理解されていない可能性がある。このため，行政がリコールに関する消費者の理解増進のための情報提供を行うとともに，消費者自らが「リコール情報サイト」にアクセスし，リコール対象製品に該当するかを簡単に確認できる手段を確保し続けることが重要である。

3-2　経年劣化と製品安全

　多くの家電製品では，長期使用に伴う部品の劣化や損傷等の経年劣化により事故が発生するおそれがある。経年劣化に起因する事故では，事故の予兆である「異常な音がする」等の不具合がみられる場合がある。そのため，事故の予兆がみられた場合は，事故防止のため，消費者は直ちに利用を中止し，事業者に相談することが望ましい。

　しかしながら，消費者庁が2016年に実施した，扇風機を使用している消費者を対象としたアンケート調査では，約3割の人が扇風機を使用中に経年劣化の予兆を見つけたことがあると回答しているが，そのうちの約半数の人は，予兆を見つけたにもかかわらず使用を中止せずに使い続けていた。アンケート結果からは，経年劣化により事故が発生するリスクが必ずしも消費者に認識されていない可能性がある。

　消費生活に供される製品の中でも，所有者自身による点検が難しく，経年劣化により重大製品事故を起こすおそれがある製品，具体的には，石油ふろがま，

石油給湯器，FF 式石油温風暖房機，室内式ガスふろがま，室内式ガス瞬間湯沸器，ビルトイン式電気食器洗機，浴室用電気乾燥機には，「長期使用製品安全点検制度」が適用される。2009 年度から始まったこの制度は，所有者情報を登録した所有者に対し，事業者が点検時期を知らせ，点検を受けることによって事故を防ぐことを目的としている。残念ながら，経済産業省「長期使用製品安全点検制度の登録率向上に向けた取組」によれば，2017 年 12 月末時点の所有者情報の事業者への登録率は全製品でみて 4 割弱にとどまっている。経年劣化に起因する重大製品事故を防ぐためには，消費者への利用者登録の働きかけが課題となっている。

　また，長期使用製品安全点検制度の対象にはならないものの，経年劣化による事故件数が多い製品（エアコン，扇風機，換気扇，ブラウン管テレビ，全自動洗濯機，2 槽式洗濯機）については，「長期使用製品安全表示制度」により，設計上の標準使用期間と経年劣化についての注意喚起等が表示されている。これらの対象製品については，消費者が設計上の標準使用期間などの表示を参考にしながら製品を使用することにより，経年劣化に起因する事故を防ぐことが期待される。

3-3　製造物責任法における「欠陥」

　製造物責任法（PL 法）は，故意または過失を責任要件とする民法の不法行為の特則として，製品の欠陥により他人の生命，身体または財産を侵害したときは，欠陥を責任要件として製造事業者等に対して損害賠償を求めることができることとした民事ルールである。民事ルールである製造物責任法は，行政上の製品安全規制を代替するものではなく，消費者の安全に関して相互に補完する位置づけとなっている。

　製造物責任法における「欠陥」とは，「当該製造物の特性，その通常予見される使用形態，その製造業者等が当該製造物を引き渡した時期その他の当該製造物に係る事情を考慮して，当該製造物が通常有すべき安全性を欠いていることをいう」と定義されている。

　製造物責任法に関する解説は，消費者庁ホームページに掲載されているほか，製造物責任法の施行状況を把握するため，消費者庁において製造物責任法に基

づく訴訟の情報収集を行い，消費者庁ホームページにて情報提供を行っている。また，民法改正に伴う製造物責任法の一部改正をきっかけに改訂された消費者庁消費者安全課編『逐条解説・製造物責任法』［第2版］は，平成6年制定当時の関係者の情熱や，制定後の四半世紀の製造物責任制度を中心とした総合的な消費者被害防止・救済策の動向を知ることができる基本文献である。

4　子どもの事故防止を考える

4-1　統計データからみた子どもの事故

　厚生労働省「人口動態統計」によれば，子どもの死因の上位項目では，病気に起因するものが並ぶ中で，どの年齢層でも「不慮の事故」が上位になっている（**図表6-1**）。「不慮の事故」の中から，交通事故や自然災害を除いた事故の

図表6－1	死因順位別にみた子ども(0〜14歳)の死亡数・死亡率(人口10万人当たり)(2018年)				
	第1位	第2位	第3位	第4位	第5位
0歳	先天奇形，変形及び染色体異常 (623人) (人口10万人当たり67.8人)	周産期に特異的な呼吸障害等 (262人) (人口10万人当たり28.5人)	不慮の事故 (64人) (人口10万人当たり7.0人)	乳幼児突然死症候群 (57人) (人口10万人当たり6.2人)	胎児及び新生児の出血性障害等 (50人) (人口10万人当たり5.4人)
1〜4歳	先天奇形，変形及び染色体異常 (152人) (人口10万人当たり4.0人)	不慮の事故 (83人) (人口10万人当たり2.2人)	悪性新生物〈腫瘍〉 (73人) (人口10万人当たり1.9人)	心疾患 (31人) (人口10万人当たり0.8人)	肺炎 (24人) (人口10万人当たり0.6人)
5〜9歳	悪性新生物〈腫瘍〉 (82人) (人口10万人当たり1.6人)	不慮の事故 (75人) (人口10万人当たり1.5人)	先天奇形，変形及び染色体異常 (40人) (人口10万人当たり0.8人)	その他の新生物〈腫瘍〉 (14人) (人口10万人当たり0.3人)	心疾患 (12人) (人口10万人当たり0.2人) ※同順位でインフルエンザ
10〜14歳	悪性新生物〈腫瘍〉 (114人) (人口10万人当たり2.1人)	自殺 (99人) (人口10万人当たり1.9人)	不慮の事故 (65人) (人口10万人当たり1.2人)	心疾患 (23人) (人口10万人当たり0.4人)	先天奇形，変形及び染色体異常 (22人) (人口10万人当たり0.4人)

(注1)「周産期に特異的な呼吸障害等」は「周産期に特異的な呼吸障害及び心血管障害」，「胎児及び新生児の出血性障害等」は「胎児及び新生児の出血性障害及び血液障害」，「心疾患」は「心疾患(高血圧症を除く)」。

(注2)「不慮の事故」のうち「交通事故」と「自然の力への暴露」を除いた「不慮の事故」の死亡数は，0歳で60人，1〜4歳で48人，5〜9歳で36人，10〜14歳で31人。

(出典)厚生労働省「人口動態統計」から筆者作成。

128 ──◎

死者数でみても，それぞれの年齢層において，死因の上位項目であることには
変わらない。

　不慮の事故に関して，厚生労働省「人口動態統計」は死亡情報に限られるた
め，死亡以外の事故情報を知るためには，別の統計を利用する必要がある。東
京消防庁『救急搬送データからみる日常生活事故の実態』は，救急搬送データ
を利用して日常生活事故（交通事故を除く）を分析した報告書であり，東京都と
いう人口規模からみても，提供される情報量からみても，日常生活事故の動向
をみる上で有益である。2014 年から 2018 年までの 5 年間の救急搬送データを
分析した 2019 年版の同報告書における 0 〜 5 歳の乳幼児の事故種類別では，「こ
ろぶ」「落ちる」「ものがつまる等」「ぶつかる」「やけど」の順で救急搬送人員
数が多かった。一方，救急搬送人員数のうち，初診時での怪我の程度が中等症
（生命の危険はないが入院を要するもの）以上の割合をみると，「おぼれる」が圧倒
的に高い（**図表 6 - 2**（1））。

4-2　子どもの事故防止を重視する理由

　消費者の安全において，子どもの事故防止を重視するのはなぜだろうか。
　第一に，子ども，とりわけ乳幼児は，大人と異なり自分で事故を防ぐことが
できない存在である。子どもは，予測できない行動をとりがちである。子ども
の事故を防ぐためには，そのことを前提にリスク低減策を検討する必要がある。
　第二に，身体面において子どもは成長途上にあるため，不慮の事故によるダ
メージが将来にわたって影響するおそれがある。子どもの成長過程においては，
遊びの中で小さな怪我を経験しながら事故の危険を学ぶという側面もあるかも
しれない。しかしながら，大事なことは，重篤な事故を避けることである。
　第三に，子どもの事故防止は，子どもの保護者だけではなく，社会で取り組
むべき課題である。子どもに事故が起きると，子どもの保護者は，自分の不注
意を責めがちになるかもしれない。しかしながら，子どもの保護者は，1 日 24
時間の片時も目を離さずに子どもを見守ることは不可能である。そのため，子
どもの保護者に限らず，周りにいる大人たちも含めて，気を付けるべき点や事
故発生時の応急措置の方法を知っていることが，重篤な事故を防ぐためのポイ

図表 6 － 2　日常生活事故による救急搬送人員（東京都，2014～2018 年の 5 年間累計数）

(1) 乳幼児（0 ～ 5 歳）

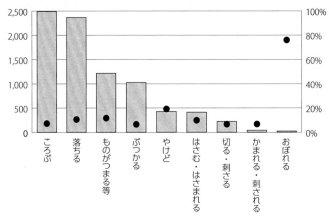

□ 救急搬送人員（人）　● 中等症以上の割合（右軸）

(2) 高齢者（65 歳以上）

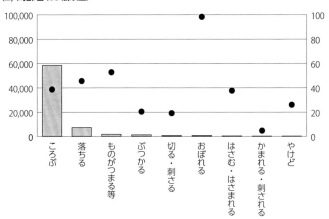

□ 救急搬送人員（人）　● 中等症以上の割合（右軸）

（注 1）日常生活事故とは，「救急事故のうち，運動競技事故，自然災害事故，水難事故，労働災害事故，一般負傷に該当するもの」。
（注 2）中等症以上とは，「生命の危機はないが入院を要するもの」以上のもの。
（出典）東京消防庁防災部防災安全課「救急搬送データからみる　日常生活事故の実態平成 30 年」から筆者作成。

ントになる。

4-3 不慮の事故を防ぐための「3つのE」

　WHO（世界保健機関）や米国保健・福祉省のCDC（疾病管理・予防センター）では，不慮の事故を防ぐために，「3つのE」の考え方を紹介している。「3つのE」とは，"education"（教育），"enforcement"（法執行），"engineering"（技術）であり，これらを組み合わせることが効果的だとしている。

　また，消費者庁『平成30年版消費者白書』では，子どもの事故を防ぐための対策として，「法整備，基準・規格などのルールを作ること」，「子どもの安全に配慮した商品・サービスに囲まれた生活環境の整備」，「保護者だけでなく周囲にいる大人全員に届く教育・啓発」の3つの取り組みを豊富な事例・データとともにまとめられており参考になる。

(1) 法執行等のルール作り

　法執行等のルール作りの例として，使い捨てライター・多目的ライターがある。これは，子どもによるライターの火遊びによる火災事故を防ぐために，消費生活用製品安全法施行令に基づき，消費者の生命・身体に対して特に危害を及ぼすおそれが多いと認められる製品（特定製品）のうち，安全性の確保が不十分な事業者がいると認められる製品(特別特定製品)として，使い捨てライター・多目的ライターを2010年に指定したものである。消費生活用製品安全法施行令に基づく「特定製品」，「特別特定製品」は，国の定めた技術上の基準に適合したことを示す「PSCマーク」を表示しなければ販売できない。特別特定製品に指定した結果，子どもが簡単に操作できない機能（チャイルドレジスタンス機能）等の安全基準を満たしたことを示すPSCマークを表示した製品以外は販売できなくなった。

　使い捨てライター・多目的ライターのようにPSCマークを表示した製品しか販売できない事例以外にも，JIS（日本産業規格）や事業者団体等による自主基準がある。産業標準化法（旧工業標準化法）に基づくJISは，製品の種類・寸法や品質・性能，安全性等を定めている。事業者は，JISに適合する製品に「JIS

マーク」を表示することができる。また，事業者団体等による自主基準の一例
として，「STマーク」がある。これは，14歳以下の子ども向けの玩具を対象に，
一般社団法人日本玩具協会が制定した玩具安全基準（ST基準）に適合した製品
であることを示すマークである。

　消費者は，JISや事業者団体等による自主基準に適合したことを表すマーク
を確認することにより，一定の品質や安全性等が確保された商品を選ぶことが
できる。

(2) 事故を減らすための技術

　子どもの事故を減らすための技術開発は，法律による義務づけがなくてもさ
まざまな分野で行われている。例えば，子どもが転倒しても重篤な事故になる
ことを防ぐための柔らかく曲がる歯ブラシや，転倒流水防止構造や蒸気レス機
能が付いた電気ケトルなどがある。

　法律による安全規制を満たすことは当然のこととして，一定の基準を確保し
た製品に表示されるマークは，消費者への製品情報の提供に関して重要な役割
を果たす。なぜなら，表示されたマークを確認するだけで，消費者は購入の選
択肢となる製品が一定の基準を満たしていることを知ることができるためであ
る。仮に，製品にマークが表示される仕組みがなかった場合，消費者は，選択
肢とする製品情報を自分で初めから調べなければならなくなる。

　消費者の購買行動に関して，安全性に関する表示の有無の影響が強くなれば，
市場機能を通じて経済社会に対する好循環をもたらす要因となる。すなわち，
法律で義務づけられた安全基準からさらに付加された基準を満たす製品を選択
する消費者が多くなれば，事業者は，より安全性の高い製品に対する投資をす
るようになり，結果としてより安全な製品が流通する社会に変容する。消費行
動により社会の好循環をもたらすために，消費者は製品安全に関する情報を自
ら学び，学んだ情報を活用できることが求められる。

(3) 事故防止に関する教育

　子どもの事故防止に関する情報を子どもの保護者に限らず多くの人々に知っ

てもらい，行動できるようになれば，社会全体で重篤な事故のリスクを低減させることができる。そのためには，事故防止に関する正確な情報を繰り返し伝える必要があり，国や地方公共団体等の公的機関の果たす役割が大きい。消費者庁では，関係省庁等と連携しながら事故情報を分析し，メディアを通じた注意喚起を実施するだけでなく，毎週配信する子ども安全メールや，消費者庁の公式ツイッターを通じて消費者に向けた情報発信をしている。また，消費者庁『こどもを事故から守る!!　事故防止ハンドブック』は，主に乳幼児の事故に関する知識や，もしもの時の対処法のポイントをまとめている。もしもの時の対処法を学ぶことは，いざという時の事故の重篤化を防ぐ観点から有益である。

　繰り返しになるが，子どもの事故のリスクを低減させるためには，3つの取り組み（法執行等のルール作り，事故を減らすための技術，教育）を組み合わせることが効果的である。消費者政策に携わる者は，消費者向けの啓発・教育だけではリスクが低減しないことを忘れずに，市場機能を通じた事業者・消費者への働きかけや，法執行等のルールの在り方に目を向ける必要がある。

5　高齢者の事故を防ぐためにできること

5-1　「交通事故」を上回る日常生活で起きる事故の死者数

　前節の子どもの事故と同様に，厚生労働省「人口動態統計」を用いて65歳以上の高齢者の死因別データをみると，「誤嚥等の不慮の窒息」や「転倒・転落」，「不慮の溺死および溺水」といった日常生活で起きる事故の死者数は，「交通事故」による死者数を上回っている（**図表6-3**）。とりわけ，「不慮の溺死および溺水」のうち，浴室で発生する溺死および溺水だけで，1年間で約5,000人の65歳以上の高齢者が亡くなっている。交通安全対策ほど注目されていないが，死者数でみれば明らかなように，高齢者の日常生活における事故の防止対策は重要な課題である。

　不慮の事故に関して，厚生労働省「人口動態統計」では情報が限られるため，前節と同様，東京消防庁『救急搬送データからみる日常生活事故の実態』により日常生活事故の動向をみることが有益である。2014年から2018年までの5

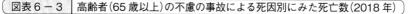

図表6－3　高齢者（65歳以上）の不慮の事故による死因別にみた死亡数（2018年）

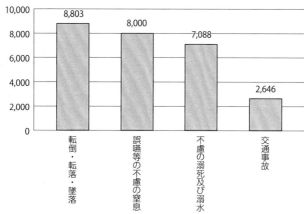

（注）「不慮の溺死および溺水」のうち，「浴槽内でのおよび浴槽への転落による溺死および溺水」は 5,526 人である。
（出典）厚生労働省「人口動態統計」上巻　死亡「第 5. 31 表　不慮の事故による死因（三桁基本分類）別にみた年齢（5歳階級）別死亡数」から作成。

年間の救急搬送データを分析した 2019 年版の同報告書における 65 歳以上の高齢者の事故種類別では，「ころぶ」事故による救急搬送人員数が多かった。一方，救急搬送人員数のうち，初診時での怪我の程度が中等症（生命の危険はないが入院を要するもの）以上の割合をみると，「おぼれる」がほぼ 100％と圧倒的に高く，「ものがつまる等」が 5 割，「落ちる」「ころぶ」が 4 割程度となっている（**図表6-2（2）**）。

5-2　高齢化社会の進展と世帯構造の変化

　高齢化が進展し，多くの人が加齢とともに身近にいる人からの適切な支援が必要になる中で，我が国における 65 歳以上の高齢者のいる世帯の人員構成は，過去 30 年ほどで大きく変化した。内閣府『令和元年版高齢社会白書』によれば，1990 年において，65 歳以上の者のいる世帯総数のうち，単独世帯が占める割合は 14.9％（161 万世帯）から，2017 年には 26.4％（627 万世帯）へと，絶対数および構成割合ともに急増している。

　このように一人暮らしの高齢者が急増する中で，日常生活における高齢者の事故を防ぐためには，高齢者本人や家庭に対する取り組みだけでは十分ではな

くなっている。

5-3　高齢者の事故防止には地域の力が必要

　子どもの事故防止と同様，高齢者の事故防止にあたっては，3つの取り組み（法執行等のルール作り，事故を減らすための技術，教育）を組み合わせることが効果的である。特に高齢者の場合，一人暮らしの急増という社会環境の変化にあわせて消費者政策も積極的な対応を行う必要がある。

　消費者政策における高齢者向けの積極的な取り組みとしては，消費者安全確保地域協議会（見守りネットワーク）がある。これは，高齢者，障がい者，認知症等により判断力が不十分となった方の消費者被害を防ぐため，消費者安全法に基づき，地方公共団体および地域の関係者が連携して見守り活動を行うことができる法定の協議会である。見守りネットワークは，消費者被害の未然防止・拡大防止のために，地域の関係者が顔の見える協力関係を構築し，高齢者等の見守りが必要な人が消費者トラブルを1人で抱え込まずに消費生活センターに適切に情報をつなぐ役割が期待されている。このような見守りネットワークの活動において，財産被害の防止だけでなく，生命・身体に関する事故防止のための情報もあわせて提供されることが効果的である。こうした中で，地方公共団体に設置されている消費生活センターにおいては，見守りネットワークを通じた活動強化が重要な課題となっている。

参考文献

経済産業省ウェブサイト『消費生活用製品安全法改正について』
（https://www.meti.go.jp/product_safety/producer/shouan/07kaisei.html）
経済産業省（2018）『長期使用製品安全点検制度の登録率向上に向けた取組』
（https://www.meti.go.jp/committee/summary/0001800/pdf/015_03_00.pdf）
経済産業省（2019）『平成30年における製品事故の発生状況および課題』
（https://www.meti.go.jp/shingikai/sankoshin/hoan_shohi/seihin_anzen/pdf/007_02_00.pdf）
国土交通省（2017）『機械式駐車装置の安全対策』
（https://www.mlit.go.jp/common/001201345.pdf）
消費者安全調査委員会（2015）『「消費者安全法第23条第1項に基づく事故等原因調査報

告書 機械式立体駐車場（二段・多段方式，エレベータ方式）で発生した事故」（平成 26 年 7 月 18 日公表）分析の考え方の解説』

（https://www.caa.go.jp/policies/council/csic/report/report_006/pdf/6_kaisetsu.pdf）

消費者庁『平成 30 年版消費者白書』『令和元年版消費者白書』

（https://www.caa.go.jp/policies/policy/consumer_research/white_paper/）

消費者庁（2016）『扇風機等の家電製品の経年劣化事故に御注意ください』

（https://www.caa.go.jp/policies/policy/consumer_safety/release/pdf/160614kouhyou_1.pdf）

消費者庁（2018）『高齢者の事故の状況について ―「人口動態調査」調査票情報および「救急搬送データ」分析―』，『御注意ください！日常生活での高齢者の転倒・転落！』，『冬季に多発する入浴中の事故に御注意ください！ ―11 月 26 日は「いい風呂」の日―』，『御注意ください，高齢者の窒息事故！ ―お正月の餅の窒息に注意』

（https://www.caa.go.jp/policies/policy/consumer_safety/caution/caution_009/）

消費者庁（2019）『子供の事故防止ハンドブック』

（https://www.caa.go.jp/policies/policy/consumer_safety/child/project_002/）

消費者庁（2019）『「製品回収・リコール」に関する消費者アンケート調査結果』

（https://www.caa.go.jp/policies/policy/consumer_safety/caution/caution_023/）

消費者庁消費者安全課編（2018）『逐条解説　製造物責任法（第 2 版）』商事法務

消費者庁消費者政策課・消費者制度課・地方協力課・消費者安全課編（2013）『逐条解説　消費者安全法（第 2 版）』商事法務

製品評価技術基盤機構（2018）『「長期使用製品安全点検制度」をご存じですか？～古い製品は今すぐ点検を～』

（https://www.nite.go.jp/jiko/chuikanki/press/2018fy/prs181025.html）

東京消防庁（2019）『救急搬送データからみる日常生活事故の実態』

（https://www.tfd.metro.tokyo.lg.jp/lfe/topics/nichijou.html）

内閣官房消費者行政一元化準備室（2008）『消費者行政推進基本計画』

（https://www.kantei.go.jp/jp/singi/shouhisha/index.html）

内閣府『令和元年版高齢社会白書』

（https://www8.cao.go.jp/kourei/whitepaper/index-w.html）

西田佳史（2017）『家の中の事故とその科学的な対策法』（国民生活 2017 年 5 月号）

（http://www.kokusen.go.jp/wko/pdf/wko-201705_03.pdf）

向殿政男（2013）『よくわかるリスクアセスメント―事故未然防止の技術― ［第 2 版］』中央労働災害防止協会

CDC National Center for Injury Prevention and Control（2012），"The National Action Plan for Child Injury Prevention"

(https://www.cdc.gov/safechild/pdf/National_Action_Plan_for_Child_Injury_Prevention.pdf)
ISO/IEC (2014), Guide51 "Safety aspects-Guidelines for their inclusion in standards"
 (https://www.iso.org/standard/53940.html)
WHO (2008), "WORLD REPORT ON CHILD INJURY PREVENTION"
 (https://www.who.int/violence_injury_prevention/child/injury/world_report/World_
 report.pdf)

第7章

消費者取引および表示の適正化

1　消費者契約法の概要

1-1　消費者契約法の制定まで

　我が国の経済は，第二次世界大戦後，長期的な成長を続けたが，その過程では「護送船団方式」，すなわち行政が許認可権限等を背景に業界をコントロールしていく仕組みが見られた[1]。しかし，1990年代の経済の低迷も背景として，事業者に対する規制を中心とした政策手法から，取引参加者が遵守すべき市場ルールを整備し，市場メカニズムを活用する政策手法に転換することが求められるようになった。また，消費者取引の分野では，不十分な説明，強引な勧誘といった消費者契約に関するトラブルが増加していた。こういった中で，消費者契約に関し，これまでの各省庁による事前の許認可等ではなく，一定の明確なルール（契約の効力等を規定する民事ルール）を事前に定めた上で，仮に紛争が生じた場合は民事ルールに基づく解決，究極的には裁判所の判決を通じて解決するという考え方が主流となっていった。

　他方で，消費者契約のみならず，事業者間の取引を含めたあらゆる契約に適用される民法の意思表示に関する規律は，対等な当事者を念頭に置いた上で，厳格な要件を規定している。したがって，仮に消費者が事業者の不適切な勧誘によって契約を締結した場合であっても，民法の規定に基づく取消しを主張することが必ずしも容易ではない[2]という問題も存在していた。

　1994年に当時の経済企画庁の国民生活審議会は消費者取引に関する問題の検討を開始した。関係省庁，業界を巻き込んだ5年以上に及ぶ審議を経て，1999年12月に国民生活審議会は新たな民事ルールの考え方を取りまとめた。

その考え方に沿って，政府は消費者契約法案を国会に提出し（2000年3月），国会における審議を経た上で，2000年5月に消費者契約法が公布 3) された。

1-2　消費者契約法の全体像

　消費者契約法は，消費者と事業者との間の「情報の質および量並びに交渉力の格差」（以下この章において単に「情報・交渉力の格差」とする）を踏まえ，

① 　事業者の一定の勧誘行為によって消費者が誤認または困惑をした場合等の消費者の意思表示の取消し
② 　消費者の利益を不当に害する契約条項の無効
③ 　適格消費者団体による事業者等に対する①に該当する勧誘行為または②に該当する契約条項の差止請求

を規定している。このうち，①と②は実際に契約の効力を左右するルール（民事ルール）であり，③は消費者契約法に違反する行為等の未然防止，拡大防止を図るための措置（エンフォースメント）と位置づけることができる。以下では，消費者契約法の適用の対象となる消費者契約の概念を整理した上で，①と②を中心にこの法律の概要を説明する。

1-3　消費者契約とは

　消費者契約法では，消費者契約について「消費者と事業者との間で締結される契約」と規定している（法 4) 2条3項）。それでは字面のとおりではないかとなるが，より詳細に見ると，消費者とは「個人」であって「事業としてまたは事業のために契約の当事者となる場合におけるものを除く」，すなわち事業性のない個人となる（法2条1項）。これに対し，事業者とは「法人その他の団体」に加えて「事業としてまたは事業のために契約の当事者となる場合における個人 5)」，法人や組合はもちろん，事業性のある個人も該当する（法2条2項）。

　ここでの事業とは，一定の目的をもってなされる同種の行為の反復継続的遂行とされている。いわゆる営利の要素は不要であり，消費者と学校法人との間の契約（例えば，入学試験を受験する契約，学生として在学する契約）も消費者契約

に該当し，消費者契約法の対象となる。

1-4　意思表示の取消し

(1) 民法の規定（詐欺，強迫による取消し）

　民法は，「詐欺または強迫による意思表示は，取り消すことができる」と規定している（民法 96 条 1 項）。

　相手方の詐欺によって意思表示を行った場合は，その意思表示を取り消すことができる。しかし，詐欺を理由とする取消しが認められるためには，条文には必ずしも明記されていない「相手方（欺罔者）の故意 [6]」，「相手方の行為（欺罔行為）の存在と欺罔行為による意思表示の因果関係 [7]」，「欺罔行為の違法性 [8]」が必要とされている。消費者がこれらの要件を主張することは容易ではない。また，相手方の強迫によって意思表示を行った場合も，その意思表示を取り消すことができる。もっとも，強迫を理由とする取消しが認められるためには，詐欺の場合と同様に条文には規定されていない「強迫者の故意」，「強迫行為の存在と強迫行為による意思表示の因果関係」，「強迫行為の違法性」をすべて満たす必要があり，必ずしも容易ではない。

　このような民法の詐欺・強迫が認められるための厳格な要件を緩和するとともに，抽象的な要件を具体化・明確化したものが消費者契約法による意思表示の取消しとなる。消費者の視点から見てみると，消費者の立証負担を軽くし，消費者が事業者の不適切な勧誘行為に影響されて締結した契約からの離脱を容易にするという意義がある。

(2) 誤認による取消し

　詐欺による取消しが容易ではないといった点を踏まえ，消費者契約法では消費者が事業者の一定の勧誘行為によって誤認した場合の意思表示の取消しを規定している。

　具体的には，消費者は，事業者が消費者契約の締結について勧誘 [9] をするに際し，当該消費者に対して次のような行為をしたことにより誤認をし，それによって当該消費者契約の申込みまたはその承諾の意思表示をしたときは，これ

を取り消すことができると規定している（法4条1項・2項）。

① 不実告知（法4条1項1号）

　事業者が重要事項[10]について事実と異なることを告げることをいう。これにより，その告げられた内容が真実であると消費者が誤認し，その誤認によって消費者が意思表示をしたときは，消費者はその意思表示を取り消すことができる。例えば，海外でも使えると言われて Wi-Fi ルーターをレンタルしたところ，実際はそもそも国内でしか接続できない仕様のものであり，海外では接続できなかった場合が挙げられる。

② 断定的判断の提供（法4条1項2号）

　事業者が，消費者契約の目的となるものに関し，将来におけるその価額，将来において当該消費者が受け取るべき金額その他の将来における変動が不確実な事項につき断定的判断を提供することをいう。これにより，提供された断定的判断の内容が確実であると消費者が誤認し，その誤認によって消費者が意思表示をしたときは，消費者はその意思表示を取り消すことができる。例えば，「絶対に儲かる」，「必ず値上がりする」と勧められて，商品先物取引を行う契約を締結した場合が挙げられる。

③ 故意・重過失による不利益事実の不告知（法4条2項）

　事業者が，重要事項等について消費者の利益となる旨を告げ，かつ，当該重要事項について当該消費者の不利益となる事実を故意または重大な過失[11]によって告げなかったことにより，その不利益となる事実が存在しないと消費者が誤認し，その誤認によって消費者が意思表示をしたときは，消費者はその意思表示を取り消すことができる。例えば，「このマンションは眺望が良い」と勧められて，マンションの住居を購入したものの，2年後に隣の敷地にその眺望を遮るような建物が建つこと（消費者に不利益な事実）を事業者が知りながら黙っていた場合が挙げられる。

(3) 困惑による取消し

　強迫による取消しも同様に容易ではない点を踏まえ，消費者契約法では消費者が事業者の一定の勧誘行為によって困惑した場合の意思表示の取消しを規定している。先ほどの誤認の場合と構造は同じだが，具体的には，消費者は，事業者が消費者契約の締結について勧誘をするに際し，当該消費者に対して次のような行為をしたことにより困惑し，それによって当該消費者契約の申込みまたはその承諾の意思表示をしたときは，これを取り消すことができると規定している（法4条3項）。なお，困惑とは，困って戸惑う，すなわち，どうしてよいかわからなくなるような精神的に自由な判断ができない状況をいう。

①　不退去（法4条3項1号）

　事業者に対し，消費者が，その住居またはその業務を行っている場所から退去すべき旨の意思を示したにもかかわらず，それらの場所から事業者が退去しないことで困惑し，その困惑によって消費者が意思表示をしたときは，消費者はその意思表示を取り消すことができる。

②　退去妨害（法4条3項2号）

　事業者が勧誘をしている場所から消費者が退去する旨の意思を示したにもかかわらず，その場所から消費者を退去させないことで消費者が困惑し，その困惑によって消費者が意思表示をしたときは，消費者はその意思表示を取り消すことができる。

③　社会生活上の経験不足の不当な利用（その1：願望の実現に対する不安をあおる告知）（法4条3項3号）

　消費者が社会生活上の経験が乏しいことから，①社会生活上の重要な事項（例えば，進学，就職，結婚）または②身体の特徴等に関する重要な事項（例えば，容姿，体型）に対する願望の実現に過大な不安を抱いていることを事業者が知りながら，事業者が消費者の不安をあおり，正当な理由がある場合（例えば，裏付けとなる合理的な根拠がある場合）でないのに，契約の目的となるものが当該願

望を実現するために必要である旨を告げることで消費者が困惑し，その困惑によって消費者が意思表示をしたときは，消費者はその意思表示を取り消すことができる。例えば，就職セミナーを無料体験したところ，就職セミナーを運営する会社から「このままでは無理，半年コースを受講しないと就職ができない。」と繰り返し告げられて，学生がそのコースを受講する契約を締結したような場合が挙げられる。

　ここでの社会生活上の経験とは，社会生活上の出来事を，実際に見たり，聞いたり，行ったりすることで積み重ねられる経験全般をいう。社会生活上の経験が乏しいとは，社会生活上の経験の積み重ねが消費者契約を締結するか否かの判断を適切に行うために必要な程度に至っていないことを意味する。もっとも，これは年齢によって定まるものではなく，中高年であっても，就労経験等を踏まえて，社会生活上の経験の積み重ねにおいて同様に評価すべき者は，本要件に該当し得ると考えられる。

④　社会生活上の経験不足の不当な利用（その2：好意の感情の不当な利用）（法4条3項4号）

　消費者が社会生活上の経験が乏しいことから，勧誘を行う者に対して恋愛感情等を抱き，かつ，当該勧誘を行う者も当該消費者に対して同様の感情を抱いているものと誤信していることを知りながら，事業者がこれに乗じ，この契約を締結しなければ当該勧誘を行う者との関係が破綻することになる旨を告げることで消費者が困惑し，その困惑によって消費者が意思表示をしたときは，消費者はその意思表示を取り消すことができる。例えば，2人きりで食事を繰り返すことなどを通じ，相手方が恋愛感情を抱いていることを知りながら，「マンションの部屋を購入する契約を締結してくれないと関係を続けない。」と告げて，部屋の購入契約を締結させたような場合が挙げられる。

⑤　加齢等による判断力の低下の不当な利用（法4条3項5号）

　消費者が加齢または心身の故障によりその判断力が著しく低下していることから，生計，健康その他の事項に関しその現在の生活の維持に過大な不安を抱

いていることを事業者が知りながら，事業者がその不安をあおり，正当な理由がある場合（例えば，裏付けとなる合理的な根拠がある場合）でないのに，契約を締結しなければその現在の生活の維持が困難となる旨を告げることで消費者が困惑し，その困惑によって消費者が意思表示をしたときは，消費者はその意思表示を取り消すことができる。例えば，認知症の症状が出始めた高齢者に対し，「この投資商品を買わなければ，定期収入が乏しいことから，現在のような生活を送ることは困難である。」と告げて，投資商品を購入させるような場合が挙げられる。

⑥　霊感等による知見を用いた告知（法4条3項6号）

　消費者に対し，霊感等の合理的に実証することが困難な特別な能力による知見として，消費者に重大な不利益を与える事態が生ずる旨を示してその不安をあおり，契約を締結することにより確実にその重大な不利益を回避することができる旨を告げることで消費者が困惑し，その困惑によって消費者が意思表示をしたときは，消費者はその意思表示を取り消すことができる。例えば，水子の霊が付いていることが見える，このままでは幸せな家庭生活を送ることができないとして，「この壺を買えば霊が消え去り，幸せな家庭生活を取り戻すことができる。」と繰り返し告げて，壺を購入させるような場合が挙げられる。

⑦　契約締結前の債務内容の実施（法4条3項7号）

　消費者が意思表示をする前に，契約を締結したならば負うこととなる義務の内容の全部または一部を事業者が実施し，その実施前の原状の回復を著しく困難にすることで消費者が困惑し，その困惑によって消費者が意思表示をしたときは，消費者はその意思表示を取り消すことができる。例えば，給油のためにガソリンスタンドに入ったところ，突然，エンジンオイルの交換を行い，交換後にもう戻さないと告げて，新しいエンジンオイルを購入させるような場合が挙げられる。

⑧　契約締結を目指した事業活動の損失補償請求（法4条3項8号）

　消費者が意思表示をする前に，事業者が契約の締結を目指した事業活動（例えば，情報の提供，物品の調達）を実施した場合において，取引上の社会通念に照らして正当な理由がある場合（例えば，消費者からの特別の求めに応じたものであったこと）でないのに，当該事業活動が消費者のために特に実施したものである旨および当該事業活動の実施により生じた損失の補償を請求する旨を告げることで消費者が困惑し，その困惑によって消費者が意思表示をしたときは，消費者はその意思表示を取り消すことができる。例えば，投資商品を購入しようと考えて，何度かフィナンシャルプランナーと喫茶店で飲食を交えた打合せを行ったものの，結局，購入を取りやめたところ，「断るのであれば，これまでの代金を返せ。」と言われたような場合が挙げられる。

(4) 過量契約による取消し（法第4条第4項）

　事業者が消費者契約の締結について勧誘をするに際し，消費者契約の目的となるものの分量等が当該消費者にとっての通常の分量等（①消費者契約の目的物の内容および取引条件，②事業者がその締結について勧誘をする際の消費者の生活の状況およびこれについての当該消費者の認識に照らして当該消費者契約の目的物の分量等として通常想定される分量等をいう）を著しく超えるものであることを知っていた場合において（「事業者の悪意」），その勧誘により消費者が意思表示をしたときは，消費者はその意思表示を取り消すことができる。例えば，店頭を訪れたのが独居の高齢者であることを知りながら，4人家族が半年かけても消費しきれない量の健康食品を一度に売りつけるような場合が挙げられる。

(5) その他

　事業者から消費者契約の締結についての媒介の委託を受けた第三者（受託者等）による勧誘についても，(2)から(4)までの規定が準用される（法5条1項）。したがって，受託者等の勧誘による場合であっても，要件を満たせば，消費者契約法に基づく意思表示の取消しを主張できることとなる。

　消費者契約法に基づく意思表示の取消しは，これをもって善意の第三者に対

抗することができない（法4条6項）。他方で，追認をすることができる時から
1年間行わないときは，時効によって消滅する。消費者契約の締結の時から5
年を経過したときも（たとえ1年の期間が経過していなくても）消滅する（法7条1
項）。民法とは異なる期間となっていることに注意が必要である。

1-5　契約条項の無効

　民法の一般条項の規定（例えば，公序良俗，信義則）に関しては，抽象的な側
面があり，個別の消費者契約の条項に係るトラブルの解決についての予見可能
性が必ずしも高くはない。すでに説明したように，そもそも消費者と事業者と
の間には，情報・交渉力の格差があり，対等性が欠けている状況が認められる。
その結果，消費者が自己決定権を行使する機会を確保できないまま，事業者の
提示した契約条件を受け入れて契約を締結する場合がある（実際はそのような場
合の方が一般的かもしれない）。

　このような状況を踏まえ，消費者契約法は，消費者の利益を不当に害するこ
ととなる条項の全部または一部を明示的に無効とすると規定している。

(1) 消費者の利益を一方的に害する条項の無効（法10条）

　民法等の任意規定等（具体的には，任意規定に加え，一般的な法理）の適用によ
る場合に比べて，消費者の権利を制限しまたは消費者の義務を加重する消費者
契約の条項であって，信義則に反して消費者の利益を一方的に害するものにつ
いては，その契約条項は無効となる。

(2) 個別領域における不当条項（法8条から9条まで）

　このほか，消費者契約法では，それぞれの適用場面は異なるものの，事業者
の損害賠償の責任を免除する条項等[12]の無効（法8条），消費者の解除権を放
棄させる条項等の無効（法8条の2），事業者に対し後見開始の審判等による解
除権を付与する条項の無効（法8条の3），消費者が支払う損害賠償の額を予定
する条項等の無効[13]（法9条1号）といった規定を設けている。

1-6　その他の消費者契約法の規律

　これまでの消費者契約法の規定は，意思表示の取消しに加え，契約の条項を無効とするものといった契約の効力の全部または一部を左右するものであった。それ以外にも消費者契約法では，事業者に対し，条項の作成の際の努力（解釈に疑義が生じない明確なもので，平易なものになるよう配慮すること）と情報提供に向けた事業者の努力（個々の消費者の知識および経験を考慮した上で，消費者契約の内容についての必要な情報を提供すること）を求めている（法3条1項）。これは法的な義務を定めたものではないものの，個々の事業者が積極的に取り組むことが期待される。

　また，消費者も事業者から提供された情報を活用し，消費者契約の内容について理解するよう努めるとされている（法3条2項）。事業者のみならず，消費者も受け身ではなく，自ら判断する姿勢で契約に臨むことが期待される。

1-7　差止請求

　これまでの1-4と1-5で説明した規律は，民事ルール，すなわち行政が効力を決定するものではなく，当事者間での交渉，さらに最終的には裁判所で判断されるというものであった。このような消費者契約法の特徴も踏まえ，不特定かつ多数の消費者の利益のために差止請求権を行使するのに必要な適格性を有する法人である消費者団体として内閣総理大臣の認定（実際は消費者庁で認定を行っている）を受けた者である適格消費者団体が事業者に対し，消費者契約法に違反するような勧誘行為および契約条項の使用の差止めを求めることができるとされている。この差止請求を中心とした枠組みは，消費者団体訴訟制度と呼ばれている。

　これは消費者契約法の性質を踏まえつつ，この法律のエンフォースメントを図るためのものと言えよう（詳細は，本書第4章で扱っている消費者団体訴訟制度の内容を参照のこと）。

2　クーリング・オフ等を規定する各法律の概要

2-1　特定商取引法の概要

(1)　特定商取引法の全体像

　消費者取引におけるトラブルについては，消費者が自分で店舗に行って契約をする店舗販売によるものと比べて，特定の販売の方法（例えば，事業者が消費者の自宅を訪れる訪問販売）によるものが多くなっている。これは，訪問販売等の不意打ち性（消費者が準備をしていないところに，事業者が突然，勧誘を行う），密室性（消費者と事業者のみの閉ざされた空間で勧誘，さらに契約が行われる）によって，事業者の一方的な説明，執拗かつ強引な勧誘行為が行われやすいという特徴によるものである。

　こういった問題に対応する観点から，1976年に訪問販売等に関する法律が制定された。当初は，訪問販売，通信販売，連鎖販売取引等を規制するものであったが，その後，消費者被害の状況を踏まえ，規制対象となる取引類型を追加してきた。具体的には，1996年の改正で電話勧誘販売，1999年の改正で特定継続的役務提供，2000年の改正で業務提供誘引販売取引（この改正の際に法律の名称自体も特定商取引に関する法律と変更された），2012年の改正で訪問購入が追加[14]されて，現在の規律に至っている。

　特定商取引法の特徴としては，行政機関が事業者の勧誘行為等を規制するための「業法」的な側面と民事ルール（クーリング・オフ，契約の取消し等）を通じて消費者の損害回復を図る側面の両方を有することが挙げられる。すなわち，許認可等の参入規制はなく，原則として，誰でも自由に訪問販売等の事業活動を行うことができるが，事業活動を行う際には行為規制の遵守が義務づけられる。ここでの行為規制の基本は，事業者に対して正確な情報の開示（例えば，契約締結時等の書面交付義務，広告規制），消費者の自主的な選択の機会の確保（例えば，不当な勧誘行為の禁止）を義務づけるものである。もっとも通信販売は，直接の勧誘行為がないことから，広告規制が中心となっている。さらに，行為規制に違反した事業者に対しては，国（消費者庁長官）および都道府県（知事）

から行政処分（例えば，一定の期間について業務を停止させる命令）がなされる。また，不当な勧誘行為の禁止に違反した場合等を中心に罰則規定 15) の適用があり得る。

(2) 特定商取引法のクーリング・オフ

クーリング・オフは本章で何度も登場しているが，一定の期間内であれば，特段の理由は要さずに，消費者から一方的な契約解除を行うことを認めるものである。クーリング・オフとは「頭を冷やして，よく考え，契約を取り止める」という考え方からの俗称だが，比較的よく知られている言葉として公的な場面でも用いられている。消費者の保護を図るという点で強力な「武器」となるクーリング・オフは，1972 年の割賦販売法改正で同法に導入された後，特定商取引法のほか，宅地建物取引業法などに規定が設けられている。

特定商取引法のクーリング・オフの対象となるのは，訪問販売，電話勧誘販売，連鎖販売取引，特定継続的役務提供，業務提供誘引販売取引，訪問購入の 6 類型 16) となる。行使期間は，訪問販売，電話勧誘販売，特定継続的役務提供，訪問購入では 8 日間，連鎖販売取引，業務提供誘引販売取引では 20 日間とされている。この行使期間の起算点は，契約時ではなく，法定の書面の交付時となる。訪問販売を例にとると，事業者が勧誘を行い，消費者が申し込んだ際に事業者が交付する必要がある申込書面を消費者が受領した時点 17) となる。また，書面に不備がある場合やそもそも書面を交付していない場合は，クーリング・オフの行使期間は進行しない。なお，クーリング・オフは書面によって通知しなければならないとされている。

クーリング・オフによって契約はさかのぼってなかったものとされるため，事業者は受け取った代金を全額返還する必要がある。また，事業者は損害賠償の請求はできず，商品返還のための費用も負担する必要がある。このような効果を有するクーリング・オフに関する規定は強行規定であり，消費者に不利な特約は無効となる。したがって，仮に事業者があらかじめクーリング・オフの期間を短くするような条項を契約書に入れたとしても，消費者は（要件を満たせば）クーリング・オフを行うことが可能となっている。

2-2　宅地建物取引業法におけるクーリング・オフ

これまで主に販売の方法に着目して設けられた特定商取引法のクーリング・オフを説明してきたが，取引の内容に着目して設けられたクーリング・オフの規定の典型例として，宅地建物取引業法のクーリング・オフにも触れておくこととする。

宅地建物取引業法では，宅地建物取引業者が自ら売主となって事務所等以外で締結した宅地または建物の売買契約を対象として，クーリング・オフの規定を設けている。この点，建物の賃貸借の媒介などは対象になっておらず，高額な取引，かつ，店舗外のものが対象とされている。行使期間は制度（クーリング・オフを行うことができる旨およびその方法）の告知から8日間以内であり，クーリング・オフは書面で行う必要があるといった点は特定商取引法と共通している。

3　表示に関する規律の概要

これまでは取引に関する法令を中心に説明してきたが，消費者に対する表示（その典型例として広告）に関する規律にも触れておくこととする。具体的には，個別の法律でそれぞれの業についての広告規制を定めているものはあるが，ここでは，商品等の限定なしに事業者の不当表示行為を横断的に規制する景品表示法の表示に関する規律の概要を説明する。

景品表示法では，事業者は，自己の供給する商品または役務の取引について，優良誤認表示，有利誤認表示等に該当する表示をしてはならないとされている。

ここでの表示とは，顧客を誘引するための手段として，事業者が自己の供給する商品または役務の取引に関する事項について行う広告等の表示であって，①商品，容器または包装による広告等，②見本，チラシ，パンフレット，説明書面その他これらに類似する物による広告等，③ポスター，看板，ネオン・サイン，アドバルーン，その他これらに類似する物による広告等，④新聞紙，雑誌その他の出版物，放送（有線電気通信設備または拡声機による放送を含む），映写，演劇または電光による広告，⑤情報処理の用に供する機器による広告等（インターネット等によるものを含む）とされている。要は，チラシはもちろん，商品パッ

ケージ，ポスター，インターネット広告も対象となる。

　優良誤認表示とは，商品または役務の内容について，一般の消費者に対し，実際のものよりも著しく優良であると示し，または事実に相違して当該事業者と同種もしくは類似の商品もしくは役務を供給している他の事業者に係るものよりも著しく優良であると示す表示であって，不当に顧客を誘引し，一般消費者による自主的かつ合理的な選択を阻害するおそれがあると認められるものをいう。例えば，「3か月飲むだけで10kg瘦せる」と表示をしているにもかかわらず，実際には表示されているような効果のない健康食品の広告が挙げられる。

　有利誤認表示とは，商品または役務の取引条件について，実際のものまたは当該事業者と同種もしくは類似の商品もしくは役務を供給している他の事業者に係るものよりも取引の相手方に著しく有利であると一般消費者に誤認される表示であって，不当に顧客を誘引し，一般消費者による自主的かつ合理的な選択を阻害するおそれがあると認められるものをいう。例えば，「今だけの限定価格，お得な値段です」と主張する表示をしているにもかかわらず，実際には1年中その値段で販売されており，表示されているような有利な値段ではないキャンペーンの広告が挙げられる。

　仮に，景品表示法に違反する表示があった場合には，①違反行為を行う事業者に対し，その行為の差止めやその行為が再び行われることを防止するために必要な事項等を命ずる行政処分（排除措置命令），②不当な表示を行った事業者に対して課徴金の納付を命ずる行政処分（課徴金納付命令）が課される。このうち，①は国（消費者庁長官）および都道府県（知事），②は国（消費者庁長官）からの行政処分として行われる。②の課徴金納付命令は，2014年頃に問題化したメニュー偽装等も契機として導入されたものである。なお，あくまでもこれらは行政と事業者の間での関係であり，消費者が優良誤認表示または有利誤認表示に該当する広告を見て契約した場合であっても，消費者は契約の取消し等を通じて，個別に事業者から返金を受けるといった措置を自ら講じる必要がある。

【注】
1）典型的な例として当時の大蔵省と銀行業界の関係が挙げられる。大蔵省は銀行の店舗

の出店規制，商品の規制等を通じ，銀行業界の過当競争を防いでいた。また，銀行業界も大蔵省の意向を踏まえて（最近の流行の言葉では「忖度」して）行動することで，結果的に成長を遂げた。

2）このほか，民法の一般条項に基づく主張（具体的には，信義則違反，公序良俗違反）については，その規定の抽象性によって，消費者トラブルを解決するための予見可能性が必ずしも高くはない側面がある。このため，消費者が一般条項を活用して速やかに消費者トラブルを解決することは必ずしも容易ではないと考えられる。

3）なお，施行は 2001 年 4 月であり，その後の消費者契約法の主な改正は，2006 年，2008 年，2016 年，2018 年に行われている。

4）この章では，消費者契約法の条項を引用する場合は，単に法としている。

5）個人が「事業としてまたは事業のために」契約を締結したかどうかの判断は必ずしも容易ではない場合もあり，契約書面の形式的な記載だけではなく，契約の実質を踏まえて判断する必要がある。なお，この法律の規律は，民事ルールであることから，最終的には個別の事案に即して裁判所で判断されることになる。

6）だます意思，すなわち欺罔の意思と表意者に意思表示をさせる意思の二重の故意が必要とされている。

7）欺罔行為によって表意者が欺罔されたことと，さらに欺罔されたことによって表意者が意思表示をしたことの二重の因果関係が必要とされている。

8）欺罔行為は取引上要求される信義に反するものでなければならないとされている。

9）勧誘については，消費者の意思形成に影響を与える程度の勧め方とされている。特定の者に向けられたもの（例えば，対面での説明）は勧誘に該当する。他方で，インターネットの広告など不特定多数の者に向けられたものが勧誘に当たるかは争いがある。最高裁は，不特定多数の者に向けた勧誘方法が直ちに勧誘に当たらないということはなく，事業者による働きかけが不特定多数の消費者に向けられたものであったとしても，そのことから直ちにその働きかけが勧誘に当たらないということはできないとしている（2017 年 1 月 24 日判決）。この判決も踏まえて，実務の進展に応じ，より詳細に検討がなされると考えられる。

10）重要事項として，次のようなものが「限定列挙」されている（法 4 条 5 項）。②は 2016 年改正によって追加されたものである。

　①消費者契約の目的となるものの内容（例：質，用途）または取引条件（例：対価）であって，消費者の当該消費者契約を締結するか否かについての判断に通常影響を及ぼすべきもの

　②消費者契約の目的となるものが当該消費者の重要な利益についての損害または危険を回避するために通常必要であると判断される事情

11) 重大な過失は，2016 年改正によって追加されたものである。具体的には，少しの注意をすれば，容易に予見できるところ，漫然と看過したような，故意に近い著しい注意欠如の状態とされている。

12) 具体的には，事業者の債務不履行により消費者に生じた損害を賠償する責任の全部を免除し，または当該事業者にその責任の有無を決定する権限を付与する条項等が該当する。

13) 具体的には，消費者契約の解除に伴う損害賠償の額を予定し，または違約金を定める条項であって，これらを合算した額が，当該条項において設定された解除の事由，時期等の区分に応じ，当該消費者契約と同種の消費者契約の解除に伴い当該事業者に生ずべき平均的な損害の額を超えるものについては当該超える部分を無効とするものである。いわゆるキャンセル料については，その額が事業者に生ずべき平均的な損害の額を超える場合は，当該超える部分が無効（事業者は当該超える部分を消費者に返金する必要がある）となる。

14) このほか，2004 年の改正による民事ルールの整備，2008 年の改正による訪問販売等の指定商品・指定役務制の撤廃，2016 年の改正による業務禁止命令制度の導入も重要な改正である。

15) 特定商取引法違反で訪問販売を行う住宅リフォーム業者等が逮捕される事案が報道されている。

16) この点，通信販売にはクーリング・オフが規定されていないことに注意が必要である。ただし，一定の要件の下で返品を可能とする規定がある（特定商取引法 15 条の 2）。

17) もっとも申込みからすぐに契約を行った場合は，申込書面ではなく，契約書面を消費者が受領した時点となる。

参考文献

後藤巻則・齋藤雅弘・池本誠司（2015）『条解　消費者三法』弘文堂

消費者庁消費者制度課編（2019）『逐条解説　消費者契約法〔第 4 版〕』商事法務

消費者庁取引対策課・経済産業省商務・サービスグループ消費経済企画室編（2018）『平成 28 年版　特定商取引に関する法律の解説』商事法務

―――― 第8章 ――――

コンシューマー・リテラシーの育成

1　コンシューマー・リテラシーとは

　現代社会に生きる私たちは，すべて消費者である。しかし，消費者として十分なリテラシー（ある分野に関する知識やそれを活用する能力）を持たないまま無自覚に経済活動を行っていると，自身が経済的，身体的な損害を被るだけでなく，社会に悪影響を与える加害者的立場に陥る可能性を有している。特に昨今では，単身高齢者・若年者，外国人の増加など社会構造が大きく変化することにより，いわゆるぜい弱な消費者が増加したり，さらには，デジタル化の進行や自然災害，新型コロナウイルス等による一時的な消費者のぜい弱性が発生することにより，新たな消費者トラブルも懸念されるところであり，環境整備を充実させることに加えて，消費者自身のリテラシー向上をいかに図るかが社会的課題として注目されていると言えよう。

　我が国の消費者政策では，消費者基本法により「消費者の権利の尊重」と「消費者の自立支援」を基本理念とし，「自立した消費者の育成」を政策の大きな柱にしている。令和2年3月に閣議決定された第4期消費者基本計画においても，今期計画における消費者政策の基本的方向（2）「消費者の自立と事業者の自主的取組の加速」の中で，自立した消費者，すなわちリテラシーを持った消費者を育成する消費者教育が，消費者政策において重要課題として位置づけられている。

　本章では，最初に我が国における政策課題として，消費者のリテラシーを高める消費者教育がどのように展開されてきたかを時系列に述べ，次に「コンシューマー・リテラシー」を構成する基本的な要素について紹介し，そのアウ

トラインを概観する。また，「コンシューマー・リテラシー」をどこで，どのように身に付けるべきかの習得機会の確保に関する議論では，消費者教育の現状と課題について提示する。最後に，以上を踏まえて「コンシューマー・リテラシー」を育成する上での今後の課題について考察することを狙いとする。

なお，本章では「コンシューマー・リテラシー」を，消費者にとって必要とされる知識やそれを活用する能力と定義し，この育成については，消費者教育として展開される政策課題と同義とする。

2　政策課題としての消費者教育の展開

2-1　これまでの消費者政策における消費者教育

我が国の消費者政策における消費者教育の略史は**図表8-1**のとおりである。政策課題となる以前にも，消費者団体や社会教育を中心とした消費者教育・啓発活動や，1960年には日本生産性本部に消費者教育室が設置される等の取り組みがあり，我が国の消費者教育の出発点だと言われている。

国の動きに目を向ければ，1965年の産業構造審議会消費経済部会において，我が国で初めて「消費者教育」を題名とする答申がみられ，政策課題として関心が向けられるようになった。

中でも，我が国の消費者政策における消費者教育の本格的な始動は，1968年に消費者保護基本法が制定されたことを端緒とする。同法では，消費者に「経済社会の発展に即応して，みずからすすんで消費生活に関する必要な知識を修得するとともに，自主的かつ合理的に行動するように努めることによって，消費生活の安定及び向上に積極的な役割を果たす」(第5条)ことを求める一方で，「国は，消費者が自主性をもって健全な消費生活を営むことができるようにするため，商品および役務に関する知識の普及および情報の提供，生活設計に関する知識の普及等消費者に対する啓発活動を推進するとともに，消費生活に関する教育を充実する等必要な施策を講ずるものとする。」(第12条)と定めた。

アメリカではこの時期，ケネディ大統領が4つの権利(1962年)を提唱し，さらに1975年にはフォード大統領が「消費者教育を受ける権利」を追加したが，

図表 8 − 1　我が国における消費者教育政策史

年代	主な事項
1960 年	日本生産性本部に「消費者教育室」の設置
1962 年	国民生活研究所の設立（国民生活センターの前身）
1963 年	国民生活向上対策審議会「消費者保護に関する答申」
1965 年	産業構造審議会消費経済部会「消費者意向の方策と消費者教育の在り方についての答申」
1966 年	国民生活審議会「消費者保護組織および消費者教育に関する答申」
1968 年	消費者保護基本法の制定
1970 年	国民生活センターの設立
1981 年	日本消費者教育学会の設立
1986 年	国民生活審議会が文部省教育課程審議会に要望書「学校における消費者教育について」提出
1989 年	第 5 次学習指導要領告示。家庭科や社会科に消費者教育の内容の充実。
1990 年	財団法人消費者教育支援センターの設立
1994 年	製造物責任法（PL 法）成立。製品安全教育の充実。
2000 年	消費者契約法成立。消費者契約教育の充実。
2004 年	消費者基本法に「消費者教育を受ける権利」，第 1 期消費者基本計画の策定　※
2008 年	小中学校の学習指導要領改訂（高等学校は 2009 年）。消費者教育の内容充実。
2009 年	消費者庁，消費者委員会の設置
2012 年	消費者教育の推進に関する法律成立
2013 年	消費者教育の推進に関する基本方針の策定　※
2017 年	小中学校の学習指導要領改訂（高等学校は 2018 年）。消費者教育が重要事項に。
2018 年	改正民法成立。18 歳成人に向けて，消費者庁「社会への扉」配布。
2020 年	徳島県に消費者庁新未来創造戦略本部を発足

※は 5 年ごとに見直し　　　　　　　　　　　　　　　　（出典）筆者作成。

我が国では一部の自治体が条例で位置づけたことを除き，2004年の消費者基本法の改正において初めて「消費者教育を受ける権利」が位置づけられることになった。消費者基本法第2条では，「消費者に対し必要な情報および教育の機会が提供される」ことが消費者の自立の支援に不可欠であると明示し，また17条において，国および地方公共団体が「学校，地域，家庭，職域その他のさまざまな場を通じて消費生活に関する教育を充実する」施策をとることを掲げた。

消費者基本法に基づき策定された第1期消費者基本計画においては，消費者の自立支援に向けて，消費者教育の推進体制の強化，消費者教育の担い手の強化および機会の拡充，消費者教育の内容の充実，リソースセンターの機能強化の各項目について精力的な施策が展開された。特に，2005年度から3年間にわたって行われた消費者教育の体系化と総合的推進に関する調査においては，現在につながる重要な議論が行われた。

2-2　教育政策との関連

政策課題としての消費者教育を論じるに当たり，消費者政策のみならず，教育政策との関連を看過することはできない。特に，学校における消費者教育の充実という命題に対し，学習内容を規定する学習指導要領（10年に一度改訂）において消費者教育の扱いをいかに位置づけていくかが，重要な関心事となってきた。

例えば，1986年には国民生活審議会が文部省の教育課程審議会に要望書「学校における消費者教育について」を提出，これを受けて1989年に告示された第5次学習指導要領においては，家庭科や社会科を中心に消費者教育の内容充実が図られた。1988年の国民生活審議会の意見書「消費者教育の推進について」では，消費者教育の総合的体系づくりと体制づくりのため，政府・消費者・教育者・企業の4者による協力関係の構築と，それを担う機関の設立が提案された。1990年には，経済企画庁と文部省の共管法人として財団法人消費者教育支援センターが，主として学校教育に対する支援組織として設立された。

このように，消費者教育は消費者政策のみならず，教育政策との連動で決定

されるという特徴を持つ。学習指導要領への位置づけは、その後、消費者基本法の改正、消費者教育の推進に関する法律（以下、消費者教育推進法）の成立、民法改正による成年年齢の引き下げといった大きな制度変化により、その重要性を一層高め、2017年に告示された学習指導要領（高等学校は2018年）においては、主権者教育等とならび「重要事項」の1つとして位置づけられるに至った（本章3-3参照）。

　また、文部科学省では2010年より消費者教育推進委員会を設置し、「大学等および社会教育における消費者教育の指針」（2018年改訂）を定めたり、教育委員会や大学等を対象に消費者教育に関する取組状況調査を実施したり、消費者教育フェスタを開催して取り組みを広げる等の独自の施策も継続的に実施している。

2-3　消費者教育推進法時代の消費者教育

　我が国の消費者政策における消費者教育の大きな転換点は、2012年に消費者教育推進法が議員立法で成立したことである（**図表8-2**）。

　消費者保護基本法および消費者基本法では「消費生活に関する教育」として表記されていたが、同法では「消費者教育」として、「消費者の自立を支援するために行われる消費生活に関する教育および啓発活動（消費者が主体的に消費者市民社会に参画することの重要性について理解および関心を高めるための教育を含む）」と定義づけられ、総合的・一体的な推進を図るために、国および地方公共団体の責務を定めた。

　本章2-2において、教育政策との関連について触れたが、同法では第4条第2項で、「内閣総理大臣および文部科学大臣は」と両主体を主語として、「政策が適切かつ効率的に策定され、および実施されるよう、相互にまたは関係行政機関の長との間の緊密な連携協力を図りつつ、それぞれの所管に係る消費者教育の推進に関する施策を推進しなければならない」と定めている。

　同法9条に基づき、内閣総理大臣および文部科学大臣が消費者教育の推進に関する基本方針（以下、基本方針）の案を策定し、閣議決定される。策定に当たっては、消費者庁に設置された消費者教育推進会議（第19条）の意見を聞くこととしている。基本方針は、誰もが、どこに住んでいても、生涯を通じて、さま

図表8-2 消費者教育の推進に関する法律（概要）

目的（第1条） ・消費者教育の総合的・一体的な推進 ・国民の消費生活の安定・向上に寄与 **定義**（第2条） 「消費者教育」 　消費者の自立を支援するために行われる消費生活に関する教育および啓発活動（消費者が主体的に消費者市民社会に参画することの重要性について理解および関心を深めるための教育を含む） 「消費者市民社会」 ・個々の消費者の特性および消費生活の多様性の相互尊重 ・自らの消費生活に関する行動が将来にわたって内外の社会経済情勢および地球環境に影響を及ぼし得ることの自覚 ・公正かつ持続可能な社会の形成に積極的に参画	国と地方の責務と実施事項	
	国	地方公共団体
	責務（第4条） 　消費者教育の推進に関する総合的な施策策定，実施	**責務**（第5条） 　団体の区域の社会的経済的状況に応じた施策策定，実施（消費生活センター，教育委員会その他の関係機関と連携）
	財政上の措置（第8条）推進に必要な財政上の措置その他の措置（地方は努力義務）	
	基本方針（第9条） ・消費者庁・文部科学省が案を作成・閣議決定 ・基本的な方向 ・推進の内容等	**都道府県消費者教育推進計画** **市町村消費者教育推進計画**（第10条） ・基本方針を踏まえ策定（努力義務）
基本理念（第3条） ・消費生活に関する知識を習得し，適切な行動に結びつける実践的能力の育成 ・主体的に消費者市民社会の形成に参画し，発展に寄与できるよう積極的に支援 ・・・・・・・・・・・・・・・・・ ・幼児期から高齢期までの段階特性に配慮 ・場(学校，地域，家庭，職域)の特性に対応 ・多様な主体間の連携 ・消費者市民社会の形成に関し，多角的な情報を提供 ・非常時（災害）の合理的行動のための知識・理解 ・環境教育，食育，国際理解教育等との有機的な連携	**消費者教育推進会議** （第19条） **消費者庁に設置** （いわゆる8条機関） ①構成員相互の情報交換・調整～総合的，体系的かつ効果的な推進 ②基本方針の作成。変更に意見 委員（内閣総理大臣任命） ～消費者，事業者，教育関係者，消費者団体・学識経験者等 ※委員の数等，組織・運営については政令で規定	**消費者教育推進地域協議会**（第20条） **都道府県・市町村が組織**（努力義務） ①相互の情報交換・調整～総合的，体系的かつ効果的な推進 ②推進計画の作成・変更に意見 構成～消費者，消費者団体，事業者，教育関係者，消費生活センター等
消費者団体（努力義務）（第6条） ～自主的活動・協力 **事業者・事業者団体**（努力義務） ～施策への協力・自主的活動（第7条） ～消費生活の知識の提供，従業員の研修，資金の提供（第14条）	**義務付け（国・地方）** ○学校における消費者教育の推進（第11条） 　発達段階に応じた教育機会の確保，研修の充実，人材の活用 ○大学等における消費者教育の推進（第12条） 　学生等の被害防止のための啓発等 ○地域における消費者教育の推進（第13条） 　高齢者・障害者への支援のための研修・情報提供 ○人材の育成等（第16条） **努力義務（国および地方）** ○教材の活用等（第15条） ○調査研究（第17条） ○情報の収集（第18条）	

（出典）筆者作成。

ざまな場で消費者教育を受けることができる機会を提供するためには，消費者教育を体系的・総合的に推進することが必要であることから策定されるものであり，幅広い担い手（国，地方，消費者団体，事業者等，消費者自身）の指針となる。

　基本方針（2018 年変更）における当面の重点事項は，①若年者の消費者教育，②消費者の特性に配慮した体系的な消費者教育の推進，③高度情報通信ネットワーク社会の発展に対応した消費者教育の推進とされた。また，消費生活センター等を拠点とする，多様な主体が連携・協働した体制作りや，さまざまな場における外部人材を活用した消費者教育を実現するため，消費者教育コーディネーターの育成・配置の促進が謳われている（本章 4-1 参照）。

3　コンシューマー・リテラシーの基本的理解

　消費者に求められるリテラシーは範囲が広く，時代背景や文脈によって力点の置き方が異なるという性質を持つ。ここでは，コンシューマー・リテラシーの基本的理解を深めるため，異なる切り口からその内容について紹介しよう。

3-1　消費者教育の目的別にみる学習内容

　基本方針（2018 年 3 月変更）の「消費者教育の意義」では，自立した消費者を次の 3 点から整理している。

(1) 被害に遭わない消費者の育成

　第一に，消費者被害の未然防止を目的とし，被害に遭わない消費者を育成することである。事業者と消費者の間には，情報量・交渉力の格差が存在することから，立場の弱い消費者に被害が発生する構造がある。特に，高齢者，若者，外国人，障害者など，被害に遭いやすいぜい弱性を持つ消費者に対しては，消費者保護の仕組みと共に，特性に合わせたコンシューマー・リテラシーを強化する工夫が必要である。

　特に若年者については，2022 年に民法上の成年年齢が 20 歳から 18 歳に引き下げられ，未成年者取消権が高校 3 年生の 18 歳で消失することによって，

消費者被害が拡大することが懸念されている。これを受けて政府は，若年者の消費者教育を当面の重点事項とすると共に，4省庁合同で2018年度から3年間の「若年者の消費者教育アクションプログラム」を決定し，高校生対象副読本「社会への扉」の配布や消費者教育コーディネーターの配置を促した。

　また我々消費者は，デジタル化の進展や電子商取引の拡大等により，一時的にぜい弱な立場に陥る可能性もある。消費者被害を特別な人の問題ではなく，誰もが被害にあう可能性があることへの自覚や，被害を被害と気づく消費者のセンス，さらに消費生活相談窓口を活用できるリテラシーが一層重要である。

(2) 合理的意思決定のできる消費者の育成

　次に，個人の消費生活をより確かで豊かなものにするために，経済社会の中で置かれた現状を認識し，賢い消費者としての意思決定能力を育成することが重要である。

　消費者教育の内容は**図表8-3**に示すように幅広く，日常の衣食住から生活設計，情報メディア等まで含む。消費者は適切な消費生活情報を収集した上で，批判的思考を働かせながらメリットやデメリット等を比較考慮して，最善の選択肢を選ぶのである。

　消費生活情報とは，「消費者が合理的な意思決定を営むために，商品・サービスを購入する段階で的確な意思決定を下すために必要な知らせ」であり，「表示」「広告」「消費者情報」（商品比較テスト，苦情処理・相談情報を含む）がそれに当たる。消費者が購入のために利用する消費生活情報は，マスコミ情報，広告・チラシ，インターネット等の広告情報が目に付きやすいが，公的機関が提供する消費者情報にも注目する必要がある。

　例えば，独立行政法人国民生活センターは，全国の消費生活センターから収集した情報のうち，苦情が急増する事例や被害が深刻な事例を中心に，警戒が必要な販売の手口や，問題のある商品やサービス等について，マスコミ発表やWebサイトを通じて情報発信を行っている。また，消費者庁では，関係行政機関が保有する生命・身体に係る消費生活上の事故情報を一元的に集約したデータベース「事故情報データバンク」があり，Web上で事故情報を検索す

図表8-3　消費者教育が育むべき力（目標）

①消費者市民社会の構築に関する領域
ア自らの消費が環境，経済，社会および文化等の幅広い分野において，他者に影響を及ぼし得るものであることを理解し，適切な商品やサービスを選択できる力
イ持続可能な社会の必要性に気付き，その実現に向けて多くの人々と協力して取り組むことができる力
ウ消費者が，個々の消費者の特性や消費生活の多様性を相互に尊重しつつ，主体的に社会参画することの重要性を理解し，他者と協働して消費生活に関連する諸課題の解決のために行動できる力
②商品等やサービスの安全に関する領域
ア商品等やサービスの情報収集に努め，内在する危険を予見し，安全性に関する表示等を確認し，危険を回避できる力
イ商品等やサービスによる事故・危害が生じた際に，事業者に対して補償や改善，再発防止を求めて適切な行動をとることができる力
③生活の管理と契約に関する領域
ア適切な情報収集と選択による，将来を見通した意思決定に基づき，自らの生活の管理と健全な家計運営をすることができる力
イ契約締結による権利や義務を明確に理解でき，違法・不公正な取引や勧誘に気付き，トラブルの回避や事業者等に対して補償，改善，再発防止を求めて適切な行動をとることができる力
④情報とメディアに関する領域
ア高度情報化社会における情報や通信技術の重要性を理解し，情報の収集・発信により消費生活の向上に役立てることができる力
イ情報，メディアを批判的に吟味して適切な行動をとるとともに，個人情報管理や知的財産保護等，さまざまな情報を読み解く力を身に付け，活用できる力

（出典）筆者作成。

ることができる。

　また，消費者にとって商品選択に役立ち，安全性や使用上の注意点などが得られる情報として商品テストがある。しかし，消費生活センターや国民生活センターで実施する件数は年々減少しており，アメリカの"Consumer Report"やイギリスの"Which ?"のように消費者団体が消費者の視点から商品テストを実施して情報提供し，活用されている諸外国と比較すると，我が国では消費者にとって商品選択のための必要な情報が十分に提供されているかという観

点からの検証も必要と言えよう。

　また東日本大震災や新型コロナウイルスのような非常時において，消費者が
パニックになって買い占め行動を起こし，スーパーの棚から商品が消えると
いった光景が見られた。個人の消費行動が他者に与える影響まで考えることが，
合理的な意思決定において不可欠であることを平時からしっかりと習得すべき
である。

(3) 消費者市民社会の形成に参画する消費者の育成

　「消費者市民社会」とは，消費者教育推進法において，「消費者が，個々の消
費者の特性および消費生活の多様性を相互に尊重しつつ，自らの消費生活に関
する行動が現在及び将来の世代にわたって内外の社会経済情勢及び地球環境に
影響を及ぼし得るものであることを自覚して，公正かつ持続可能な社会の形成
に積極的に参画する社会」として定義されたものである（第2条第2項）。普段
の消費生活が，現在だけでなく将来にわたって，多様な方面に影響を与えてい
ることを自覚して行動することの重要性について明示するものであり，後述の
SDGs（持続可能な開発目標）やエシカル消費につながる考え方としても，重要
である。

　我が国への消費者市民社会概念の導入においては，欧米で広まっていた
Consumer Citizenship の考え方に基づいている。ノルウェーの V. トーレセン
が代表を務めていた CCN（Consumer Citizenship Network）では，消費者市民
を「倫理，社会，経済，環境面を考慮して選択を行う個人である。消費者市民
は，家族，国家，地球規模で思いやりと責任を持って行動を行うことで，公正
で持続可能な発展の維持に貢献する。」と定義し，国際的なネットワークを通
じて活動を展開してきた。

　このように諸外国において市民概念が強く意識されるようになったのは，
1960 年代にアメリカで巻き起こった消費者運動の大きなうねり，特に R・ネー
ダーの出現とコンシューマリズムの台頭によるところが大きい。これにより消
費者教育は，お買い物上手(buymanship)の育成から消費者の市民意識(Consumer
Citizenship）の育成へと大転換していく（今井・中原，1994）。また，1980 年代

にアメリカのバニスターとモンスマが「消費者教育における諸概念の分類」を公表し，全世界に多大な影響を与えたが，そこでは消費者教育を「意思決定（decision making）」，「資源管理（resource management）」，「市民参加（citizen participation）」の3つの柱で概念整理をしていた。

　ここでいう「市民参加」とは，消費者が決定を下すときに，消費者をとりまく情勢に影響を及ぼすためにとる行動と理解のこととされ，「消費者保護」（消費者の権利，消費者の責任，消費者法，消費者支援）と「消費者の主張」（消費者の主張の表現，消費者代表，消費者組織）の要素に分けられた。諸概念の分類の中では，各項目はすべて関連分野が示されており，相互に影響していることが明示されている。この関連分野こそが，消費者教育の本質である意思決定プロセスにおいて要求される批判的思考の能力を高め，民主主義社会における「善き」消費者，「善き」市民としての判断力と問題解決のための行動へと導くものであると解されている（今井・中原，1994）。

　以上に見るように，消費者教育において市民意識の醸成は時代と共に一層重要性を増すようになってきており，個人の消費者としての資質向上のみならず，消費者市民社会に参画するためのリテラシーを高めていくことが重要な課題となっていると言えよう。

3-2　消費者教育が育むべき力（目標）

　次に，基本方針で「消費者教育が育むべき力（目標）」として示された内容をみよう（図表8-3）。4つの重点領域には，「消費者市民社会の構築」，「商品等の安全」，「生活の管理と契約」，「情報とメディア」が位置づけられ，領域ごとに育むべき力が設定されている。

　この内容は，2013年1月に公表された「消費者教育体系イメージマップ」に基づいており，イメージマップでは幼児期から高齢期まで発達段階ごとに学習内容がマトリックスで示されている。さらにこの消費者教育体系イメージマップは，第1期消費者基本計画（2005〜2010年）において議論された消費者教育の体系化事業の成果を踏まえており，当時は「消費者教育の体系化シート」として，①契約，②安全，③情報，④環境の4カテゴリーで幼児期から高齢期

にわたる全ライフステージの学習内容が整理された。第1期消費者基本計画の時代において「④環境」のカテゴリーで示されていた内容が，現在では消費者市民社会の構築として内容と位置づけを大きく変化させている。

　消費者教育が育むべき力は，発達段階に応じて，生涯各期にわたって育成するものであるが，特に学校での学習内容は学習指導要領で位置づけられており，現段階では**図表 8-3** の育むべき力との関連性は示されていない。

3-3　学習指導要領にみる学習内容

　学校段階における消費者教育の内容は，文部科学省が定める教育課程の基準である学習指導要領に定められている。2017 年告示の学習指導要領（高等学校は 2018 年）においては，初めて学習指導要領の中に「消費者教育」の文言が入り，現代的課題の1つとして重要事項として位置づけられた。新学習指導要領は小学校 2020 年度，中学校 2021 年度から完全実施，高等学校 2022 年度から学年進行で実施される。

　新学習指導要領では，教育課程全体や各教科などの学びを通じて「何ができるようになるのか」という観点から，「（実際の社会や生活で生きて働く）知識および技能」「（未知の状況にも対応できる）思考力・判断力・表現力など」「（学んだことを人生や社会に生かそうとする）学びに向かう力，人間性など」の3つの柱からなる「資質・能力」を総合的にバランスよく育んでいくことを目指す。その場合，「主体的・対話的で深い学び（アクティブラーニング）」の視点から授業改善を行ったり，「カリキュラムマネジメント」の視点から教科横断的な学び等を促したりすることが求められており，授業者である教員が自立した消費者の育成という視点を持つことによって，消費者教育をきっかけに，これまでの実践が深まり，広がる可能性を持つ。

　さまざまな教科等で実践可能な消費者教育だが，主たる教科としては家庭科，社会科，道徳が例示されている。新学習指導要領において家庭科は，A 家族・家庭生活，B 衣食住の生活，C 消費生活・環境の3つの内容に区分され，さらに校種間の学習内容に整合性が図られた。**図表 8-4** は，小，中，高等学校の家庭科が，社会動向の変化を受けて，どのような学習内容を用意しているかと

図表8－4　家庭科および技術・家庭科（家庭分野）における消費者教育の学習内容

テーマ	学校段階	主な学習内容
金銭管理	小学校	物や金銭の大切さ，計画的な使い方
	中学校	計画的な金銭管理
	高等学校	生涯を見通した経済の管理や計画
物資・サービスの選択と購入	小学校	身近な物の選び方，買い方，購入に必要な情報の収集・整理
	中学校	購入方法や支払い方法の特徴，選択に必要な情報の収集・整理
	高等学校	消費行動における意思決定，生活情報の適切な収集・整理
売買契約と消費者被害	小学校	買い物の仕組み（売買契約の基礎），保護者と相談機関の利用
	中学校	売買契約の仕組み，消費者被害
	高等学校	契約の重要性，消費者保護の仕組み
消費者の権利と責任	小学校	消費者の役割
	中学校	消費者の基本的な権利と責任
	高等学校	消費者の権利と責任
持続可能な社会の構築とライフスタイル	小学校	環境に配慮した生活
	中学校	消費生活が環境や社会に及ぼす影響
	高等学校	持続可能な消費，社会参画

（出典）鈴木真由子「学校における消費者教育実践のヒント―新学習指導要領を踏まえて」
消費者教育支援センター『消費者教育研究』を基に筆者加筆修正。

いう視点から整理を試みたものである。

　社会動向の変化として，2019年10月の消費税増税により，キャッシュレス化が一層進行したことを受けて，金銭管理の学習内容が発達段階に応じて視点を広げる形で位置づけられている。また，情報化の進行により電子商取引が増加することを受けて「物資・サービスの選択と購入」について，また成年年齢引き下げを受けて「売買契約と消費者被害」についての学習が位置づけられた。特に，民法改正による18歳成人を受けて，小学校でも「買い物の仕組み（売買契約の基礎）」が内容に加わり，身近な買い物が契約であることや，いったん

結んだ契約は自己都合で勝手にやめることができないことが教科書にも掲載されている（**図表8-5**）。

　この他に，「消費者の権利と責任」（**図表8-6**）の学習内容では，小学校段階から「消費者の役割」が加えられ，消費者としての自覚を高め，役割があることに気付くことが学習内容となっている。また，持続可能な社会の推進が求められていることから，「持続可能な社会の構築とライフスタイル」の項目では，小学校では環境，中学校では環境と社会，高等学校では持続可能な消費として，責任ある消費行動を考える内容となっている。

　このように，新学習指導要領においては，自立した消費者像に向かって，発達段階に応じて学びを積み重ねるように工夫されていることがわかる。また，高等学校では教科「公共」が新設され，現代の諸課題を追究したり解決したりする活動を通して，公民としての資質・能力を育成することを目指すようになる。18歳で成人を迎える子供たちに，消費者としてどのような資質・能力が必要なのか，単なる知識学習ではなく，社会に出て生きて働く力を身に付けるためにはどのような学び方が適切なのか，その工夫改善が学校におけるコンシューマー・リテラシー習得の鍵となろう。

3-4　コンシューマー・リテラシーのキー概念

　ここでは，共通するキー概念として，消費者の権利と責任，SDGsとエシカル消費について取り上げる。

(1) 消費者の権利と責任

　我が国では消費者基本法に消費者の権利が位置づけられているが，もともとは**図表8-6**に示すように，アメリカのケネディ大統領（**図表8-6**②③④⑤），フォード大統領（**図表8-6**⑦）が掲げ，消費者団体の国際的連携機関であるIOCU（のちにCI）が1979年に「消費者の8つの権利」として提唱したものである。「消費者の5つの責任」は1982年に提唱され，1984年にはこれを消費者教育に関するIOCU5原則として位置づけている。

　自立した消費者は，自らの権利を自覚し，それを行使する。また消費者がな

図表 8 － 5 ｜ 小学校家庭科における「買い物の仕組み」と「消費者の役割」

買物の仕組みについては，主に現金による店頭での買物を扱い，日常行っている買物が売買契約であることを理解できるようにする。売買契約の基礎としては，買う人（消費者）の申し出と売る人の承諾によって売買契約が成立すること，買う人はお金を払い，売る人は商品を渡す義務があること，商品を受け取った後は，買った人の一方的な理由で商品を返却することができないことについて扱い，理解できるようにする。

消費者の役割については，買う前に本当に必要かどうかをよく考えることや，買った後に十分に活用して最後まで使い切ることを理解できるようにする。また，自分や家族の消費生活が環境などに与える影響についても考え，例えば，買物袋を持参したり，不用な包装は断ったりするなどの工夫をすることが消費者としての大切な役割であることに気付くようにする。さらに，買物で困ったことが起きた場合には，家族や先生などの大人に相談することや，保護者と共に消費生活センターなどの相談機関を利用することにも触れるようにする。

（出典）小学校家庭　学習指導要領解説。

図表 8 － 6 ｜ 国際消費者機構が提唱する消費者の権利と責任

8 つの権利	5 つの責任
①生活の基本的なニーズが満たされる権利（The right to basic needs） ②安全である権利（The right to safety） ③知らされる権利（The right to be informed） ④選ぶ権利（The right to choose） ⑤意見が反映される権利（The right to be heard） ⑥救済を受ける権利（The right to redress） ⑦消費者教育を受ける権利（The right to consumer education） ⑧健全な環境の中で働き生活する権利（The right to healthy environment）	①批判的意識：商品やサービスの用途，価格，質に対し，敏感で問題意識を持つ消費者になるという責任 ②自己主張と行動：自己主張し，公正な取引を得られるように行動する責任 ③社会的関心：自らの消費行動が他者に与える影響，とりわけ弱者に及ぼす影響を自覚する責任 ④環境への自覚：自らの消費行動が環境に及ぼす影響を理解する責任 ⑤連帯：消費者の利益を擁護し促進するため，消費者として，団結し連帯する責任

（出典）消費者六法（2019 年版）をもとに筆者作成。

すべき任務として責任を果たすことにより，消費者の権利の確立につながるのである。**図表 8-4，図表 8-5** で見たように，学校においても，消費者の権利と責任が学習内容と位置づけられ，その資質・能力を高めることが大きな柱の1つとなっている。コンシューマー・リテラシーを構成する最も基本的な考え方ということができよう。

(2) 持続可能な開発目標（SDGs）とエシカル消費

　2015 年 9 月，ニューヨークの国連本部で採択された持続可能な開発目標（SDGs）は，持続可能でよりよい世界を目指す 2030 年までの国際目標である。17 の目標とそれを構成する 169 のターゲットを達成することにより，誰一人取り残さない持続可能で多様性と包括性のある社会の実現に向けて取り組むものである。その実現において重視されることは同時解決性であり，相互の関連やパートナーシップを深めながら，課題解決に向けた取り組みが必要となっている。

　その中でも，目標 12「持続可能な消費と生産のパターンを確保する」は消費者の責任ある消費行動が求められている点で重要である。特に，天然資源の管理および利用，食品ロスの半減，廃棄物の排出量削減，持続可能な商慣行や公共調達など，具体的なターゲットが設定されており，事業者のみならず消費者の行動変容によって実現に近づけることが前提となっている。

　このことは，先に消費者市民社会の形成に参画する消費者の育成についてみたが，これを具体的な消費者の行動レベルで捉えたものが「エシカル消費」と考えることができる。

　我が国において「エシカル消費」が政策課題に上ったのは，2015 年 3 月に閣議決定された第 3 期消費者基本計画である。同年 5 月から消費者庁に「倫理的消費」調査研究会が設置され，最終報告書「あなたの消費は世界の未来を変える」を公表した。エシカル消費（倫理的消費）は，人や社会，環境に配慮した消費行動であり，地域の活性化や雇用等も含むものとして定義される。

　そもそも世界共通の倫理的問題として話題になったのは，2013 年 4 月 24 日にバングラディッシュの首都ダッカの縫製工場で 1,100 人以上の若い女性労働者が犠

性になったビルの崩落事故である。そこでは低賃金で過酷な労働により，先進
国の消費者に安価なファッションが提供されている事実が明らかとなったので
ある。つまり，これまで政策課題として重視されてきた環境問題に加えて，労
働者の人権や地域社会に与える影響までを視野にいれ，それらの課題解決を消
費者の消費行動で実現しようとする考え方が「エシカル消費」としてクローズ
アップされた。これは**図表 8-6** の「消費者の責任」③社会的関心と④環境へ
の自覚として意識されてきたものと同義であり，SDGs 時代に生きる消費者が
身に付けるべき重要なリテラシーの 1 つとして強調されよう。

　エシカル消費の具体例には，プラスチックごみの発生抑制のためにエコバッ
グやマイボトルの使用，公正な貿易の仕組みであるフェアトレードの商品や寄
付付きの商品の購入，地域経済を応援する地産地消の取り組み，障害者施設で
作られた商品や動物福祉に配慮した商品の購入などがあり，自分にできること
から行動し，持続可能なライフスタイルを構築していくことが肝要である。

4　コンシューマー・リテラシーの習得機会の確保

4-1　地域における消費者教育

　地方自治体では消費者教育推進法により，「消費生活センター，教育委員会
その他の関係機関相互間の緊密な連携の下に，消費者教育の推進に関し，国と
の適切な役割分担を踏まえて，その地方公共団体の区域の社会的，経済的状況
に応じた施策を策定し，および実施する責務を有する」（第 5 条）と定められて
いる。また，基本方針に基づいた消費者教育推進計画の策定（第 10 条）や消費
者教育推進地域協議会の設置（第 20 条）が努力義務で規定され，2018 年 4 月
現在，全都道府県と 18 政令指定都市で計画が策定されている。消費者教育推
進地域協議会については，既存の消費生活審議会との差異が十分に見られない
自治体もあり，地域における消費者教育推進のための調整機能がどこまで果た
せているのか課題が残る。

　消費者庁「地方消費者行政の現況調査」によれば，2018 年度に出前講座を
含む講習等を全都道府県，政令指定都市で実施しており，市区町村は 55.9％で

実施していた。講習等では幅広い対象を設定しているが，参加者が固定化するという課題を以前から抱えている。

　また，消費生活について学習し，地域住民と行政のパイプ役としてボランティア活動を行う消費生活サポーターを要請している地方自治体も多い。自治体によって名称や活動内容は異なるが，学生を対象として消費者リーダーとする活動や，高齢者や障害者の消費者被害に気付き，相談窓口につなげる見守り活動，出前講座の講師養成等にもつながっている。

4-2　学校における消費者教育

　国民生活センターが2018年9〜10月に全国の消費生活センターを対象に実施した調査結果によると（有効回収率86.0％），約8割の消費生活センターで子供や若者の消費者被害防止を主目的とした消費者啓発や消費者教育を実施しており，具体的には「啓発講座や出前講座を行った」（都道府県100％，市71.9％），「啓発資料や啓発グッズ，教材を学校や関係機関に配布した」（都道府県97.7％，市63.2％）と回答している。その一方で，96.9％の消費生活センターで実施上の課題を感じており，その内容は「学校や教育委員会等の関連機関との連携が難しい」（都道府県81.4％，市66.1％）が最多となった。

　また，文部科学省が2019年8〜9月に全国の教育委員会を対象に実施した調査結果によると（有効回収率62.9％），消費者教育推進法が制定されたことにより教育委員会として，新規・拡充した取り組み内容はないとの回答が，約8割を占めた。さらに教育基本法に基づき地方自治体が策定する教育振興基本計画の中に消費者教育が位置づけられていると回答したのは約1割であり，教育委員会の取り組みには十分につながっていないことがわかる。

　先に，国では，同法第4条第2項で「内閣総理大臣および文部科学大臣」の両主体を主語として責務が定められたことを紹介したが，地方自治体の場合には教育委員会は連携する1つとして位置づけられているため，消費生活センターでは未だこの連携に大きな困難を抱えているのが実情である。柿野（2019）は，連携が進んでいる地方自治体の内部構造に着目し，「硬直的な組織間の縦割りと公式に対峙するのではなく，組織の中にある，また組織どうしをつなぐ

複層的な実践コミュニティを，非公式な人の多重成員性によってつながること
が成功要因」であると分析した。具体的には「教育行政，学校現場の成員性を
持つ人物の存在を政策的に配置することによって，『人のつながりによって組
織を乗り越える』ことが可能になる」としている。消費者教育推進法の基本方
針においても，消費者教育コーディネーターの設置が掲げられているが，その
地域の連携の程度によって，教員OBや消費生活相談員等，コーディネーター
のバックグラウンドや配置方法が異なってくると考えられ，地域の実情に合わ
せた検討を深めていくことが求められる。

4-3　家庭における消費者教育

　家庭教育を行う家庭は，消費生活の経験をする場であり，自立の基礎を育む
発達段階にある子供にとって，効果的な消費者教育の機会となりうる。しかし，
それを可能にするためには，子供を養育する時期にある家庭に，その重要性や
適切な方法について情報提供等を行う必要があるが，現段階において充分とは
言いがたい。地方自治体の中には，幼児期の消費者教育がこれまで不足してい
たことを受けて，保護者向けの啓発冊子を作成配布する事例や，小学生の親子
を対象とした体験プログラムを実施し，普段の消費生活を振り返る機会を提供
する事例もあるが，現状では限られた取り組みとなっている。

　家庭における消費者教育は，保護者（あるいは祖父母）が消費者としての自覚
を高め，子供に対して消費者としての自立に向けた働きかけを行うことで可能
となることから，さまざまな関連機関と連携し，成人向けの情報提供を充実す
る必要があろう。

4-4　職域における消費者教育

　多くの成人は消費者であると同時に労働者であり，消費者教育の場として職
域が存在する。一部の企業では，新入社員等を対象に消費者被害防止の研修を
実施している事例もあるが，被害に遭わない消費者の育成が主目的では，企業
活動との関連性が見えず，実施の動機を感じにくい。

　昨今，企業は持続可能な開発目標（SDGs）の達成に向けた取り組みや，消費

者志向経営の宣言により消費者課題に関心が高まりつつある。SDGs や消費者志向経営を推進する上では，企業活動上の消費者（顧客）だけでなく，従業員自らが消費者としての主体性を高める，コンシューマー・リテラシーの育成がその達成に不可欠である。それによって問題を「自分ごと」にすることにより，多くの共感が得られる解決方法が選択でき，企業市民として公正で持続可能な社会の実現に寄与できるのである。今後は，企業経営において従業員のコンシューマー・リテラシーを高めることが，企業内部で高い優先順位を持つための枠組みを提供することも重要な政策課題となろう。

5　今後の課題

　本章では，政策課題としての消費者教育の展開を中心に，消費者が身に付けるべき「コンシューマー・リテラシー」を概観してきた。また，その習得機会については，地域，学校，家庭，職域における現状と課題を整理したところ，2013 年の消費者教育推進法により推進体制が整備される一方で，地方自治体における学校教育の推進では教育委員会との連携について課題が残っていることが明確となった。また，持続可能な開発目標（SDGs）を実現するためのエシカル消費，消費者志向経営といった枠組みでコンシューマー・リテラシーを捉えた時，家庭教育を担う保護者や企業の従業員に対するリテラシーの育成が課題解決にとって重要な役割を果たすことも示唆された。

　コンシューマー・リテラシー育成上の今後の課題は，推進体制の強化に加え，リテラシーを習得する学習方法を工夫改善することである。学校教育において学び方の変革が求められるように，さまざまな学習機会において座学で知識を学習するだけでなく，市民団体，消費者団体，地域イベント等への幅広い参加体験を，実践的能力を習得する機会として積極的に設定することが重要になろう。

　また，誰もが生涯にわたってコンシューマー・リテラシーの学習者であるが，それと同時に家庭や地域，職域でその担い手となる側面を持つ。つまり，地方自治体で消費生活サポーターを養成する連続講座等が開催されているように，受け手と担い手の両側面をカリキュラムに位置づけ，出口を見据えたプログラ

ム開発を意識的に行う等，その仕組みを一層進化させることが重要と言えよう。

【参考文献】

一般社団法人日本衣料管理協会（2020）『新版　消費生活論』

今井光映・中原秀樹（1994）『消費者教育』有斐閣

岩本諭・谷村賢治編著（2013）『消費者市民社会の構築と消費者教育』晃洋書房

柿野成美（2019）『消費者教育の未来─分断を乗り越える実践コミュニティの可能性』法政大学出版局

公益財団法人消費者教育支援センター（2013）『先生のための消費者市民教育ガイド』

西村隆男『消費者教育学の地平』（2017）慶應義塾大学出版会

─── 第9章 ───

消費者志向経営

1 消費者志向経営の内容と意義

1-1 消費者志向経営とは

　消費者問題は，消費者と企業の間の情報や交渉力の格差に起因し発生するものであり，消費者政策の目的は，「健全・公正な市場の形成」にある。この目的を達成するため，消費者政策が展開されているが，従来の消費者政策においては，「（狭義の）消費者被害の救済」に焦点が当たり，「脆弱な消費者」や「悪質な企業」を対象とした法や制度の構築が主要な論点となってきた。一方で，市場のプレーヤーの大部分は，「一般の（脆弱でない）消費者」であり，「健全な（悪質でない）企業」である。消費者政策の目的を達成するためには，こうした市場の大部分を占める主体に焦点を当てた政策の展開が重要となる。

　企業の第一の目的は，長期的利潤の追求（株価の最大化）と集約できる。雇用の維持や労働者の厚生の向上，あるいは社会的な責任を果たすことなども目的として掲げることはできるが，いずれも企業が商品やサービスの生産や販売などの経済活動を通じて，利潤が確保されていてはじめて達成されるためである。

　このような企業が，市場の中で消費者からの信頼を得て，長期的に存続し成長するための重要な条件は何かをまず考えてみたい。ここでは，企業の取引相手である消費者の視点に立ってその条件を整理するとともに，そのような条件を満たす企業の経営が，消費者政策の視点からどのような意義を有するかについて検討する。

　近年，消費者政策を企画・推進する上で，企業による「消費者志向経営」の取り組みが果たす役割について注目が集まっている。政府においても，「消費

者基本計画」（2015年3月24日閣議決定）において，「事業者が消費者を重視した事業活動，すなわち消費者志向経営を行うことが健全な市場の重視につながる」ものであるという位置づけの下に，消費者志向経営を促進する方策を検討することとされたことを受けて，「消費者志向経営の取り組み促進に関する検討会報告書」が2016年4月に取りまとめられている。

　消費者の視点に立った企業経営についての理念や消費者志向経営という語句は以前より存在し，消費者関連団体や一部の企業団体において，消費者志向経営の考え方の普及が目指されてきたが，現在では，政府によって，消費者政策の1つの柱として，その推進が掲げられることになった（竹内，2020）。以下では，まず，消費者庁に設けられた研究会の報告書に従って「消費者志向経営」とは何かについてみることにする。

　研究会のメンバーは各界の有識者で構成されており，消費者志向経営の現在における一般的な定義とみなすことができる。それによれば，消費者志向経営は，3つの要素からなる。

　消費者志向経営とは，企業が，①消費者全体の視点に立ち，消費者の権利の確保および利益の向上を図ることを経営の中心として位置づける，②健全な市場の担い手として，消費者の安全や取引の公正性の確保，消費者に必要な情報の提供等を通じ，消費者の信頼を獲得する，③持続可能で望ましい社会の構築に向けて，自らの社会的責任を自覚して事業活動を行う，ことを内容とするものである。

　企業が市場の中で消費者全体の信頼を得て，ゴーイング・コンサーン（継続的事業体）として存続し，成長するためには，どのような経営のあり方が重要であるかを，消費者政策の推進の観点から捉えなおした概念が，消費者志向経営と言えよう。

　消費者庁を中心とする取り組みの内容は，①消費者志向経営自主宣言とフォローアップ活動，②優良事例表彰制度の導入，③ロゴマーク制定やシンポジウム開催等を通じた周知・啓発活動となっており，基本的には消費者志向経営の重要性を認識した企業が自主的に取り組み，それを消費者が評価するよう，政府が支援する形となっている。

1-2　消費者志向経営の考え方

　標準的な経済学においては,「合理的経済人（ホモエコノミクス）」としての消費者が想定されてきた。消費者は,意思決定を行うに際して,完全な情報を有し,完全な計算能力を持ち,効用（満足度）を最大化できるという仮定に基づき,行動するものとされている（第1章参照）。

　しかしながら,この消費者の仮定は現実社会とかけ離れているとの批判があり,ハーバート・サイモン,オリバー・ウィリアムソンらは,「限定合理性（bounded rationality）のモデル」を提唱している。限定合理性のモデルでは,合理的意思決定の限界に着目し,消費者は合理的であろうと意図するけれども,認識能力の限界によって,限られた合理性しか経済主体が持ち得ないという仮定に基づき,その中で効用を最大化するための意思決定をするというものである。

　その他,行動経済学の分野では,バーノン・L・スミスが提唱する環境合理性やハーベイ・ライベンシュタインが提唱する選択的合理性など,「合理性」に対して多様な議論がなされている。いずれの考え方も消費者の意思決定は自らの効用を最大化するために行われるものであるが,消費者の「合理性」をどのように捉えるかによって,想定する消費者行動が変容するため,消費者政策にとっても重要な論点となる。

　標準的な経済学では,完全合理性を前提としたモデル（基本的競争モデル）を想定しているものの,現実の消費社会においては,完全に合理的な行動をとることができる消費者は存在せず,何らかの制約が課されている。私たちが日常の買い物をするときの行動を考えてみよう。

　消費者は,「効用を最大化する」ために行動するものであり,その商品の「価格」,「質」,「量」といった情報を総合的に勘案して,商品の選択を行うことが考えられる。消費者の効用を最大化するための価値判断や優先順位や意識については個人差があり多種多様なものであり変化することもある。その多種多様な価値観や意識の変容が商品選択に与える影響は小さくないが,ここでは単純化のために代表的な個人を想定した上で,消費者が商品選択を行う際の「合理性」について考えてみる。

　例えば,スーパーマーケットに買い物に行った際には,私たちは,どのよう

に商品の選択を行うだろうか。

　まず,「価格」については,商品には値札が貼られておりその情報を認知することができる。次に,「質」についても法令により定められた表示に基づき,安全性や性能などについて一定（相当程度）の認知をすることが可能であるが,（わかりやすい表示になっているかどうかも含めて）表示の方法や情報の粒度によって消費者が認知できる情報には差異が生ずる。「量」についても,目視での確認のほか,その数量について商品に記載がなされている場合が多いが,内容量の表示の方法によっては消費者が認知しにくい状況も起こりうる。そのほか,持続可能な社会を見据えた消費者が志向する「環境,社会への配慮」等にかかる生産工程等の情報も商品選択にとって重要な情報となりうる。

　こうした商品・サービスから読み取れる情報を基に,消費者の認知能力も相まって限定合理性の下で消費者は商品選択を行うことになる。限定合理的な行動をとる消費者は「合理的であろうと意図する」ものであり,自分の効用を最大化するための必要な情報を得て,完全合理性に近づいた状況での消費行動を行うことができれば,消費者の効用は高まることとなる。社会全体での効用を最大化させるためには,消費者が正確な情報を入手できるよう企業が消費者のニーズを適切に把握し,そのニーズに合致した情報提供を行うことが重要である。

　このような現実的な消費者像を前提にすると,消費者志向経営とは,企業自らが消費者との間の情報や交渉力の格差を率先して埋める行動を,「合理的経済人」でない現実の消費者に対する対応の基本的指針とする経営と捉えることができる。例えば仮に,商品やサービスを供給する企業自身にとっても予見できない多様なリスクが顕在化したようなケースでも,交渉力の格差を前提に,消費者の視点に立った解決を図ることを実践する経営である。

　また,現状では必ずしも社会問題とされておらず,そのため公共政策上の改善が必ずしも求められていない分野においても,社会的な課題に積極的に取り組むという企業活動のあり方によって,人々のより良い消費生活の実現が図られる場面が広く存在している。政府に先駆けて,本業としてか否かを問わず,このような分野に積極的に取り組んでいくことも,消費者志向経営の大きな柱の1つである。

1-3　消費者政策上の位置づけ

　消費者志向経営の構成内容そのものについては，すでに CSR（企業の社会的責任）論，マーケティング論，コンプライアンス論など経営学や法律学など関連の分野でさまざまな調査や研究なども進んでおり，実際の企業経営にも活かされるようになってきている。

　こうした中，企業経営の望ましいあり方をあらためて「消費者志向経営」として定義づけし，政策的に推進する意義についてみてみよう。

　まず最大の意義は，消費者志向経営の企業社会への浸透は，一般の企業と消費者の間のトラブルや問題を減少させ，限られた政策資源の多くを，悪質な企業[1] への対応に振り向けることが可能になる点である。

　現在，健全な企業と一般消費者の間に生じる以外の問題，例えば，悪質な企業による消費者被害，とりわけ脆弱な消費者の被害の深刻化や，情報技術などを使った新たな形態の取引（例えばシェアリング・エコノミー）の普及に伴う新たな課題への対応などが政府に強く求められている。

　一方で，健全な企業と一般消費者との間では，いわゆる win‐win の関係が比較的容易に成立しうると考えられる。市場で大多数を占める健全な企業，すなわち，市場において長期にわたって消費者の信頼を得ながら，消費者と継続的な取引を行う企業にとっては，商品やサービスの販売にあたっては，消費者が期待した通りの効用を与えることが重要になる。このため，企業は，消費者にとって必要な情報を正しく伝えるインセンティブや，仮にトラブルが発生した場合には良い評判や信頼の維持の観点から，消費者の意向を十分汲んだ解決に努めるインセンティブが存在すると考えられる。

　また，政府にとっては，両者間での公正な取引が継続するための基盤作りへの支援（例えば，消費者志向経営を積極的に実施している企業の表彰やベスト・プラクティスの紹介等）によって，政策資源の節約という大きな成果が期待できる。

　政策の企画やその推進の観点からは，消費者志向経営を実践する企業側からの政策の望ましいあり方（規制改革などの制度改正等）への積極的提言や，協力できる分野の拡大が期待できる。

　例えば，悪質な企業対策として健全な企業に一定の負担や制約がかかる一方

で，本来の目的である悪質な企業の市場からの排除には効果がないような施策の見直しの提言などである。

　また，健全な企業にとっては負担のかからない消費者への充実した情報提供を業界の自主ルール化し，そのような情報提供を実施しない企業を市場から淘汰しやすくする取り組みなども考えられよう。

　さらに，安全な商品やサービスを提供することに注力している企業からみた，有効かつ効率的な情報提供のあり方についての提言なども有用と考えられる。安全の確保のためには，政府が正確な情報を企業に開示させる制度を設けることが考えられ，実際に，薬品，食品，住宅などの分野で導入されている。しかしながら，企業の負担，商品やサービスの性質，情報の非対称性の程度などを考慮すると，すべての商品やサービスに対して政府が規制をかけることは現実的ではない。実際，多くの分野では開示義務を課されておらず，このような点からも，企業や事業者団体による自主的な情報の提供のあり方やその取り組みが重要となっている。

　政策資源は限られているため，政府にとっては，消費者志向経営に積極的に取り組む企業と協力しながら，効率的で有効な消費者政策を企画し，推進していくことが強く求められている。

2　消費者志向経営の実践

2-1　3つの視点

　企業が消費者志向経営を実践する際には，3つの視点に着目して取り組んでいくことが重要と考えられる。第一は，消費者志向経営の土台となる「法令の遵守という義務を確実に果たす」という視点，第二は，「社会的な責任を果たす」という視点，第三は，「持続可能な経済社会の発展への貢献」の視点である。消費者志向経営はいずれの視点からの取り組みも求められるが，いうまでもなく，その土台をなす「法令の遵守」が確実に果たされた状態でなければ，それ以外の取り組みにいかに積極的でも，消費者の信頼や社会的な評価は得られない。以下，それぞれ順を追ってみていくことにする。

2-2 「企業の義務」の視点

(1) 消費者志向経営における法令の遵守

ここでは，消費者志向経営の土台となる「法令の遵守」という義務を確実に果たす視点について，具体的に説明する。

消費者志向経営には多くの意義があるが，そもそもの始点として，企業経営に不可欠となる法令を遵守するという点が重要になる。言うまでもなく，優れた商品・サービスを提供すると自称していても，その内容が法令違反であれば，そもそもそのような商品・サービスの内容を見直す，または取り止める必要がある。また，商品・サービスの内容に問題がない場合であっても企業経営自体に法令上の問題があれば，それは企業そのものの持続性にも影響を及ぼすこととなる。これらは，企業の業態，規模を問わず，問題となるものである。

企業経営に不可欠な法令については，さまざまなものが挙げられるが，本節では，①経営組織に関するもの（企業の内部管理等），②提供する商品・サービスの内容に関するもの（企業の外部活動等），③その他（①・②の側面を含むものなど）の順に，そのポイントを説明する。

(2) 経営組織に関するもの（企業の内部管理等）

企業組織の基本，より正確に説明すると，会社の設立，組織，運営および管理を定める会社法については，株式会社はもちろん，近時スタートアップやベンチャー企業の組織形態として採用されることが多い合同会社など，それぞれの組織形態に応じて，必要な事項を遵守する必要がある。

さらに，株式会社で東京証券取引所等に上場をするものについては，金融商品取引法の規律を遵守する必要がある。金融商品取引法の規定の内容も幅広いものではあるが，同法で定める企業内容等の開示制度については，あらゆる上場企業がこれを適切に行うことが求められている。いわゆる粉飾決算と報道される事案も有価証券報告書の虚偽記載という同法違反に帰結している。特に重要な事項につき虚偽の記載のある有価証券報告書を提出した場合は，当該個人に対して10年以下の懲役もしくは1千万円以下の罰金または両方が併科されるとともに，法人に対する罰則のほか，課徴金処分の可能性もある。このほか，

上場企業の場合は，金融商品取引法にとどまらず，東京証券取引所等の各種規則を踏まえ，経営活動に重大な影響がでる事案等が生じたときには，適切な開示等を行う必要がある。

　また，企業の場合は，その事業活動の状況に応じて，法人税（国税），法人住民税・法人事業税（地方税）等の税金を納付する必要がある。各種法令を踏まえた節税措置は認められるが，他方で，脱税となる場合は言うまでもなく，違法であり，追徴課税のみならず，刑罰の対象となる可能性がある。企業活動の国際化の進展によって，複数の国をまたいだ租税回避措置が採られることもあり，上記の基本的な点への留意が求められている。

　このほか，企業の内部管理については，各種労働規制の遵守も重要である。従前の労働組合対策という視点ではなく，近時の働き方改革の観点から適切な勤務時間管理を行う必要がある。また，いわゆる正規社員だけではなく，派遣社員等の多様な社員が同じ職場で勤務することが一般的になっており，その中でどのようにして各人の勤務意欲を増すか（逆にどのようにして「格差」を縮減するか）という点も重要になる。こういった問題は，ハンドリングを誤ることによって，大企業も含めて会社の経営姿勢に対する信頼を大きく損なうものになる可能性を有している。

(3) 提供する商品・サービスの内容に関するもの（企業の外部活動等）

　商品・サービスの内容については，まずは，いわゆる業法の規制を遵守する必要がある。具体的には，その商品・サービスの提供に当たって，行政官庁の許可等を要する場合は，当該許可等に必要となる業法の要件を遵守することが不可欠である。例えば，銀行（銀行法），通信会社（電気通信事業法），航空会社（航空法），電力会社（電気事業法）などの多くのものがあり，事業活動の開始とその継続には業法による行政官庁の許可等が前提となっている。

　次に，提供する商品・サービスの質についても，身の回りのものの一部をとってみても，それぞれの種類に応じ，
・食品（例：食品衛生法，食品表示法）
・医薬品，化粧品（例：医薬品，医療機器等の品質，有効性および安全性の確保等に

関する法律）

・日用品（例：消費生活用製品安全法）

・住宅（例：建築基準法，住宅の品質確保の促進等に関する法律，特定住宅瑕疵担保責任の履行の確保等に関する法律）

などさまざまな法令の規律に服しており，これらの規律を適切に遵守する必要がある。さらに，産業標準化法に基づく日本産業規格が定められているものは，当該規格に適合することが求められる。

　さらに，業種横断的な規律を行う法律，特に企業が消費者に勧誘，宣伝を行う場合には，消費者契約法，特定商取引法，景品表示法の規律を遵守する必要がある（第7章参照）。

(4) その他（2-2（2）と2-2（3）の両方の側面を含むもの）

　上記の2-2（2），2-2（3）はそれぞれ企業の組織そのもの，活動の内容に着目するものであるが，両方の側面を有するものとして，公益通報者保護法が挙げられる。

　具体的には，企業の組織内，または活動に伴う法令違反が生じた場合に，企業の内部通報を通して速やかに是正が適切に図られれば，その「コスト」は低いとも評価することができる。この点，公益通報者保護法については，労働者がその労務提供先の法令違反行為を適切に通報した場合に，当該労働者を解雇等の不利益な取扱いから保護を図るものである。したがって，公益通報者保護法を踏まえた企業の内部通報体制を機能させることによって，企業内部で法令違反行為が生じた場合でも速やかに是正することが可能である。

　さらに，行政官庁の許可等に服する事業においては，当局への贈賄等に注意する必要がある。特に，刑法（贈賄）はもちろん，海外で事業を行う場合は，不正競争防止法（外国公務員等に対する不正の利益の供与等）にも留意する必要がある。

　また，同種の企業との談合はもちろん，取引先や下請企業に対する不当行為も禁止されており，具体的には，独占禁止法，下請法等の規律を遵守する必要がある。不透明な金銭や手段を使用せずに，本来の商品・サービスの質，価格

競争力で勝負することが理想であることを改めて指摘しておきたい。

　このほか，企業活動の進展に伴い，個人情報の取扱いが増える中で個人情報保護法の重要性は増しており，特に外国法（アメリカ，EU，中国等）の規律にも留意が必要となっている。

2-3 「企業の責任」の視点

　ここでいう企業の社会的責任[2]とは，法令違反ではないものの社会に負の影響を与えるような行動については，企業として極力回避することを責務とするという意味で使用する。

　消費者政策の観点からは，個々の消費者トラブルへの適切な対応がまず重要となる。消費者の視点に立った対応が必要であるが，必ずしもあらゆる消費者の要求を受け入れることではなく，取引のルールに則った解決が基本となる。しかし，消費者志向経営の立場に立った対応と言えるためには，単に法令に違反しないことにとどまらず，法令の趣旨に則った対応（広義のコンプライアンス）を図ることが必要である。

　まず，商品やサービスの安全面に関しては，散発的な小さなトラブルが重大な欠陥の存在を示唆していることが往々にしてある。危害の防止や重大な事故を回避する観点から，消費者からの苦情・相談情報の迅速な収集・集約を図り，経営トップへの報告・判断がすみやかになされるような，企業組織の構築や実際の運営が企業の大きな責任と言えよう。また，その情報に基づいて，必要に応じて製品回収（リコール）や消費者への情報提供を的確に実施していくことの重要性は言うまでもない。

　製品の不具合や欠陥といったマイナス情報の開示に対して，迅速で正確な公表は企業のブランドや信頼を傷つけるものではなく，一方でその不開示が企業に大きな打撃を与えてきたというのが現実である（さらに言えば，消費者からもたらされる苦情や要望は，商品やサービスの改善や新たな商品やサービスの開発のための貴重な情報として有効に活用することも可能である）。

　次に，契約や取引の場面に関して，金融取引の分野を例にして，企業の責任について考えてみよう。金融取引の規制分野でとりわけ発展してきたルールと

して，適合性の原則がある。これは，顧客の保護を目的として，顧客の属性に
適合した商品を提供するために，金融商品取引法に定められている原則であり，
狭義と広義の原則が存在するとされる（荻野，2014）[3]。

　顧客の知識，経験，財産の状況および金融商品取引契約を締結する目的に照
らして不適当と認められる勧誘や販売を行ってはならないとされている。これ
は行為規制であり，いかに説明を尽くしたとしても勧誘，販売を行ってはなら
ないという原則であり，企業は義務として当然守る必要がある（狭義の適合性原則）
一方，顧客である投資家の属性に照らして，その投資家に理解してもらえるだ
けの十分な説明をすれば，販売や勧誘をしてもよいケースが存在する（広義の
適合性原則）。この場合，まさに企業の経営スタンスが問われることになる。消
費者志向経営の立場に立てば，消費者トラブルを可能な限り避けるため，販売
時には顧客の属性等に照らして，十分な説明を尽くすことになる。さらに，プ
ロの立場から顧客にとって不適切な投資商品であると判断した場合には，勧誘
自体を避けることになろう。このような勧誘や販売のスタンスをとることが，
結果として消費者トラブルや消費者問題を引き起こすことなく，市場での信頼
を得ることにつながると考えられる。

　また，近年では，サプライチェーンも国内にとどまらず，グローバル化して
いるため，海外の調達先が法令違反を犯したり，国際社会から非難を浴びるよ
うな企業行動をとっていた場合[4]には，川下である企業にも批判や不買運動が
しばしば起こされるようになっている。その結果，企業のブランドや信頼が大
きく損なわれる事態も生じている。

　企業の危機管理の一環としても，法令遵守という狭い意味でのコンプライア
ンスにとどまらず，法の趣旨に沿ったという広い意味でのコンプライアンス，
さらには国際的な基準でみても企業の責任を果たしていると判断される企業行
動が求められている。

2-4 「企業の貢献」の視点

　企業の貢献とは，「持続可能な経済社会の実現」に向けた取り組みのことで
あり，より一般的に表現すれば，社会的な課題の解決に向けた取り組みのこと

である。この「企業の貢献」の視点は，積極的 CSR（企業の社会的責任）としても捉えることもできる（樋口，2010）。

　企業による社会への貢献としては，本業外での取り組みと，本業としての取り組みに大きく分けられる。前者としては，我が国では 1990 年代にメセナやフィランソロピーとして注目された。現在でも財団の寄付活動による取り組みなどが続いており，我が国においても一定程度根づいている。

　本業による貢献については，市場経済の下では分業が遍く行われており，個々の企業の通常の活動自体がその一翼を担っていることから，その意味でほとんどの企業は社会へ貢献していることになる。

　しかしながら，近年における経営学やマーケティング論，さらに消費者志向経営の考え方においては，より積極的な貢献として，社会的な課題の解決に本業として取り組んでいくという「CSV（共通価値の創造）」の経営や消費者に代表されるさまざまなステーク・ホルダーとともに企業が価値を創造していくという，「価値共創」の経営が重視されるようになっている。

　社会的な課題として，具体的には，途上国の開発，貧困，人権，環境，資源・エネルギー，食糧などの問題への取り組みが挙げられる。従来，このような問題については，各国の政府や政府間の協力で取り組むことが必要とされていた分野である。

　企業の社会的な貢献が経済的価値を生むというマイケル・ポーターの理論（CSV の理論）に関しては，社会的な課題として地域の振興や福祉などさまざまなレベルでの問題が存在しており，グローバル企業だけでなく，企業規模を問わず，広く一般に当てはまるとの議論がなされるようになっている。また，コインバトール・K・プラハラードが提唱する「価値共創」に関しては，日本型サービスの創造的価値の本質は，生産者と消費者の「価値共創」にあるとの議論も展開されており，本来，身近に取り組めるものと考えられる。

　持続可能な経済社会への貢献というと，グローバルな展開を図る大企業の話と狭く捉えられることがあるが，地域へのさまざまな貢献など，社会的な課題の範囲は広く，中小企業や個人事業者にとっても，容易に実践可能なことである。

　なお，CSV や価値共創といった企業の取り組みが成果を収め，継続するた

めには，市場において消費者や投資家が適正に評価することが重要との指摘がある。エシカル消費（倫理的消費），グリーン購入（グリーン調達），SRI（社会的責任投資），ESG（環境・社会・ガバナンス）投資などは，その役割を果たすものとして注目されている。

3　消費者志向経営の普及の条件

3-1　企業経営上のメリット

　これまでみてきたように，消費者志向経営は社会全体の持続的な発展に寄与するものであるが，今後，それが企業社会に広く根づいていくための条件について考えてみよう。

　企業の第一の目的は，長期的利潤の追求（株価の最大化）であり，企業価値を高めることにある中で，企業社会に消費者志向経営が根づくためには，企業がこの理念に基づいて実際に経済活動を行う強いインセンティブを有するのか否かが重要になる。

　企業と消費者の間の情報力の格差を悪用して，短期的な利益を得ようとする悪質な企業への対応については，法による規制や罰則強化という従来の消費者政策の手法を引き続き実施し，市場からの排除を行うこととなるが，長期的利潤の追求を行う「健全な企業」に対して，消費者志向経営を普及させるためには，企業自身が消費者志向経営のメリットを認識することが不可欠となる。

　企業が長期的利潤の確保をするためには，消費者から継続的に選択される商品・サービスを提供することが必要である。

　先に論じたように，消費者は認知能力に限界があり，限定合理的な存在であるものの，できる限り合理的な消費行動をとろうとする。近年では，デジタル化の進展もあり，今後，自分のニーズに合致しているものかどうかを確認できる情報へのアクセスが容易になり，消費者の商品選択の幅は広がっていくことが予想され，他の商品との比較可能性も高まっていくものと考えられる。また，消費者には，情報へのアクセスの拡大と同時に，情報の正確性を判別するための情報リテラシーの向上が求められる。

　こうした状況下で，企業が競争力を保つためには，消費者のニーズを適切に把握し，そのニーズに基づいた商品・サービスを提供，情報発信していく必要がある。

　例えば，経済のグローバル化が進む中で，国内外問わず国際目標であるSDGs の取り組みへの機運が高まり，社会・環境に配慮した消費を志向する消費者が増加していく中においては，そのニーズに対応した商品・サービス開発や情報提供が求められることになる。

　また，長期的利潤の確保という観点でいえば，消費者志向経営に取り組むことによって，企業リスクの軽減が見込まれる。日々，消費者から寄せられる声に真摯に耳を傾けることにより，リスクの早期発見が可能となる。企業不祥事や製品事故，サービスの不具合など企業はさまざまなリスクを抱えているが，危機対応の遅れは企業の存続の致命傷にもなりかねない。このため，多くの企業はリスク対応にコストをかける必要があるが，そのリスクの未然防止，早期発見により，リスク対応へのコストを低減するという観点からも，消費者志向経営は大きなメリットがある。

　加えて，企業の持続的な成長のためには，優秀な従業員の継続的な確保が必須になると考えられるが，若い世代は責任ある包摂的な事業行動を重んじる傾向にあり，企業間の人材獲得競争の観点からも消費者志向経営に取り組むことへの意義が生ずる。

3-2　消費者志向経営と消費者

　3-1 では，企業が消費者志向経営に取り組むことのメリットを論じたが，企業が消費者志向経営に取り組む意義を高めるには，消費者が消費者志向経営に取り組む企業を適正に評価することが重要となる。

　消費者志向経営に取り組む企業が増加し，社会に根づくことは，言わずもがな消費者にとって大きなメリットを生む。

　例えば，企業が消費者の声を汲み取ることによって，商品・サービスの安全・安心・品質の確保がなされるほか，消費者が求める商品・サービスの開発や改善がなされるなど，消費者の満足度を向上させることにつながるなどの効果が

ある。

　一方で，先に述べたように消費者は商品・サービスを選択する際には，合理
的な行動をとろうとするものであるが，消費者がどのように自身の真のニーズ
を把握し，消費行動に結びつけるかが消費者志向経営を広げていくための鍵と
なる。例えば，より安全・安心な製品の提供や情報の詳細な開示には企業側に
コストも生ずることになる。このため，消費者自身がその表示の確認を行わな
いなど価値を正しく認識できていなければ，せっかく企業が消費者ニーズに合
致する商品・サービスを適切な価格で提供したとしても，商品選択につながら
ず，自身（消費者）の満足を高める機会を逸することとなる。また，消費者志
向経営を行う企業が増加し，良質な商品・サービスが提供されることは，本来，
大きな社会余剰を生むものであるが，その効果を正しく認識できない消費者が
多ければ，本来得られるはずの消費者余剰，生産者余剰が縮小し，企業が消費
者志向経営を行うことのメリットを減少させ，安全・安心で質の高い商品・サー
ビスの市場への供給が限定的となる（**図表9-1**）。

　情報の非対称性によって生ずる問題は，よい中古車の売買は，潜在的には売
り手側にも買い手側にも利益が生ずるはずであるが取引自体が成立しなくなる
という「レモン（欠陥品）の問題」としても有名であり，市場において「逆淘汰」

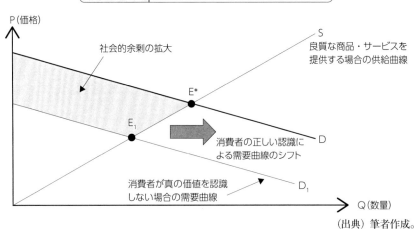

図表9-1　消費者の認識による社会的余剰の拡大

（出典）筆者作成。

が生じ，社会厚生を減少させることが知られている。

　実際に「逆淘汰」の問題に直面した場合の処方箋としては，情報を持っていない者が情報を持っている者に隠れている情報を明らかにさせる「スクリーニング」と，情報を持っている者が情報を明らかにする「シグナリング」がある。

　具体的な企業の対応策としては，「情報開示の徹底」，「取引主体の身元・責任の明確化」，「第三者による審査・格付け」などの対応が考えられ，先に企業の責務としても論じたところであるが，消費者の利益確保のためには，消費者自身がこれらの対応による情報を正しく認識することが重要である。

　こうした点からも，消費者志向経営を推進し，より満足度の高い消費生活を実現するためには，消費者が自らのニーズを正しく認識し，消費行動に結びつけていくための自主的・合理的選択を可能とする消費者教育の充実が重要となる。

3-3　消費者志向経営の浸透に向けて

　消費者志向経営が企業社会に深く浸透することは，健全な市場の形成，社会厚生の増大に寄与するものであるが，その実現のためには，企業，消費者双方の理解を深めることが重要である。

　矢野誠京都大学名誉教授は，「市場」は，「技術と生活をつなぐ双方向のパイプ」であり，「健全な発展成長には高質な市場が不可欠」であるとする「市場の質理論」を提唱している（矢野，2001年，矢野・中澤，2015年）。

　市場には，良い市場も悪い市場も存在しており，悪い市場の例としては，「押し売り」，「詐欺」，「粗悪品」などがあり，消費者被害を多発させる。市場の質の3要因として，「競争の質」，「情報の質」，「製品の質」を挙げ，今後の健全な経済発展のためには，市場の質を高めることが重要としており，今後はニーズ・プルの産業育成が必要としており，この理論は，「消費者志向経営」の推進の意義を支持するものとして捉えることができる。

　現在，消費者志向経営の推進の取り組みは，消費者志向自主宣言を行う企業が増加するなど，徐々に広がりを見せているがその効果は限定的である[5]。

　今後さらに消費者志向経営が幅広く社会に浸透していくためには，消費者志向経営に取り組む企業を消費者が積極的に評価し，企業もより消費者にとって

190 —— ◎

わかりやすく有用な消費者志向経営の情報提供を行うなどの仕組みを構築することが必要であろう（飛田，2019）。

【注】

1）悪質な企業といわれるその多くは，犯罪者や犯罪集団が企業の形をとったり，名を騙ることにより，消費者に多大な被害をもたらしている。
2）いわゆる「企業の社会的責任」については，その範囲は論者によりさまざまであり，本章で分類している「義務」「責任」「貢献」をすべて網羅する考え方も存在している。
3）適合性の原則の解釈やその導入の適否については，法律学者や経済学者によって，さまざまな議論が展開されているが，ここでは立ち入らず，一般的と思われる解釈を用いた。
4）途上国における児童労働による操業や，工場の廃水や廃棄物などによる環境破壊が代表例である。
5）消費者志向自主宣言の企業数などの最新データについては，消費者庁のウェブサイトから入手可能。

参考文献

荻野昭一（2014）「金融商品取引法上の適合性原則の意義」『月刊資本市場 346（2014 年 6 月号）』公益財団法人資本市場研究会

神取道宏（2014）『ミクロ経済学の力』日本評論社

神戸伸輔（2004）『入門　ゲーム理論と情報の経済学』日本評論社

消費者庁（2016）『「消費者志向経営の取組促進に関する検討会」報告書』消費者庁ウェブサイト

髙巌（2017）『コンプライアンスの知識（第 3 版）』日本経済新聞出版社

竹内夏奈（2020）「消費者志向経営の歴史的変遷」『消費者政策研究 Vol.02』日本消費者政策学会ウェブサイト

谷本寛治（2006）『CSR　企業と社会を考える』NTT 出版

冨田秀実（2018）『ESG 投資時代の持続可能な調達　市場価値はサプライヤーとの付き合い方で決まる』日経 BP 社

中田邦博・鹿野菜穂子（2018）『基本講義消費者法（第 3 版）』日本評論社

名和高司（2015）『CSV 経営戦略　本業での高収益と，社会の課題を同時に解決する』東洋経済新報社

樋口一清（2019）『消費経済学入門　サステイナブルな社会への選択』中央経済社

樋口一清・白井信雄（2015）『サステイナブル地域論』中央経済社

樋口一清・三木健・白井信雄（2010）『サステイナブル企業論』中央経済社

飛田史和（2019）「消費者の評価はどれだけ厚生を高めるか」『消費者政策研究 Vol.01』日本消費者政策学会ウェブサイト

藤田誠（2015）『経営学入門』中央経済社

古谷由紀子（2010）『消費者志向の経営戦略』芙蓉書房出版

三戸浩・池内秀己・勝部伸夫（2018）『企業論（第 4 版）』有斐閣

守口剛・竹村和久・白井美由里・新倉貴士・神山貴弥・丸岡吉人（2012）『消費者行動論』八千代出版

矢野誠（2001）『ミクロ経済学の応用』岩波書店

矢野誠・中澤正彦（2015）『なぜ科学が豊かさにつながらないのか？』慶應義塾大学出版会

Akerlof, G. A., & Shiller, R. J. (2015), *Phishing for Phools*, Princeton University Press（山形浩生訳(2017)『不道徳な見えざる手』東洋経済新報社）

Boush, D. M., Friestad, M., & Wright, P. (2009), *Deception in the Marketplace*, Psychology Press（安藤清志・今井芳昭監訳(2011)『市場における欺瞞的説得』誠信書房）

Kotler, P., Kartajaya, H. & Setiawan, I. (2016), *Marketing 4.0*, Wiley（恩藏直人監訳・藤井清美訳(2017)『コトラーのマーケティング 4.0』朝日新聞出版）

Kotler, P., & Lee, N. (2004), *Corporate Social Responsibility*, Wiley（早稲田大学大学院恩藏直人研究室訳・恩藏直人監訳(2007)『社会的責任のマーケティング』東洋経済新報社）

Porter, M. E. and M. R. Kramer (2011), "Creating Shared Value", *Harvard Business Review* 2011-1.2（「共通価値の戦略」『ダイヤモンド・ハーバード・ビジネスレビュー』2011 年 6 月号）

Porter, M. E. and M. R. Kramer (2006), "Strategy and Society: The Link Between Competitive Advantage and Corporate Social Responsibility", *Harvard Business Review*, 2006-12（「競争優位の戦略」『ダイヤモンド・ハーバード・ビジネスレビュー』2008 年 1 月号）

Prahalad, C. K. and V. Ramaswamy (2004), *The Future of Competition: Co-Creating Unique Value with Customers*, Harvard Business Review Press（有賀裕子訳(2013)『コ・イノベーション経営　価値共創の未来に向けて』東洋経済新報社）

Simon, H. A. (1997), *Administrative Behavior*, Fourth Edition, Free Press（二村敏子・桑田耕太郎・高尾義明・西脇暢子・高柳美香訳(2009)『新版　経営行動』ダイヤモンド社）

Stiglitz, J. E. and Walsh, C. E. (2005), *Principles of Microeconomics*, 4th Edition, W W Norton & Co Inc（薮下史郎・秋山太郎・蟻川靖浩・大阿久博・木立力・宮田亮・清野一治訳(2013)『スティグリッツ　ミクロ経済学　第 4 版』東洋経済新報社）

Thaler, R. H. & Sunstein, C. R. (2008), *Improving Decisions about Health, Wealth, and Happiness*, Yale University Press（遠藤真美訳(2009)『実践　行動経済学』日経 BP 社）

―――――――― 第10章 ――――――――

消費経済学と消費者政策の新たな視点

　第1章では，経済学をベースにして消費者政策の基本的考え方を体系的に明らかにしている。本章では，ネット取引，脆弱な消費者，サステイナビリティなど，新たな環境変化の下で，消費者の視点に立った実践的な経済学のアプローチ（筆者はこうしたアプローチを新たな「消費経済学[1]」として位置づけている）について論ずることとしたい。筆者は，消費経済学の目的は，「経済学の視点に立って，現代市場における消費者の適切な選択実現の道筋を明らかにすること」であると考えている。残念ながら，現代の課題に応える実践的な経済学の試みは，いまだ，体系的なものとはなっていない。本章では，オンライン取引を中心として大きく変貌する市場の姿に焦点を当て，行動経済学などの成果を踏まえつつ，新しい消費経済学の"ストーリー"を素描すると共に，消費経済学に基づいた消費者政策の新たな視点を提示することとしたい。本章での問題提起が，現代の課題に応える実践的な消費者政策の確立につながればと願っている。

1　現代消費者政策を巡る環境変化

1-1　ネット社会の拡大

　近年，青少年のスマホ利用率が急速に高まっている。内閣府の調査では，高校生の利用率は97.5％，中学生は70.6％，小学生も45.9％がスマホを利用している。また，利用時間も，高校生では1日平均3時間弱となっている[2]。急速なスマホの普及は，若者の心理にも，大きな影響を与え始めている。不審な勧誘を受けた経験のある若者を対象とした消費者庁の調査（2018）では，約3割の若者が直接会ったことのないSNS上の友人を持っており，約2割の若者がSNSだけで相手の信用を判別できるとしていること，約1割の若者はSNS利

用者への警戒感がないことが明らかになっている[3]。こうしたスマホ依存社会の出現と若者の意識の変化は，SNS 上での「知らない人物」からの勧誘等への警戒感を著しく低下させ，若年層を中心とした消費者被害拡大の一因となっている。

　また，デジタル取引の拡大は，消費者の利便性を飛躍的に向上させたが，他方，個人情報保護などの問題が発生している。近年，AI と組み合わせたプロファイリングの拡大により，ターゲティング広告やスコアリングなどがビジネスの手法として定着しつつある。その際，個人情報の取扱いについて，ルールが未整備であったり，ルールが徹底していなかったりすることに起因して，消費者の自己決定権が阻害されることなどが懸念されている。いわゆるシェアリング・エコノミーに関しても，新たなシステムの導入に伴うトラブルが発生している。

　こうしたトラブルが生じるのは，ネット市場の中核的機能を担うデジタル・プラットフォーマーの消費者に対する責任の範囲が曖昧なことも一因と考えられる。また，従来は，文字通り「消費者」として市場に参加していた個人が，C to C 取引では，「売り手」としての自覚と責任が求められることとなる。ネット社会の拡大に伴い，これまでとは質の異なる巨大市場が消費者を取り込みつつある。ネット社会において消費者が直面する課題を解決するためには，新たな視点に立った消費者政策の展開が急務となっている。

1-2　超高齢社会の到来

　我が国の総人口に占める 65 歳以上人口の割合（高齢化率）は 28.1％であり，先進国の中でも，高齢化率が最も高いとされている（2018 年 10 月 1 日時点）。今後，2065 年には，約 2.6 人に 1 人が 65 歳以上，約 3.9 人に 1 人が 75 歳以上となると見込まれている[4]。高齢化の進展に伴い，認知症等の増加も顕著である。65 歳以上の高齢者の認知症については，2012 年には 462 万人，高齢者の 7 人に 1 人であったが，2025 年には 675 ～ 730 万人，約 5 人に 1 人という将来推計値もある[5]。他方，健康寿命（日常生活に制限のない期間）の延伸により，高齢消費者の消費行動やライフスタイルが変化している。インターネットを活用する高齢者の数は，7 年前と比較すると，60 ～ 69 歳が 9.5 ポイント増と最も

大きく，次いで 70 ～ 79 歳が 7.5 ポイント増となっている。超高齢社会の到来
により，65 歳以上の高齢者に関する消費生活相談の割合も増加している。最
近の相談事例では，投資勧誘トラブルや健康食品に関する相談等に加え，デジ
タル取引や SNS に関連した相談が目立っている。

　高齢消費者や，障がい者，若年者など，判断能力が不十分な消費者は，「脆
弱な消費者 vulnerable consumer」と呼ばれることがある。高齢者のライフス
タイルの変化などをふまえた脆弱な消費者へのきめ細かな対応も，社会全体で
取り組まなければならない基本的な政策課題となっている。脆弱な消費者の概
念については，一般消費者と脆弱な消費者という政策的な区分を行うと，脆弱
な消費者の社会的排除につながるおそれもあり，その社会的包摂を確保してい
くことが重要であるとの考え方もある。また，そうした観点から，脆弱な消費
者に代えて，「消費者の脆弱性」（さまざまな要因から被害に遭いやすい状況に置か
れること）という概念が用いられることもある。消費者の脆弱性は，「継続的脆
弱性」と「一時的脆弱性」に分かれる。「一時的脆弱性」とは，あらゆる消費
者が，市場の特徴，商品・サービスの特性，取引の性質，勧誘行為の内容，勧
誘者との人間関係などによって，一時的には脆弱性を有することとなるとする
考え方である。他方，「継続的脆弱性」は，脆弱性が継続する状況を指しており，
高齢消費者，障がい者，若年者などはこうした状況に置かれることが多い。本
章では，以下，基本的に「消費者の脆弱性」という言葉を使うこととしたい。

1-3　サステイナビリティ実現への取り組み

　2020 年 3 月に策定された第 4 次消費者基本計画においては，「消費者政策に
よる SDGs 実現への貢献」が重要な政策課題として位置づけられている。同計
画においては，消費者被害の救済や市場の機能を高めることなどを中心とした
政策に加え，以下の通り，持続可能な社会の実現に向けた消費者の適切な選択
行動や事業者の取り組み，消費者と事業者の協働等を推進する消費者政策の役
割を指摘している。

　「我が国において，家計が支出する消費額は GDP（国内総生産：Gross
Domestic Product）の過半を占め，消費者の行動は経済社会に大きな影響を与

えるものであり，食品ロスの削減，海洋プラスチックごみの削減および貨物自動車運送事業における働き方改革（ホワイト物流）の推進など，持続可能な社会の実現に向けた社会的課題を解決するために，商品やサービスを提供する事業者の取組を促すと同時に，商品やサービスを選択する消費者の適切な行動を促すなど，消費者政策を推進するに当たっても SDGs の目指す理念を踏まえることが重要である。すなわち，消費者トラブルの防止の観点から，従来から実施している①事業者に対する規制や②消費者に対する支援に加えて，今後は，持続可能な社会の実現に向けた社会的課題を解決する観点から，③消費者と事業者とが共通の目標の実現に向けて協力して取り組むこと（協働による取組）を促す必要がある[6)]。」（下線，筆者）

　上記のように，現代市場においては，ネット社会の拡大などを通じて，消費者と企業の役割は大きく変わりつつあり，また，脆弱な消費者への対応やサステイナビリティ実現のための社会的価値の選択など，消費者政策を巡る新たな課題が明らかになっている。こうした環境変化の下では，これまでの市場経済システムの下でのルールの整備や執行体制の強化による消費者の被害の未然防止，被害救済を中心とした枠組みのパラダイムを，大きく転換しなければならないことは明らかである。新しい消費者政策のあり方が問われているのである。

1-4　多様な観点からの政策的アプローチの模索

　現代の市場環境の下での消費者の選択行動を分析・研究するためには，経済学等の関連諸科学のこれまでの蓄積をふまえて，従来とは異なる観点から，政策の役割や政策手法を追求することも有益であると考えられる。OECD 消費者委員会においては，2010 年，消費者政策ツールキットを取りまとめているが，同報告書においては，「消費者政策の経済学」と題して，実践的な経済学の消費者政策への適用事例を，情報の経済学，行動経済学の 2 つの観点から紹介している。また，消費者庁においては，2018 年から，徳島に消費者行政新未来創造オフィスを設け，消費者政策への行動経済学の適用可能性や，悪質商法に騙される若者の心理学的な研究，障がい者の消費行動に関する実証研究など，これまで，十分な調査分析が行われてこなかった分野での消費者政策に関する

研究を展開している。消費者庁では，ビッグデータを活用した製品事故の未然
防止策に関する研究や表示の方法についての消費者行動論や人間工学に基づく
研究なども進められている。ただ，これらの成果が，実際の政策の局面で幅広
く活用されるためには，さらなる調査研究や分析が必要である。以下，こうし
た新たな消費者政策への取り組みの基盤となると期待される消費経済学の考え
方を紹介してみたい。

2　消費経済学とは

2-1　消費者主権と経済学

　冒頭に述べたように，消費経済学の目的は，経済学の視点に立って，現代の
市場における「消費者の商品・サービスの適切な選択」実現の道筋を明らかに
することである。とりわけ「適切な選択」という意味においては，政策の方向
性を見据えた実践的なポジションは重要である。

　経済学（ミクロ経済学）は，市場における消費者と企業の価格を通じた取引を
分析の中心に据えている。その出発点は，完全競争市場における競争均衡が（パ
レートの意味で）効率的な資源配分を達成するという考え方にある（厚生経済学
の基本定理）。経済学に基づけば，本来は，消費者と企業が対等な主体として，
価格メカニズムを介して取引を行うことが望ましい状況であり，その場合には，
最終的には，市場での消費者の選択に基づいて，企業の生産やサービスも方向
づけられるはずである。こうした状況は，消費者が市場での主役となるという
意味で「消費者主権」と呼ばれている。

　だが，現実には，情報の非対称性，不完全競争などにより，消費者の主体的
な選択に基づく消費者主権は実現していない。こうした状況をふまえ，これま
で，消費者政策においては，①情報の非対称性の解消のための方策や，②規制
緩和，競争政策等を通じた市場の競争環境整備が重要課題とされて来た。

　ただ，市場に関する上記のような経済学の考え方は，実際の消費者トラブル
を考える際には制約が大きい。そもそも，消費者が商品・サービスについての
完全情報を持つ「経済人」（ホモ・エコノミクス）であれば，論理的には，消費

者被害そのものが生じない。だが，消費者問題に直面するのは，経済学が想定するような経済人ではなく，生身の消費者である。消費者政策の目標として，「賢い消費者」や「自立した消費者」が掲げられることが多いが，この言葉のニュアンスには，経済人を前提とする伝統的な経済学の抽象的な消費者観に近いものが感じられる。生身の消費者は，経済学のモデルで想定するような合理的な「経済人」ではなく，市場において，限定合理的な行動を取りがちなことは言うまでもない。

　消費者が，市場において自立した主体として企業との取引を行っていくことは決して容易なことではない。ジョン・ケネス・ガルブレイスが『豊かな社会』の中で指摘した，大企業の広告，宣伝によって消費者の欲望が喚起される状況としての「依存効果」もそうした流れの中で捉えることができる。現実の消費者は，主権者でありながら，市場に任せたままでは，商品・サービスの適切な選択を行うことが難しいことも事実である。

　その意味では，限定合理的な消費者の行動を前提として，市場における取引を捉え，消費者が適切な選択を実現できるよう市場環境を整備することが必要となると言えよう。近年，行動経済学などの立場から，悪質業者のセールストークに，なぜ，消費者が騙されてしまうのかが明らかにされつつある。振り込め詐欺や悪質商法の被害者は，知識や経験が十分でないから騙されるのだろうか。この点に関連して，消費者法の分野でも，「平均的消費者像」，すなわち「十分な情報を得る機会が与えられれば，情報を適切に収集，分析し，主体的・合理的に判断することができる消費者像」を見直し，情報力・交渉力の格差に限られない消費者の継続的・一時的な脆弱性を考慮すべきことが指摘されている[7]。

　少なくとも消費者のための実践的な経済学のあり方や消費者被害の救済を考えるに当たっては，経済人を出発点として捉えることが非現実的であることは否めない。限定合理的な消費者像や消費者の脆弱性を前提としたときに，初めて，市場における消費者の取引について経済学としての一貫した分析が可能となるのである。消費経済学は，こうした視点をふまえて提示された考え方である。以下，まず，伝統的な経済学の基本的な想定の問題点について，これまでの学説の流れも考慮しながら整理しておこう。

2-2　伝統的な経済学の限界

(1)「合理的な愚か者」

　アダム・スミスは，『国富論』（1776）の中で，各人の自己利益の追求が，（見えざる手により）社会全体に利益をもたらすとしている。「われわれが食事ができるのは，肉屋や酒屋やパン屋の主人が，博愛心を発揮するからではなく，自分の利益を追求するからである[8]。」国富論のこの一節は，経済学の基本的な考え方として，しばしば引用される。

　だが，他方，アダム・スミスは，グラスゴー大学の道徳哲学の教授として，『道徳感情論』（1759）においては，他者への共感（sympathy）と，それにより自己の胸中に形成される公平な観察者の視点に基づいた道徳観を提唱している。アダム・スミスが，国富論と道徳感情論という2冊の著作の中で示した「自己利益の追求」と「共感」という，一見矛盾する概念の関係はどう理解すべきなのだろうか。残念ながら，アダム・スミス自身は，自己利益の追求と共感の関係について何も書き残していない。2つの著作は，相互の関係についてまったく触れることなく著されているため，両者の関係は謎のままである。

　アダム・スミスの真の意図は伺い知れないが，筆者は，以下のような見方を支持したい。それは，国富論は，道徳感情論で示された「他者への共感」をベースにした倫理観，道徳観や，近代市民社会の姿を，その基本的な前提とした著作であるとする見方である。国富論は，市民が自分の仕事に励む（自己利益の追求を行う）ことによって，効率的に社会全体の利益を生むことができるという経済の原理を明らかにしているのである。残念ながら，後世の経済学者は，しばしば，上記の国富論の一節のみを引用し，アダム・スミスが指摘した他者への「共感」の重要性について触れようとしなかった。しかしながら，スミスの想定する個人は，「社会から切り離された孤立的存在ではなく，他人に同感し，他人から同感されることを求める社会的存在としての個人[9]」であることに留意しなければならない。すなわち，スミスの経済学自体，市場経済の問題を，その土台となる近代市民社会における個人のあり方や，道徳，倫理と切り離して論ずべきものではないと理解すべきである。

　経済学者，アマルティア・センは，スミス以降の経済学が，道徳感情論と国

富論を基礎とするのではなく，国富論のみを基礎に据えて発展してきたことを
強く批判している。「自己利益に基づく行動を信奉・支持する人々がアダム・
スミスに見出そうとした根拠は，実際にスミスの著作を幅広く偏見のない目で
読めば見出しがたいものである。道徳哲学の教授にして経済学の先駆者であっ
たスミスは，決して分裂的な生涯を送ったのではない。事実はと言えば，現代
経済学においてスミス流の幅広い人間観を狭めてしまったことこそ，現在の経
済理論の大きな欠陥にほかならないとみることができるのである[10]。」

　アマルティア・センは，スミスの「倫理的アプローチ」と「工学的アプロー
チ」のうち，その後の経済学では，「倫理的アプローチ」が欠落してしまい，
工学的アプローチのみになってしまったことを指摘する。合理的な経済人(ホモ・
エコノミクス)とその行動様式としての企業の利潤最大化,消費者の満足最大化,
完全競争市場などの仮定に基づく抽象化，単純化されたモデルは，工学的な最
適化の手法と結びつき，定量分析を可能とした。それは，一面において，経済
学の飛躍的な発展につながったが，消費者問題等，現実の社会の分析において
は，限界を生じざるを得なかった。

　だが，現実には，経済人の考え方は独り歩きし始めたのである。利潤の最大
化は，企業にとっては，自己目的化し，当初は，バーチャルな，経済学の想定
であった企業の利潤最大化が，あたかも企業の本質であるかのような言説さえ，
広く行われている。例えば，保守派の経済学者，ミルトン・フリードマンは，
「ビジネスの社会的責任とはその利潤を増やすことである」と題する論説を公
表している[11]。

　前述のアマルティア・センは，このように独り歩きし始めた経済人の考え方
を「合理的な愚か者」(Rational Fools) として切り捨てる[12]。「純粋な経済人は
事実，社会的には愚者に近い。しかし，これまでの経済理論は，そのような単
一の万能な選好順序の後光を背負った合理的な愚か者に占領され続けてきたの
である。人間の行動に関する［共感やコミットメントのような］他の異なった
諸概念が働く余地を創り出すためには，われわれはもっと彫琢された構造を必
要とする[13]。」

(2)「摩擦のない世界」と取引コスト

　「取引コスト（transaction cost）」の理論は，ロナルド・コース，オリバー・ウイリアムソンらによって，提唱された考え方である。取引コスト論の前提は「限定合理性」および「不完全情報」であり [14]，情報の収集，処理，伝達等に制約のある限定合理的な者同士が市場で取引を行う際にさまざまなコストが発生することが明らかにされている。コースによれば，取引コストの概念は，以下のように定義される。「市場取引を実行するためには，次のことが必要となる。つまり，交渉をしようとする相手が誰であるかを見つけ出すこと，交渉をしたいこと，およびどのような条件で取引しようとしているのかを人々に伝えること，成約にいたるまでにさまざまな駆引きを行うこと，契約を結ぶこと，契約の条項が守られているかを確かめるための点検を行うこと，等々の事柄が必要となる [15]」

　完全競争市場では，市場における取引コスト，すなわち①情報と探索，②交渉と意思決定，③契約の実施と監視の費用 [16] は，すべてゼロと仮定される。スティグラーは，伝統的経済学の想定する完全競争市場のモデルを「摩擦のない世界」にたとえた。現実の経済は，摩擦のない世界ではないことは明らかであり，摩擦のない世界の法則を現実に適用し，分析を行うことは適切とは言えない。

　また，環境に関する有害な影響の調整プロセスを論じた，いわゆる「コースの定理」は，2つの内容により構成される。すなわち，（ⅰ）完全競争下において，取引コストゼロの場合には，企業の賠償責任の有無にかかわらず，取引を通じて効率的な資源配分が達成されるが，（ⅱ）取引コストが存在する現実のケースでは，企業の責任を明確化するルールが適切に設定されなければ，資源の効率的配分が達成されなくなる恐れがあるという点である。このコースの定理により，市場におけるルール（法）が果たす役割，市場における法と経済の関係が理論的に明らかにされたと言えよう。

　コースは，「企業」とは，市場における取引コストを節約するための組織であると定義する。すなわち，市場における取引コストと自社の組織内の取引コストを比較して，組織内の取引コストが安上がりである場合に，「組織」としての企業が成立するとしている。例えば，企業が従業員を雇用し，組織として

活動するのは，個々の事業を実施する際，その都度，労働者と労働条件や業務内容に関する契約を交わす手間をかけるより，雇用契約を結んで，一定期間，継続的に企業の業務に従事してもらう方が，コストが掛からないためである。

　コースの取引コスト論に従えば，企業の目的は，利潤の最大化ではない。株式会社を中心とした従来の企業観では，例えば，CSR は企業の利益にゆとりある際に行われる社会貢献としての位置づけであった。社会的企業や非営利法人，協同組合等は，実際には，大きな社会的機能を果たしているにもかかわらず，利益を目的としないという意味では企業としては例外的な存在であった。取引コスト論では，株式会社だけでなく，非営利法人，社会的企業，協同組合など，さまざまな組織の形態が，取引コストの節約という観点から，市場において，その位置づけを与えられることとなる。デジタル・プラットフォーマーなども，同様である。その意味では，取引コスト論は，伝統的経済学の企業観を大きく変えるものであった。

(3)「共感」からサステイナビリティへ

　アダム・スミスは，前述のように，他者に共感（同感）し，他者から共感（同感）されることを求める社会的存在としての個人を道徳哲学の基礎として位置づけていた。そこで求められるのは，「倫理観」あるいはその前提となる「社会的価値観（社会規範）」である。つまり，個人は，自身の倫理観あるいは社会的価値観に基づいて「共感」するのである。個人が何に共感するのか，他人からどのような場合に共感されるのかは，多くの場合，個人が属する社会やグループの価値観に影響を受けているとも考えられる。その意味では，共感は，個人の社会的価値の選択と深く関わっていると言えよう。

　他方，サステイナビリティ（持続可能性）という概念も，個人の倫理観や社会的価値観によって左右されることとなる。サステイナビリティといっても，その対象は，地球システムなのか，人間システムなのか，社会システムなのかなど，また，サステイナビリティの目標は，10 年後なのか，100 年後なのか，1000 年後なのかなど，対象や範囲の設定如何で，その内容が異なるものとなる。我々が，サステイナビリティについて，論ずることができるのは，明示的でな

いにしても，我々の世代に共通の社会規範や価値観が存在しているからである
とも考えられる。その意味では，サステイナビリティという概念も，倫理観や
社会的価値観によって大きく左右されることとなる。

　共感やサステイナビリティを考慮した新しい経済学の体系では，社会的価値
の選択が不可避のものとなる。伝統的な経済学は，その方法論の性格から，こ
うした課題に対して十分に答えてこなかった。センも指摘するように，完全競
争市場，経済人の想定のもとで，最適値を求めるという工学的アプローチに基
礎を置く限り，アダム・スミスの提示した他者への共感のような倫理的アプロー
チの視点は排除されることとなる。経済学が，価値自由（Wertfreiheit）と言わ
れる所以はこの点にある。共感やサステイナビリティを対象とする以上は，一
定の社会的価値観に基づいて，消費者の望ましい選択を論ずることが必要とな
る。現代の最重要課題の一つであるサステイナビリティの問題を分析し，共感
のような倫理的アプローチを取り込むためには，経済学が伝統的経済学の枠組
みを見直し，一定の価値判断に踏み込むことが必要となると言えよう。

　本章で指摘した「合理的な愚か者」，「摩擦のない世界」，「共感からサステイ
ナビリティへ」という言葉に象徴される3つの基本命題は，伝統的な経済学自
体の中でも問われていた内容である。新たな消費者政策およびその基盤となる
消費経済学に関しては，こうした指摘を軸にして，経済学的な蓄積だけでなく，
行動経済学，心理学などの最新の成果を取り入れ，現代の消費者の課題に応え
ることができる実践的な体系を明らかにしていく必要があると考えている。

2-3　消費経済学の課題と方法

　現代の消費者を巡る諸課題をふまえ，以下，消費者，企業，市場という3つの
視点から，消費経済学の考え方を明らかにすることとしたい。

(1) 消費者の心理と行動の解明

　消費経済学においては，消費者の心理や行動を明らかにする際，従来の経済
学が指摘した「情報の非対称性」に加えて，「限定合理性」，「サステイナビリ
ティ」を基本的な構成要素として，その内容が展開されることとなる。

（限定合理性）

　経済学の分析に当たっては，消費者は，合理的な「経済人」ではなく，限定合理的な存在として捉えられるべきである。例えば，ネット上の「利用規約」の問題を考えてみよう。消費者庁の調査(2020)[17]では，買い物系プラットフォームを利用する際，約半数の者は利用規約をスクロールして目を通すが，よく読んでいる人は全体の 1 割程度に止まっており，流し読みが大半であることがわかった。また，利用規約を読まない理由としては，①分量が多い，②読んでもわからない，③利用することを決めているため，④時間がないなどを挙げる消費者が多かった。同調査では，さらに，「分量が多い」と答えた者に「何行なら読めるか」と尋ねているが，3 〜 10 行以内とする者が全体の 9 割を超えていた。また，「時間がない」と答えた者に「何分なら時間を割けるか」と尋ねたところ，5 秒〜 1 分以内とする者が全体の約 9 割を超えていた。本調査から明らかになったことは，プラットフォームでの買い物の際，約半数の消費者が利用規約を読んでいないこと，10 行以内，1 分以内の内容でなければ，多くの消費者が利用規約を読もうとしないことなどである。

　このような消費者の行動の実態は，決して，デジタル・プラットフォームに限ったことではない。デジタル以外の取引においても，平均的消費者が法令や約款を熟知しているとの前提で市場のルールを定めることが適切でないことは明らかである。しかしながら，デジタル・プラットフォームの登場によって，取引の利便性が大幅に向上する一方，多くの消費者が，契約の条件などの取引の基本的な事項を十分確認しておらず，その安全，安心が脅かされかねない状況が生じていることに留意しなければならない。

　こうした問題に対処するためには，限定合理的な消費者の心理や行動を明らかにすることが求められる。すでに，行動経済学や心理学においては，消費者行動のバイアスについて研究が進んでおり，こうした知見を活用すれば，消費者の適切な選択のための環境整備も可能になると考えられる。その意味では，行動経済学的なアプローチは，消費経済学の基本的な分析手法の 1 つであると考えられる。以下，消費者の心理と行動に関連する行動経済学の基本的な概念を，依田（2010），友野（2006），多田（2014），桜井（2016）等を参考にしなが

ら簡単に紹介しておこう。

(ア) 消費者の選択と感情や直感

(i) ヒューリスティックス

　簡略化，直感，近道選びなどの思考パターンは，行動経済学においては「ヒューリスティックス」と呼ばれている。ヒューリスティックスには，例えば，友人やタレントの勧めで商品・サービスを購入してしまう事例（利用可能性ヒューリスティックス），振り込め詐欺のように，先入観，思い込み等に基づいて主観的判断を行う事例（代表性ヒューリスティックス），希望小売価格と実際の販売価格が示された際，希望小売価格が高ければ，販売価格が値引きされていると思い込んでしまうケース（アンカリング効果）の3種類があるとされる。また，認知的不協和（信じていたことが現実と食い違った際，現実を認めたがらない感情），自信過剰なども消費者の選択行動を左右すると考えられる。

(ii) サンクコストの呪縛

　経済学や経営学では，サンクコスト（すでに支払ってしまい回収できない費用，埋没費用）という概念がある。サンクコストが大きいと，人々の判断や行動はサンクコストに影響され，非合理的，限定合理的なものとなる可能性が高い（サンクコストの呪縛）。例えば，超音速旅客機コンコルドは，巨額の開発費用が投下されており，採算が取れないことが明らかになってからも，なかなか事業中止を決断できなかった（コンコルドの誤謬）。日常の消費生活においても，こうした例は結構多い。例えば，特定のブランドの商品・サービスを愛好してきた消費者にとっては，廉価で高品質，高性能な他のブランドの商品・サービスが出現しても愛着のあるブランドの変更は容易ではない。これも，ヒューリスティックスと同様，限定合理的な判断の1つであると考えられる。

(イ) 消費者の選択とリスク〜プロスペクト理論

　カーネマンとトヴェルスキーは，限定合理的な消費者のリスクへの対応に関して，プロスペクト理論を提唱している。その基本的要素は，以下の通りである。

①　消費者は，参照点（物事を判断する際の基準点，必ずしもゼロ（原点）ではなく，
　　例えば当初の手持ち資金のレベルなど）との比較によって，起こり得る結果

を評価する（参照点依存性）。

② 消費者は，利益から得る満足よりも損失の苦痛を強く感じる（損失回避性）。同じブランドの製品を買い続けたり，いつも同じメニューの食事を取ったりするのは，この損失回避性が関係していると考えられる（現状維持バイアス）。

③ 消費者は，大きな損失を避けるためにリスクを賭すことを厭わないが（リスク追求的），利益についてはリスクを好まない（リスク回避的）。悪質業者から「必ず利益が出ます」，「元本保証です」と言われると，消費者は，リスク回避的な心理が働いてしまう。そこで，根拠のない「断定的判断の提供」は，特定商取引法や金融商品取引法での禁止行為とされている。また，「損を取り戻しましょう」と言われると，リスク追求的な心理に陥ってしまう。競馬などで，負けが続くと大穴を狙うというのも，リスク追求的な行動と考えられる。

④ 消費者は，対象が生じる確率について，確率が小さい時は過大評価し，大きくなると過小評価する傾向がある。例えば，宝くじのように当選確率が低いと過大な期待をするが，高い確率で当たるくじであってもなかなか安心できないものである。

　ここで，①から③の性質を，縦軸に価値（主観的評価），横軸に利得（損失）を取って関数の形で示したのが「価値関数」である。④の性質を，縦軸に主観的確率，横軸に客観的確率を取って関数の形で示したのが「確率荷重関数」である。プロスペクト理論では，消費者は，この「価値関数」と「確率荷重関数」に基づいて，リスクへの対応を判断していることが明らかにされた。

（ウ）消費者の選択と時間～現在バイアス

　「ダイエットは明日から」，「タバコがなかなか止められない」など，計画を立てても，それを実行する段階になると，現在の楽しみを優先し計画を先延ばししてしまう行動を「現在バイアス」と呼んでいる。これは，近い将来の価値が，現在の価値と比べて，急激に減少すると感じているからである（時間非整合性）。

（エ）フレーミング効果～消費者の選択への働きかけ

　絵の額縁（フレーム）を変えると，同じ作品なのに，絵の印象が大きく変わる。

同じ内容であっても，表現方法が異なるだけで消費者の心理や行動に変化が生じるのが「フレーミング効果」である。上記の（ア）から（ウ）と,このフレーミング効果を組み合わせると，消費者の心理や行動は，大きく変化することとなる。実際に，フレーミング効果を利用して，消費者の行動に直接影響を及ぼす実証研究も行われている。OECD（2010）によれば，列車のオンライン予約について，デフォルト（初期値）を「自由席」から価格の高い「指定席」に変更したところ，指定席の予約が5倍に増加したことが報告されている。デフォルトを消費者政策で活用できないか,各国でもさまざまな試みが行われている。

（情報の非対称性）

　情報の非対称性（不完全情報）は，これまでも，経済学において消費者を巡る重要課題とされてきた。企業と消費者の間には，商品・サービスに関して情報の非対称性が存在する。これは，財やサービスの性質にも大きく依存している。情報という観点から，財・サービスは，次の3つに分類される[18]。

（ⅰ）探索財（Search Goods）：購入前に，特性や品質を観察・確認できる商品（例. 野菜，果物の色や形）。

（ⅱ）経験財（Experience Goods）：使用後に，初めて特性や品質が観察される商品（例. 野菜，果物の味）。

（ⅲ）信頼財（Credence Goods）：購入・使用後にも，購入者が特性や品質を判断できない商品（例. サプリメントや健康食品の効能）。

　情報の非対称性が生じるのは，主に経験財，信頼財のケースである。情報の非対称性が存在すると，市場の失敗により，消費者の選択は適切に行われない可能性がある。悪質業者の「だまし」（欺罔）（Deception）は，その有効性を消費者が自ら判断することが困難な「信頼財」について生じやすい。他方,「探索財」や「経験財」では「だまし」は比較的生じにくい。ただし，通信販売，電子商取引など，直接，製品の機能を確認できないケースでは「だまし」が生じる可能性もある。「経験財」についても「だまし」は可能だが，繰り返し，だますことは難しい。公的機関の認証制度や消費者団体の商品テスト，ネットの口コミやメディアでの評判などは，情報の非対称性を解消するのに役立って

いると考えられる。これらの情報を通じて,「だまし」であることがわかれば,消費者は,商品・サービスの購入を手控えることが可能となる。

　ネット社会の拡大により,情報の非対称性の問題は新たな局面を迎えつつある。インターネットによって,消費者の情報へのアクセスや商品の購入に関しては著しく利便性が向上した。他方,ネット上の取引では,売り手企業やデジタル・プラットフォーマーは,容易に消費者の個人情報やパーソナルデータを取得できる立場にある。消費者は,情報の検索や商品購入の際,いわばその対価として個人情報を提供しているのである。だが,大多数の消費者は,そのことに気づいていない。

　現代においては,売り手企業やデジタル・プラットフォーマー,あるいは第三者のプラットフォーム (DMP)[19] は,パーソナルデータ[20] のプロファイリングを行い,データを活用して,さまざまな形で,新たなビジネスを展開することが可能となっている。AIやビッグデータと組み合わせたプロファイリングに基づいて,消費者個人に狙いを絞った「ターゲティング広告」や,消費者ごとに価格を設定する「パーソナライズド・プライシング」などが急速に普及すると見込まれる。

　もちろん,これまでも,顧客の性格や好みを考慮したマーケティングは広く行われてきた。地域の商店の店主がなじみの顧客の性格や好みをよく知っていることは,決して特別なことではない。富山の薬売りなどの売薬行商では,得意先の内容を記した掛場帳は一種の暖簾価値を持ち,売買,賃貸,質入の対象とされてきた。掛場帳が売買等の対象とされたのは,顧客リストなどの個人情報が,高い財産価値を持っていたからである。

　ただ,現代のデジタル・プラットフォームでは,AIやビッグデータと組み合わされる形で,消費者のパーソナルデータがプロファイリングされ,従来の取引とは比較にならない規模で取引に活用されることになる。

　そうなると,個人情報の保護という観点からは,個人の同意がない,または,同意が曖昧なままの情報が,本人の知らぬ間に,広く出回ることもあり得る。その意味では,パーソナルデータのプロファイリング等によって,個人情報の扱いに関する新たな「情報の非対称性」(消費者が自らの個人情報の扱いについて

知らされない状況）が生じることが懸念される。

　また，ターゲティング広告やパーソナライズド・プライシングが普及すると，消費者は商品・サービスの他の選択肢に関する情報に接することなく，商品・サービスの選択を行ってしまうことも懸念される。個人情報の保護が適切に行われなければ，消費者が自己決定権を事実上放棄することともなりかねない。デジタル・プラットフォームなど，大量のパーソナルデータが集約される可能性のあるシステムにおいては，個人情報の取扱いに関するルールを一層，明確化し，消費者の自己決定権や適切な選択を確保していくことが急務となっていると言えよう。

（サステイナビリティ）

　近年，サステイナビリティやSDGsが，消費者政策の重要テーマとして取り上げられるようになっている。だが，サステイナビリティは，前述のように価値観を含む言葉であり，消費者の選択行動に関する一定の社会的価値観（社会規範）が前提とならざるを得ない。

（ア）サステイナビリティの定義〜３つのサブ経済システム

　国連のブルントラント委員会報告書（1987年）では，サステイナブル・ディベロップメントについて「将来世代のニーズを損なうことなく現在の世代のニーズを満たすこと」と定義している。ここに言う「将来世代」とは，どの程度，先の世代を指す言葉なのだろうか。時間軸をベースにした定義では，将来世代と現在世代の間の資源配分は現在の世代のみに委ねられることとなる。その意味では，サステイナビリティという概念は，消費者の行動やこれを支援する消費者政策を具体化する際には，スローガンとしての有用性はあるものの，その概念にはあいまいさが残っていると言わざるを得ない。

　コーネル大学のスチュアート・ハート名誉教授は，サステイナビリティについて，「市場経済」，「生存の経済」，「自然の経済」という３つの経済の概念を用いて整理している[21]。ハート教授によれば，グローバルな世界は，先進国経済や新興国経済を含む「市場経済」の他，「自然の経済」，最貧国を念頭においた準自給自足型の「生存の経済」により構成される。この３つの経済が，あたかも「衝突する宇宙」[22]のように，ぶつかり合っている。３つの経済を支える

原理は大きく異なっているため，これらの経済が重なる所ではさまざまな困難が生じる。市場経済と生存の経済の間には「貧困，格差」が，市場経済と自然の経済の間には「環境汚染，地球温暖化」が，自然の経済と生存の経済の間には，「資源・食糧枯渇」の問題が生じる。また，3つの経済が重なり合う所では，途上国の人口密集地域としての大都市の問題がある。ハート教授は，3つの経済の衝突により生じる問題を，企業活動を中心にいかに解決していくのかが，今日のサステイナビリティの課題であるとしている。

　3つの経済の概念を理解するためには，「経済」という言葉の持つ意味を考え直さなければならない。経済学者フランソワ・ケネーは，『経済表』（1758年）において経済の循環する姿を明らかにしたが，「経済」を，「成長」と並んで「循環」という側面から捉えることが重要となってくる。「成長」が経済社会に新たな価値を生むとすれば，「循環」は，価値の再生産プロセスと位置づけることができる。

　ハート教授の3つの経済によるサステイナビリティの定義は，途上国問題を中心とした概念整理であった。筆者は，3つの経済の問題を，身近な問題として捉えるべきであると考えている。「市場経済」，「自然の経済」，「生存の経済」は，我々の日常の経済活動や生活の中にも存在していると言えよう。我々は，決して市場経済の中でのみ暮らしている訳ではない。身近な問題に限っても，市場経済と生存の経済の間には，「生活の困窮，所得格差」などが，市場経済と自然の経済の間には，経済活動の活発化による「環境汚染，廃棄物問題」が，自然の経済と生存の経済の間には，生活圏の拡大に伴う「里山の消失，生態系破壊」などの問題が生じる。また，3つの経済が重なり合う領域の深刻な課題の1つは，「コミュニティの危機」にあると考えている。コミュニティは社会の基本的な構成要素であり，コミュニティの崩壊はサステイナビリティを損なう。筆者は，3つの経済システムが，「サステイナブルな経済システム」を実現するための「サブシステム」として位置づけられるべきであると考えている。市場経済システムは，決して，支配的な経済システムではない。サステイナビリティを実現するためには，市場経済というサブシステムと生存の経済や自然の経済というサブシステムの間の調整，共存が不可欠なのである。

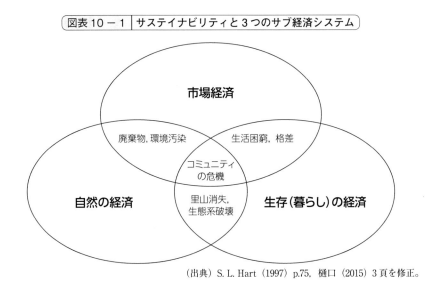

図表 10 − 1 サステイナビリティと３つのサブ経済システム

市場経済

廃棄物, 環境汚染　　　生活困窮, 格差

コミュニティ
の危機

自然の経済　　里山消失,
生態系破壊　　生存(暮らし)の経済

(出典) S. L. Hart（1997）p.75, 樋口（2015）3 頁を修正。

（イ）サステイナビリティと消費者の社会的価値の選択

　サステイナビリティを実現するためには，企業が経済的価値と社会的価値を生み出すことが求められる。その際，企業の生産活動を支えるのは市場における消費者の選択行動である。その意味では，消費者の選択行動が，社会的価値に関するコンセンサス（社会規範）に基づいて行われることが極めて重要である。例えば，エシカル消費（倫理的消費）は，地球環境問題など，グローバルな社会的価値に関するコンセンサスを背景にした消費者への呼びかけという意味合いが強い。どんな消費行動がエシカルと言えるのか，厳密には明らかでない。文化，歴史，経済状況，暮らし，世代などによって，エシカル消費の意味するものは異なっていると言わざるを得ない。エシカル消費の概念は，そうした多様性を包含するものとして理解すべきである。

　最近注目を集めている国連の SDGs（持続可能な開発目標）は，2015 年 9 月の国連サミットで採択された「持続可能な開発のための 2030 アジェンダ」に基づく国際目標である。SDGs の目標年度は 2030 年，17 の目標，169 のターゲットにより構成されている。SDGs では，国連におけるグローバルなコンセンサ

スに基づいて，2030 年という時間的なゴールを設定し，169 の具体的な目標を明示していることが注目される。こうした手法を採用することで，SDGs は，実行可能なアプローチとなり，消費者政策の中でも位置づけられることとなったと言えよう。

(2) 企業の役割

（企業の役割の再定義）

　本章では，企業の本質は，利潤の最大化ではなく，取引コストの節約であることを論じた。市場における取引コストをどう負担し，経済的価値と並んで社会的価値を実現していくのかは，企業の役割を考える上での重要課題である。取引コストの節約という見方に立てば，前述のように，CSR は企業の社会貢献ではなく，本来の業務の一部として理解すべきものである。社会的企業や非営利法人，協同組合等も，株式会社と並んで，市場において明確な位置づけを与えられることとなる。デジタル・プラットフォーマーなども同様である。企業にとって，社会的価値の追求は，経済的価値の追求と両立するものなのである。消費者政策の重点の 1 つ，「消費者志向経営の推進」は，まさに，こうした観点を踏まえて，企業の役割を再定義し，企業の新たな価値創造を支援しようとの試みである。

（ソフトローの重要性）

　次に，上記の再定義に基づき，企業の社会的価値の実現において大きな役割を担うと考えられるソフトローの意義，効果などを整理してみたい。コースの定理では，取引コストが存在する場合には競争均衡は資源の最適配分を意味せず，ルールの設定により，資源の最適配分や衡平を実現する必要があるとされる。この場合，企業が従うべき規範は，法律，条例など，裁判所でその履行が強制される規範としての「ハードロー」と，企業の自主ルールなど，裁判所によりエンフォースされない規範としての「ソフトロー」に分類することができる [23]。だが，強制力を伴う法規制（ハードロー）の導入は決して容易ではない。ソフトローは，ルール制定のコスト，機動性，柔軟性などの面で，企業にとっては大きな利点があると考えられる。ハードロー，ソフトローのどちらを選択

すべきなのかは，次の諸条件に依存すると考えられる。①ルールの透明性，公平性のオーソライズの必要性，②エンフォースメント（法の執行）の必要性，③ソフトローの実効性を確保する費用（監視費用など）とハードローのリーガル・リスクおよび執行費用の比較 24) などの要因である。この基準をふまえると，グローバルな市場や技術的進歩の著しい分野，地球温暖化対策のように新たな社会的価値観（社会規範）の確立が必要な分野でのルールの設定に関しては，ハードローはなじみにくいと考えられる。

　こうした状況をふまえ，今日，国際機関，グローバル企業やそのサプライチェーンなどを中心に，さまざまなレベルのソフトローが提唱され，重層的なソフトローのネットワークが形成されつつある。とりわけ，ソフトローは，サステイナビリティの実現において重要な意味を持つと考えられる。企業が，その事業活動の中で経済的価値だけでなく，社会的価値としてのサステイナビリティを追求すべきとの考え方は，内外の企業に着実に浸透しつつある。ソフトローは，サステイナビリティに関する社会的要請と企業の経済活動を調和させるガイドラインの役割を担っていると言えよう。

　2000 年 7 月に発足した国連の「グローバル・コンパクト」は，企業の事業活動におけるサステイナビリティに関連する国際的なイニシアティブの先駆けとなるものである。「グローバル・コンパクト」は，「人権」,「労働」,「環境」の分野に関する 10 原則を掲げている。また，2010 年 11 月に国際標準化機構（ISO）の規格として発行された ISO26000 は，「持続可能な発展への組織の貢献を促すこと」を目標とした社会的責任に関する手引き書である。さらに，ESG 課題を組み込んだ機関投資家向けの PRI（国連責任投資原則）（Principles for Responsible Investment：2006 年）やプロジェクトファイナンスのガイドラインである赤道原則（Equator Principles；2003 年）など，各分野で国際的なガイドラインが提唱されている。前述の 2015 年の国連の SDGs に応じて，2017 年 11 月には，経団連の企業行動憲章が改訂されるなど，我が国においてもサステイナビリティを目標に掲げたガイドラインが整備されている。金融庁が策定した機関投資家向けの日本版『スチュワードシップ・コード』（2014 年策定）や，上場企業を対象とした東京証券取引所の「コーポレートガバナンスコード」（2018

年改訂）も，ESG 課題をふまえたものとなっている。こうした動向は，業界ごとのガイドライン・自主ルールやサプライチェーンを通じた中小企業の行動規範などを通じて，個別企業の事業活動全般に影響を与えている。

　ソフトローの実効性を高めるためには，多くの企業が参加し，ルールを遵守することが不可欠である。特に，サステイナビリティに関する消費者の選択のコンセンサスが確立するまでの間は，参加企業の競争条件が不利にならないことへの配慮も求められることとなる。その意味では，ソフトローの実効性を高める取り組みは，極めて重要と考えられる。具体的には，ソフトローの実効性を確保するため，①各企業によるガイドライン等の遵守の宣言，署名や，②ガイドライン等への適合性に関する認証制度の導入，③企業の取り組みに関する点検・第三者評価・情報公開など，さまざまなアプローチが存在している。例えば，グローバル・コンパクトについては，2020 年 8 月時点において，世界の 155 カ国で 11,212 の企業，150 の機関が署名を行い，活発な取り組みが展開されている。また，PRI の署名機関数は，2020 年 4 月時点において 3,038 機関，署名機関の運用資産総額は，約 103.4 兆ドルとなっている。消費者志向経営の推進に関しても，企業による消費者志向自主宣言が行われているが，こうしたアプローチは，ソフトローを社会に定着させる試みとして，消費者政策において有効性が高いと考えている。

(3) 市場の機能と消費者政策の役割

（オンライン市場の質の確保）

　市場における取引を円滑に進めるには，市場の質 [25] を高め，安心・安全な取引を消費者が行えるようにすることが重要である。とりわけ，オンライン取引の急速な拡大は，市場の質に関しても新たな問題を生じさせている。ここでは，その実例として，オンライン・ショッピングモールにおける「消費者レビュー」の問題を取り上げてみたい。

　消費者は，商品・サービスの選択に際して，しばしば，消費者レビューの仕組みを利用する。消費者レビューは，オンライン・ショッピングモールなどの運営事業者等が提供する商品等の評価システムであり，商品等を購入したユー

ザーが，感想，体験，意見等を投稿するコーナーである。前述の消費者庁の調査（2020）[26] によると，商品購入の際，消費者レビューを見た上で購入を決めるとする消費者は全体の約6割であり，また，部分的にせよ，消費者レビューを信頼するという消費者は，全体の4分の3に及んでいる。その意味では，消費者レビューは，市場での消費者の商品選択に際して，重要なサポート機能を担っていると考えられる。

　しかしながら，このところ，消費者レビューの信頼性を揺るがすような不正レビュー事件が続発している。不正の手口は，特定の商品等を高く評価する「広告型・上げレビュー」と，逆に低く評価する「妨害型・下げレビュー」に大別される。これらの中には，実際には購入していないケース，依頼を受けて投稿するケース，金銭等を受け取って投稿するケース，商品等の解約条件として上げレビューを強要されるケースなど，さまざまな事例がみられる。不正レビューの横行は，オンライン取引自体の信頼性を著しく損なう恐れがあるが，消費者レビューへのアクセスは容易であり，SNSによる口コミとの区分も明確でないことから，消費者自身が不正レビューに巻き込まれるケースも後を絶たない。不正レビューを排除すべきことは当然であるが，レビューは，本来主観的なものであるため，何が不正となるのか判然としないケースも多く，一律の規制になじむかどうかは意見が分かれる。また，現状では，モール運営事業者の運用管理の責任の範囲自体，必ずしも明確でない。欧米各国においても，法規制，ガイドライン等，多様な政策が実施されているが，決め手を欠いているのが実情である。いずれにしても，消費者レビューの信頼性を高め，市場の質を確保することは，消費者の適切な選択を実現するための基本的課題であり，政策的対応が急がれる分野であると言えよう。

（政策介入に関する3つのモデル）

　消費者政策の役割は，今日，消費者被害の救済を中心としたものから大きく変化しつつある。この問題を具体的に考えるため，市場と消費者政策の関係について，以下，大まかに3つの類型を提示してみたい。

①　介入型モデル…行政が，規制ルールに基づいて市場に積極的に介入するケー

ス。消費者被害の救済などはこの類型に当たる。ただ，消費者の限定合理性
といった消費者自身の問題やサステイナビリティのような消費者の積極的な
行動に関しては，規制による介入のスキームにはなじまないものも多いと考
えられる。

② 　自律型モデル…基本的には，行政は介入せず，企業の自主的取り組みなどに
　　委ねるケース。規制緩和などを通じた自律的な市場メカニズムの発揮が重視
　　されることとなる。

③ 　協働型モデル…企業の自主的取り組みなどの市場の本来的な機能を重視しつ
　　つも，ミニマムの規制と併せて，必要に応じて消費者への情報提供など市場
　　の環境整備を行うケース。これは，後述する規範的市場メカニズムの活用が
　　有効なケースとも考えられる。規制の在り方に関しては，EU，オーストラリア，
　　カナダ等で導入されている「共同規制 27)」を採用することも一案である。

　今日，技術進歩の著しいオンライン取引や超高齢社会における消費者の脆弱
性への対応，消費行動におけるサステイナビリティへの積極的な貢献を実現す
るためには，筆者は，③の協働型モデルの重要性がますます高まっていると考
えている。以下，協働型モデルのコアとなる規範的市場メカニズムについて，
紹介したい。

（市場メカニズムと規範性）

　協働型モデルにおいては，市場の規範的な機能が重要であると言えよう。市
場における規範的な機能としては，一般には，①法規制，自主ルールなどの社
会規範，②認証，規格などの情報提供，③税，補助金などの経済的インセンティ
ブなど，企業行動や消費者の選択に影響を与える制度的要因が挙げられる。ま
た，近年，行動経済学の分野においては，ナッジ（Nudge）28) という政策手法
が注目されている。前述したフレーミング，デフォルトなどの手法は，その一
例である。ナッジを提唱したキャス・サンスティーンとリチャード・セイラー
は，規制的な手法ではなく，消費者の自発的な行動を促すための，いわば "控
えめな介入" であるナッジの実践的意義を強調する。例えば，カリフォルニア
州サンマルコスの住民を対象とした電力消費の節減実験に当たって，各家庭の

過去の電力消費量や近隣世帯の平均電力消費量などのデータに加えて，平均以上の節電を達成した家庭の毎月の電力料金支払いの領収書に，スマイルマークを付け加えただけで，ブーメラン現象（節電目標達成により，節電努力が緩んでしまう状況）が改善し，大幅な電力節減が実現したとの有名な実証研究がある[29]。こうした考え方は，すでに，米国や英国の行政を中心に，各国の政策において多く採用され始めている。OECD の報告書[30] では，各国の消費者保護についてのさまざまな実証例が報告されている。ナッジも今後の消費者政策において注目される手法の１つであり，消費者の心理等を考慮した効果的な市場への働きかけという意味では，規範性を有していると考えられる。

　上記のうち，法規制以外，すなわち，ソフトロー，消費者の主体的取り組みを促す効果的な情報提供，補助金等のインセンティブ，さらには控えめな介入としてのナッジなど，いずれも，市場において選択の余地を残し，価格メカニズムと共存し得るソフトな手法であると考えられる。本章では，市場メカニズムとこれらの規範的な性格を有するソフトな手法の相互作用を総称して，「規範的市場メカニズム Market Governance Mechanism」と呼ぶこととしたい[31]。言うまでもなく，規範的市場メカニズムの前提は，消費者の自由で主体的な選択である。規範性が強くなりすぎて，なし崩し的に，消費者の自由や主体性が阻害され，結果として，一定の規範や制度に従わざるをえない状況は避けなけ

図表 10 － 2 「規範的市場メカニズム」の構成要素

市場への働きかけ（規範性）の類型	具体例
社会規範（ソフトロー）	ISO26000，責任投資原則（PRI），国連グローバル・コンパクト，サプライチェーン CSR，ガイドライン，自主ルール，行動基準，点検リストなど
経済的インセンティブ	税，補助金，排出権取引制度，社会的責任投資（SRI）など
市場への情報提供	マーク・認証，表示，サステイナビリティ報告書，評価指標，ビジョンなど
行動経済学的手法	ナッジの活用など

（出典）筆者作成。

ればならない。仮に，こうした状況が想定される場合には，市場の調整に委ねるのではなく，透明性の高い法規制（ハードロー）によって政策的に介入すべきであると言えよう。いずれにしても，市場での取引を通じたソフトな規範的機能の強化は，消費経済学が対象とする情報の非対称性，限定合理性，サステイナビリティについての基本的な政策の方向性とも合致していると考えられる。

3　現代市場と消費者政策の新たな展開

　現代市場において，消費者政策は，深刻な消費者被害の救済のための政策から，市場における消費者の選択をサポートする政策へと大きく変貌を遂げつつある。新たな状況においては，これまで消費者政策の根幹に据えられてきた消費者法と並んで，消費経済学が直接的・中心的な役割を果たすことが期待されている。経済学の役割は，政策の効率性評価（費用便益分析等）などの限定的な役割を超えて，市場における適切な消費者の選択を支える理論的な基盤として位置づけられることとなると考えられる。しかしながら，消費者政策の今後の展開を考える時，消費経済学が検討すべき課題は多く残っていると言わざるを得ない。行動経済学，心理学などを含めた消費経済学の試みはまだ始まったばかりである。以下，消費経済学の視点から，今後の消費者政策の課題を明らかにしたい。

3-1　市場の質の確保〜悪質な者は退場を
　経済学的なアプローチが実効性を高めるためには，市場の質を確保することが基本的条件となる。市場において，詐欺的手法を用いて，消費者の選択権を侵害するような事例が後を絶たないが，被害救済，悪質な者への対応は，法規制を中心としたスキーム，とりわけ法執行体制を強化して対応すべきである[32]。悪質な者が跋扈して，市場が機能不全に陥れば，市場メカニズムを活用した政策手法は生かされないこととなる。とりわけ，オンライン取引においては，ネットを通じた情報操作などにより，被害の拡大が懸念される。行動経済学者，ジョージ・アカロフとロバート・シラーは，ネット社会における悪質なオンラ

イン詐欺と消費者の関係を phish（釣り，オンライン詐欺の手口）[33] と Phool（カモ，phish の被害者）[34] という表現で揶揄し，「腐ったアボカド」を売りつけようとする悪質業者の横行に警鐘を鳴らしている[35]。悪質な者を市場から退場させること，これは，残念ながら古くて新しい消費者政策の基本課題である。

3-2　ネット社会と消費者主権〜プラットフォーマーの責任とは

　いわゆるデジタル・プラットフォームには，オンライン・ショッピングモール，フリマサイト，インターネットオークション，マッチングサイト，SNS など，多種多様な形態がある。デジタル・プラットフォームの特徴は，消費者の参入が極めて容易であり，一見，取引コストが小さいように見えることである。消費者は，利便性の飛躍的向上に目を奪われがちであるが，実際には，これらのデジタル・プラットフォームの一部では，虚偽の情報や不正な契約，契約の不履行などによって，消費者の安心，安全が脅かされる状況が生じている。例えば，オンライン・ショッピングモールやフリマサイトにおいては，消費者は，個々の事業者やフリマサイトの売り主（個人）より，プラットフォームの運営事業者を信頼して取引を行うことが多い。だが，プラットフォームの運営事業者の管理が十分でないケースでは，悪質な事業者や個人が，その信用力を利用して，消費者を騙すといった事態も発生している。また，フリマサイトでは，経験に乏しい個人が売り手であるため，自覚や責任が十分でなくトラブルにつながるケースも見受けられる。さらに，個人情報の取扱いについて懸念があることは，前述の通りである。現状は，デジタル・プラットフォームにおける責任やコストの負担関係が明確でなく，結果的に，消費者個人が多くの負担を強いられることとなる事例も散見される。筆者は，基本的には，デジタル・プラットフォーマーが，市場の管理責任や管理コストを負担すべきと考えている。こうした負担関係が明確でないと，市場は消費者の信頼を失うこととなりかねない。

3-3　官民の役割分担〜だれが選択を決めるのか

　前述のナッジは，消費者トラブルに対処するための実践的な政策手法として，一定の役割を果たすことが期待される。控えめな介入により，何らかのシグナ

ルや情報を送ることができれば，消費者が自発的な対応を取ることが可能となるケースも多いと考えられる。その意味では，ナッジの活用は重要な意義があると考えている。ただし，こうした手法には，限界があることも明らかである。政府が，個々の消費者の心理や行動に，控え目であるにせよ，どこまで介入することが許されるのだろうか。だれが消費者の選択を決めるのだろうか。消費者が自己決定権を失うような状況は，自由な市場の考え方とは相いれないものである。リバタリアン・パターナリズムという言葉は，便利な言葉であるが，市場における「自由」の意味を問い直すことを忘れてはならない。

　市場を中心としたシステムでは，規制や介入には，なじまない部分も多い。現代においては，消費者政策に応じて，消費者のエンパワーメント empower-ment をどう実現していくのかが重要課題の１つであると考えている。すなわち，消費者と企業の協働や連携，自発的な学習などをどう実現していくのか，そのプロセスが問われている。

　今後の消費者政策においては，消費者の脆弱性への対応やサステイナビリティ実現への取り組みなど，規制や介入だけでは解決しない課題が多い。例えば，高齢消費者の暮らしやすい街づくりのためには，企業，住民，自治体等の協力・連携が不可欠である。いわゆる「スローレジ」なども，スーパー・マーケットの積極的な取り組みと，従業員，家族，地域住民の連携や協働がなければ定着は難しい。消費者と企業の価値共創も，政策的な介入によっては実現しにくい分野である。企業の消費者志向経営や消費者のライフスタイルの見直しが土台となって，温室効果ガスの削減，食品ロス削減，海洋プラスチックごみ問題への対応など，サステイナビリティを目指す価値共創の取り組みが実現することとなると考えられる。

　新型コロナの蔓延が続く中で，現下の日本経済は，厳しい対応を迫られている。我々の日常生活においても，「呼びかけ」と「自粛」という手法を通じて，社会の存続のために，消費者の意識と行動をどこまで変容させることができるのかが問われている。新型コロナ禍は，日本社会に突きつけられた深刻な試練である。消費者の意識，生活様式の改革は，主として，市場での消費者の選択行動により具体化する。今後，新たな働き方，暮らし方を実現していくために

は，消費者政策が大きな役割を果たさなければならない。消費経済学の知見や理論をふまえて，消費者の状況に応じた行政からのきめ細かな働きかけ，企業の自主的取り組み，消費者のニーズの変化，さらには国際的な連携があって，初めて，新型コロナ禍も，地球規模での解決の道を見出すことができるのではないかと考えている。その意味で，現代社会において，消費経済学と消費者政策に課せられた課題は極めて大きい。

【注】

1）本章は，拙著（2019）『消費経済学入門』（中央経済社）に基づいて，「消費経済学」の要点を紹介したものである。「消費経済学」について，詳しくは，同書を参照されたい。

2）内閣府「平成30年度青少年のインターネット利用環境実態調査」。

3）消費者庁（2018）「若者の消費者被害の心理的要因からの分析に係る検討会報告書」『不信感を抱くような勧誘を受けた経験のある若者に関するアンケート調査』（回答数11,238人）より。

4）高齢社会白書令和元年版。

5）高齢社会白書平成29年版。

6）第4期消費者基本計画（2020年3月31日決定）「(3) 持続可能で多様性と包摂性のある社会の実現に向けた機運の高まり」9-10頁。

7）消費者委員会（2019年6月）「消費者法（取引分野）におけるルール形成の在り方等に関する消費者委員会意見」。

8）アダム・スミス邦訳（2007）17頁。

9）堂目卓生（2008）『アダム・スミス』中央公論新社，272頁。

10）セン邦訳（2016）53頁。

11）"The Social Responsibility of Business is to Increase its Profits"（*The New York Times magazine*, 1970）.

12）Amartya Sen (1982), "Rational Fools: A Critique of the Behavioral Foundations of Economic Theory" *Choice, Welfare and Measurement*, Basil Blackwell.

13）セン邦訳（1989）146頁，ただし，[　] は訳者補注。

センによれば，「共感」は，他者への関心が直接に自らの厚生に影響を及ぼすケース（共感による行為によって，自身の効用追求が促進されるという面から捉えれば，ある意味で利己主義的）であり，「コミットメント」は，他者への関心が，自らの厚生に影響を及ぼさない（非利己的な）ケースである（セン邦訳（1989）133頁参照）。

14）ウイリアムソンの取引コストのモデルでは，限定合理性の他，機会主義的行動を仮定

している。なお，情報の非対称性は，市場における不完全情報の一部として捉えることができる。

15) コース邦訳（1992）8-9 頁。

16) コース邦訳（1992）9，244 頁。

17) 消費者庁（2020）「デジタル・プラットフォーム利用者の意識・行動調査」。

18) 以下の整理は，OECD（2010）に基づく。

19) DMP（Data Management Platform）は，インターネット上のユーザーデータの収集・蓄積・統合・分析を行うプラットフォーム。

20) 「パーソナルデータ」は，個人の属性情報，移動・行動・購買履歴，特定個人を識別できないように加工された情報等も含まれる。「個人情報」に加え，個人情報との境界が曖昧なものを含む個人と関係性が見出される広範囲の情報を指す（平成 29 年度情報通信白書）。

21) Stuart. L. Hart（1997）.

22) カール・セーガンコーネル大学教授のベストセラーの題名。

23) 藤田友敬（2008）『ソフトローの基礎理論』有斐閣。

24) 瀬下博之（2008）141 頁。

25) 矢野誠（2005）『質の時代のシステム改革─良い市場とは何か』岩波書店は，市場の質の三要因として，競争の質，情報の質，製品の質を指摘する。

26) 消費者庁（2020）「デジタル・プラットフォーム利用者の意識・行動調査」。

27) 法令上は，行為規制の抽象的なルールのみを定め，行政の承認の下で，事業者・事業者団体が行為規制の一部を自主規制として策定し，自主規制が適切に機能している場合には，行政機関が法令違反の調査や法令の執行に当たり，自主規制を尊重するような仕組みを導入すること（消費者委員会（2019））。

28) 「人の肩などを軽く叩いて，ある行為の実行を促すこと」を指す言葉。

29) P. Wesley, J.M. Nolan, R.B. Cialdini, N.J. Goldstein and V. Griskevicius（2007），The Constructive, Destructive, and Reconstructive Power of Social Norms" *Psychological Science*, Vol.18-5, pp.429-434.

30) OECD 邦訳（2018）。

31) 規範的市場メカニズムについて，詳しくは，樋口（2019）145-147 頁参照。ただし，本書では，消費者に市場での選択の余地を与えないハードローは，規範的市場メカニズムには含めないこととした。

32) 樋口一清（2019）171 頁，井内正敏氏のモデル参照。

33) インターネット上で有名企業等になりすまし，個人情報を引き出して，オンライン詐欺を行うこと。

34）感情的な行動，認知バイアスに基づく行動をとってしまう人々，操作された情報を信じて行動してしまう人々。

35）A. G. Akerlof and R. J. Shiller（2015）.

参考文献

依田高典（2010）『行動経済学』中央公論社

神田秀樹（2009）『市場取引とソフトロー』有斐閣

桜井健夫（2016）「消費者被害救済の実務における行動経済学的知見の活用」『現代消費者法』No.33，民事法務研究会

菅冨美枝（2018）『新消費者法研究―脆弱な消費者を包摂する法制度と執行体制』成文堂

瀬下博之（2008）「情報の非対称性と自己規制ルール」，藤田友敬『ソフトローの基礎理論』有斐閣

多田洋介（2014）『行動経済学入門』日本経済新聞出版社

友野典男（2006）『行動経済学』光文社

樋口一清（2019）『消費経済学入門』中央経済社

樋口一清・井内正敏（2007）『日本の消費者問題』建帛社

樋口一清・白井信雄（2015）『サステイナブル地域論』中央経済社

樋口一清・三木健・白井信雄（2010）『サステイナブル企業論』中央経済社

Akerlof, G. A. and R. J. Shiller（2015），*Phishing for Phools:The Economics of Manipulation and Deception*, Princeton University press.（山形浩生訳（2017）『不道徳な見えざる手―自由市場は人間の弱みにつけ込む』東洋経済新報社）

Coase, R. H.（1988），*The Firm, the Market, and the Law*, University of Chicago Press.（宮沢健一・後藤晃・藤垣芳文訳（1992）『企業・市場・法』東洋経済新報社）

Hart, S.L.（1997），"Beyond Greening: Strategies for a Sustainable World" *Harvard Business Review*, 1997-1, 2, pp.66-76.（邦訳；「持続可能性」を実現する戦略」『ダイヤモンド・ハーバード・ビジネスレビュー』2013年4月号，115-128頁）

Hart, S.L.（2005），*Capitalism at the crossroads*, Wharton School Publishing.（石原薫訳（2008）『未来をつくる資本主義』英治出版）

OECD（2010）*Consumer Policy Toolkit*, OECD publishing.

OECD（2017）*Behavioural Insights and Public Policy : Lessons from Around the World*.（齋藤長行監訳(2018)『世界の行動インサイト―公共ナッジが導く政策実践』明石書店）

Sen, A.（1982），*Choice,Welfare and Measurement*, Basil Blackwell.（大庭健・川本隆史訳（1989）『合理的な愚か者―経済学＝倫理学的探究』勁草書房）

Sen, A.（1987），*On Ethics and Economics*, John Wiley&Sons Ltd.（徳永澄憲・松本保美・

青山治城訳（2016）『経済学と倫理学』筑摩書房）

Smith, Adam（1759）, *The Theory of Moral Sentiments.*（高哲男訳（2013）『道徳感情論』講談社）

Smith, Adam（1776）, *An Inquiry into The Nature and Causes of The Wealth of Nations.*（山岡洋一訳（2007）『国富論〜国の豊かさの本質と原因についての研究』日本経済新聞出版社）

Thaler, R.H. and C.R. Sunstein（2008）, *Nudge: Improving Decisions About Health, Wealth, and Happiness,* Yale University Press.（遠藤真美訳（2009）『実践行動経済学─健康，富，幸福への聡明な選択』日経 BP 社）

おわりに

　本書ではこれまで，消費者庁の発足を契機とする現在の消費者政策の推進の
あり方の現状と課題について，政策の実務を担ってきた立場から論じるととも
に，消費経済学の視点に立った消費者政策の新たな展開の重要性について訴え
てきた。読者の皆さんに，私たちの執筆の意図や考えが十分伝わっていれば幸
いである。

　編著者2人は，消費者庁が発足する約2年前，我が国の消費者問題に関する
各界の専門家に協力を求め，それぞれの立場から当時の消費者問題の状況やそ
の解決に向けた取り組みのあり方について論じていただき，その論文を1冊の
本として編集し，出版した。

　その本の中で，私たちが重要な課題として指摘していた，消費者問題に関す
る情報の共有化，消費者教育の推進，官民の役割分担と連携，企業への積極的
なアプローチなどは，消費者庁および消費者委員会の発足を機に，一定の進捗
をみたと評価している。

　一方，経済社会の変化とともに，日々刻々と，従来の考え方や手段では解決
が困難な消費者トラブルや問題も生じるため，それらに的確に対応するための
新たな政策展開が常に求められるというのが実情である。

　問題の特質に応じて適切な手段を用い，一貫性をもって消費者政策を推進す
るためには，現状の的確な把握とともに，理論的な基盤を確立していくことが
不可欠と考えられる。このような観点から，我が国の大学，とりわけ大学院に
おいて，消費者問題ないし消費者政策が1つの確立した専門分野として認識さ
れ，教育や研究がひろくアカデミックの世界で実施されていくことがまずは重
要と考えている。

　昨年来，すでにその大きな一歩として，複数の大学院で消費者問題や消費者
政策を体系的に扱う専門のコースなどが次々と新設された。さらには，信州，
広島，香川，長岡技術科学の4つの国立大学が連携して，消費者志向経営など
を研究する新たな機構が設置され，すでに本格的な活動に入る段階に至っている。

　このような大学院レベルでの大きな流れが，今後，大学の学部教育へと裾野が広がることを大いに期待している。同時に，高度な研究を専門的に実施する機関などが核となって，消費者問題や消費者政策を扱う同種の研究機関や専門人材を養成する教育機関を全国規模でネットワーク化するような動きへと発展することを強く願っている。

　消費者政策は，いうまでもなく，公共政策の一部であるとともに，市場の機能を適切に働かせるための，いわば「ミクロの経済政策」と捉えることができる。すなわち，消費者が市場において，正確な情報をもとに，トラブルに遭うことなく安全で後悔しない消費を行うことを第一としつつ，さらには持続可能な経済社会の構築を究極の目的とする政策と位置づけることが可能である。そして，消費者政策は本来，その目的の達成のため，法律をはじめとするさまざまな手段を，どのように選択して用いていくのか，あるいは，どのように組み合わせて実施するのが有効かを十分精査した上で，遂行すべきものと考えられる。

　私たちは，消費者政策は，事業者への負担をできるだけ回避しながら，政府の失敗を惹起することなく，消費者トラブルを防止することが何よりも重要と考えている。同時に，消費者政策は，事業の継続・発展を追求する大多数の事業者と消費者の双方がともに利益・効用を高めながら，経済社会の持続可能な発展に寄与する道筋を与えるべきものとの立場に立っている。

　このような立場から，消費者問題の詳細な分析が行われ，また，政策研究や政策提言が活発に行われることを期待しているが，同時に，批判的立場からの研究や政策提言がなされることも，大いに歓迎するところである。

　2020 年 8 月

編著者

索　引

サ

タ

《著者紹介》（執筆順）

日下部英紀（くさかべ・ひでき）担当：第2章
　消費者庁審議官（新未来創造戦略本部次長）
（経歴）
　国民生活センター総務部企画調整課長，消費者庁広報室長，消費者庁消費生活情報課企画官，消費者庁参事官，消費者庁総務課長等を経る。この間，法政大学大学院兼任講師等の教育研究職を務める。

黒木理恵（くろき・りえ）担当：第3章
　消費者庁制度課長
（経歴）
　弁護士，消費者庁消費者安全課課長補佐，内閣府消費者委員会事務局長，内閣府男女共同参画局調査課長等を経る

廣瀬健司（ひろせ・けんじ）担当：第4章
　消費者庁参事官，信州大学特任教授，明治大学大学院兼任講師
（経歴）
　内閣府特命担当大臣（消費者担当）秘書官（事務），内閣府大臣官房参事官，消費者庁消費者制度課長等を経る

福井晶喜（ふくい・あきよし）担当：第5章1
　独立行政法人国民生活センター相談情報部相談第二課長
（経歴）
　国民生活センター相談情報部相談第二課課長補佐等を経る

林　大介（はやし・だいすけ）担当：第5章2，3
　独立行政法人国民生活センター情報管理部次長
（経歴）
　国民生活センター調査研究員，総務部企画調整課長，相談情報部相談第三課長，総務部総務課長等を経る

尾原知明（おはら・ともあき）担当：第6章

　内閣府大臣官房企画調整課長，明治大学大学院兼任講師

（経歴）

　消費者庁広報室長，消費者庁消費者安全課長，消費者庁消費者教育・地方協力課長等を経る

落合英紀（おちあい・ひでき）担当：第7章，第9章2-2

　消費者庁消費者安全課課長補佐，信州大学特任准教授，明治学院大学非常勤講師

（経歴）

　金融庁総務企画局課長補佐，消費者庁消費者制度課課長補佐，消費者庁取引対策課課長補佐，消費者庁総務課課長補佐等を経る

柿野成美（かきの・しげみ）担当：第8章

　公益財団法人消費者教育支援センター専務理事・首席主任研究員，信州大学特任准教授，明治大学大学院兼任講師，文部科学省消費者教育推進委員会委員，東京都消費生活対策審議会委員及び消費者教育推進地域協議会委員，博士（政策学）等

（経歴）

　消費者教育支援センター総括主任研究員等を経る

梅田政徳（うめだ・まさのり）担当：第9章（2-2を除く）

　内閣府副大臣秘書官

（経歴）

　内閣府経済社会総合研究所研究官，消費者庁消費者教育・地方協力課課長補佐等を経る

《編著者紹介》

樋口一清（ひぐち・かずきよ）担当：第10章

信州大学名誉教授，昭和女子大学特命教授，法政大学客員教授，明治大学大学院兼任講師，中央大学兼任講師，日本消費者政策学会会長，消費者スマイル基金副理事長

（経歴）

通商産業省消費経済課長，経済産業省九州経済産業局長，信州大学経済学部教授・同経営大学院教授，法政大学大学院教授，長野県消費生活審議会会長，内閣府消費者委員会委員等を経る。消費者支援功労者として平成30年度内閣総理大臣表彰を受ける。

井内正敏（いのうち・まさとし）担当：第1章

帝京大学教授，中央大学兼任講師，成城大学非常勤講師，日本消費者政策学会副会長

（経歴）

経済企画庁，国民生活センター，内閣官房，金融庁，内閣府等を経て，消費者庁次長で退官。この間，千葉大学助教授，埼玉県立大学非常勤講師，政策研究大学院大学客員助教授，法政大学大学院兼任講師等の教育研究職に就く。

（検印省略）

2020 年 9 月 25 日　初版発行　　　　　　　　　　　　　略称―消費者

日本の消費者政策

編著者	樋　口　一　清
	井　内　正　敏
発行者	塚　田　尚　寛

発行所　東京都文京区　　**株式会社　創 成 社**
　　　　春日 2 - 13 - 1

電　話 03（3868）3867　　　Ｆ Ａ Ｘ 03（5802）6802
出版部 03（3868）3857　　　Ｆ Ａ Ｘ 03（5802）6801
http://www.books-sosei.com　　振　替 00150-9-191261

定価はカバーに表示してあります。

©2020 Kazukiyo Higuchi, Masatoshi Inouchi　組版：ニシ工芸　印刷：エーヴィスシステムズ
ISBN978-4-7944-2572-0 C3034　　　　　　製本：エーヴィスシステムズ
Printed in Japan　　　　　　　　　　　　落丁・乱丁本はお取り替えいたします

───────── 経営・マーケティング ─────────

日本の消費者政策 －公正で健全な市場をめざして－	樋 口 一 清 井 内 正 敏	編著	2,500円
最 新 流 通 論	青 木 　 均 尾 碕 眞 岡 野 純 司	著	2,500円
大学1年生のための経営学	芦 澤 成 光	編著	2,500円
大学生のための国際経営論	岩 谷 昌 樹	著	2,800円
ビジネスデザインと経営学	立教大学大学院 ビジネスデザイン研究科	編	3,000円
働く人のキャリアの停滞 －伸び悩みから飛躍へのステップ－	山 本 　 寛	編著	2,650円
働く人のためのエンプロイアビリティ	山 本 　 寛	著	3,400円
イチから学ぶビジネス －高校生・大学生の経営学入門－	小 野 正 人	著	1,700円
脱コモディティへのブランディング －企業ミュージアム・情報倫理と「彫り込まれた消費」－	白 石 弘 幸	著	3,100円
や さ し く 学 ぶ 経 営 学	海 野 博 畑 　 隆	編著	2,600円
豊かに暮らし社会を支えるための 教養としてのビジネス入門	石 毛 　 宏	著	2,800円
おもてなしの経営学［実践編］ －宮城のおかみが語るサービス経営の極意－	東北学院大学経営学部 おもてなし研究チーム みやぎ おかみ会	編著 協力	1,600円
おもてなしの経営学［理論編］ －旅館経営への複合的アプローチ－	東北学院大学経営学部 おもてなし研究チーム	著	1,600円
おもてなしの経営学［震災編］ －東日本大震災下で輝いたおもてなしの心－	東北学院大学経営学部 おもてなし研究チーム みやぎ おかみ会	編著 協力	1,600円
イノベーションと組織	首 藤 禎 史 伊 藤 友 章 平 安 山 英 成	訳	2,400円

（本体価格）

───────── 創 成 社 ─────────